Das Telekommunikationsgesetz auf dem Prüfstand

Springer
*Berlin
Heidelberg
New York
Hongkong
London
Mailand
Paris
Tokio*

Außerdem erschienen:

A. Picot, S. Doeblin (Hrsg.) **eCompanies – gründen, wachsen, ernten**
ISBN 3-540-67726-7 2001. IX, 160 S.

A. Picot, H.-P. Quadt (Hrsg.) **Verwaltung ans Netz!**
ISBN 3-540-41740-0 2001. IX, 201 S.

J. Eberspächer, U. Hertz (Hrsg.) **Leben in der e-Society**
ISBN 3-540-42724-4. 2002. IX, 235 S.

J. Eberspächer (Hrsg.) **Die Zukunft der Printmedien**
ISBN 3-540-43356-2. 2002. VIII, 246 S.

Arnold Picot
Herausgeber

Das Telekommunikationsgesetz auf dem Prüfstand

Mit 76 Abbildungen

 Springer

Professor Dr. Dres. h.c. Arnold Picot
Universität München
Department für Betriebswirtschaft
Ludwigstraße 28
80638 München
Deutschland

ISBN 3-540-44140-9 Springer-Verlag Berlin Heidelberg New York

Die Deutsche Bibliothek – CIP-Einheitsaufnahme
Das Telekommunikationsgesetz auf dem Prüfstand / Hrsg.: Arnold Picot. – Berlin; Heidelberg; New York; Hongkong; London; Mailand; Paris; Tokio: Springer, 2003
ISBN 3-540-44140-9

Dieses Werk ist urheberrechtlich geschützt. Die dadurch begründeten Rechte, insbesondere die der Übersetzung, des Nachdrucks, des Vortrags, der Entnahme von Abbildungen und Tabellen, der Funksendung, der Mikroverfilmung oder der Vervielfältigung auf anderen Wegen und der Speicherung in Datenverarbeitungsanlagen, bleiben, auch bei nur auszugsweiser Verwertung, vorbehalten. Eine Vervielfältigung dieses Werkes oder von Teilen dieses Werkes ist auch im Einzelfall nur in den Grenzen der gesetzlichen Bestimmungen des Urheberrechtsgesetzes der Bundesrepublik Deutschland vom 9. September 1965 in der jeweils geltenden Fassung zulässig. Sie ist grundsätzlich vergütungspflichtig. Zuwiderhandlungen unterliegen den Strafbestimmungen des Urheberrechtsgesetzes.

Springer-Verlag Berlin Heidelberg New York
ein Unternehmen der BertelsmannSpringer Science+Business Media GmbH

http://www.springer.de

© Springer-Verlag Berlin Heidelberg 2003
Printed in Germany

Die Wiedergabe von Gebrauchsnamen, Handelsnamen, Warenbezeichnungen usw. in diesem Werk berechtigt auch ohne besondere Kennzeichnung nicht zu der Annahme, dass solche Namen im Sinne der Warenzeichen- und Markenschutz-Gesetzgebung als frei zu betrachten wären und daher von jedermann benutzt werden dürften.

Umschlaggestaltung: Erich Kirchner, Heidelberg
SPIN 10891364   42/2202-5 4 3 2 1 0 – Gedruckt auf säurefreiem Papier

Vorwort

Ohne Zweifel hat das Telekommunikationsgesetz (TKG) von 1996, das seit 1998 in vollem Umfang gültig ist, die Liberalisierung der Telekommunikation sowie die Entstehung und Sicherung des Wettbewerbs in diesem wichtigen Wirtschaftssektor ermöglicht. Die Regelungen dieses Gesetzes galten von Anbeginn als vorbildlich, auch im internationalen Vergleich, und haben zu einer lebhaften Entfaltung von Marktkräften geführt. Andererseits geben Richtlinien der Europäischen Union, Veränderungen der Märkte und der Technologien sowie Erfahrungen mit der Regulierungsarbeit Anlass, sich mit der Frage einer Novellierung des TKG zu befassen. Die Bundesregierung hat eine solche Novellierung angekündigt.

Ist Wettbewerb in ausreichendem Umfang erreicht worden? Muss das TKG verändert werden, um den Interessen der Marktteilnehmer im Wettbewerb noch besser gerecht zu werden? Sind die Regulierungsinstrumente und -verfahren des TKG angemessen und hinreichend oder vielleicht auch zu weitgehend? Welche konkreten Verbesserungsvorschläge gibt es und wie werden diese von den Beteiligten bewertet?

Der Münchner Kreis hat auf seiner Fachkonferenz derartige Fragen mit Hilfe hochrangiger und hochkompetenter Fachleute erörtert. Politiker, führende Verantwortungsträger der Telekommunikationsbranche und Wissenschaftler haben präzisiert, wo die Stärken des TKG liegen und wo Verbesserungsansätze bestehen. In Fachvorträgen und Diskussionsforen sind die zentralen Punkte aus unterschiedlichen Perspektiven herausgearbeitet worden. Dadurch war es möglich, wirklich notwendige Veränderungen zu identifizieren und auch zu bestimmen, was auf jeden Fall zu erhalten ist. Die Ergebnisse dieser Konferenz sollen helfen, eine positive Weiterentwicklung des TKG und der Telekommunikationsmärkte zu bewirken.

Das Programm des Kongresses wurde im Forschungsausschuss des Münchner Kreises erarbeitet. Das vorliegende Buch enthält die Vorträge und die durchgesehene Mitschrift der Podiumsdiskussion. Allen Referenten und Diskussionsleitern, sowie allen, die zum Gelingen dieses Kongresses und zur Erstellung dieses Buches beigetragen haben, gilt mein herzlicher Dank!

Prof. Dr. Dres. h.c. Arnold Picot

Inhalt / Contents

1	**Begrüßung und Einführung** Prof. Dr. Dres. h.c. Arnold Picot, Universität München	1
2	**Das Telekommunikationsgesetz auf dem Prüfstand –** **Handlungsbedarf und Vorgaben aus dem EU-Rahmen** Dr. Alfred Tacke, Bundesministerium für Wirtschaft und Technologie, Berlin	5
3	**Die Sicht der Wettbewerbspolitik** Prof. Dr. Martin Hellwig, Universität Mannheim	19
4	**Die Sicht der Regulierungsbehörde** Matthias Kurth, Regulierungsbehörde für Telekommunikation und Post, Bonn	33
5	**Die Sicht der neuen Wettbewerber**	
	5.1 **Festnetze** Harald Stöber, Arcor AG & Co., Eschborn	49
	5.2 **Mobile Netze** Horst Lennertz, CTO KPN Mobile N.V., Den Haag	53
	5.3 **Dienste im Wettbewerb** Peter Wagner, debitel AG, Stuttgar	61
6	**Bestandsaufnahme und Bewertung** **des deutschen Telekommunikationsgesetzes:** **Die Sicht der Deutschen Telekom** Hans-Willi Hefekäuser, Deutsche Telekom AG	71
7	**Telekommunikationsgesetz und Telekommunikations-** **wettbewerb im internationalen Vergleich** Dr. Karl-Heinz Neumann, WIK Wissenschaftliches Institut für Kommunikationsdienste	81

8 Das Telekommunikationsgesetz und sein Novellierungsbedarf in der Debatte

8.1 Forum I: Gegenstände und Instrumente der Regulierung nach dem Telekommunikationsgesetz: Gibt es Veränderungsbedarf? 99
Moderation:
Prof. Dr. Dres. h.c. Arnold Picot, Universität München
Teilnehmer:
Gerd Eickers, QSC AG
Prof. Jörn Kruse, Universität der Bundeswehr
Dr. Frank Schmidt, Deutsche Telekom AG
Prof. Dr. Ingo Vogelsang, Boston University

8.2 Forum II: Verfahrensfragen der Regulierung nach dem Telekommunikationsgesetz: Besteht Novellierungsbedarf? 130
Moderation:
Prof. Dr. Ludwig Gramlich, Technische Universität Chemnitz
Teilnehmer:
Dr. Joachim Arntz
Präsident des Verwaltungsgerichtes Köln
Thomas Eilers, EWE TEL GmbH, Oldenburg
Andreas Krautscheid, Deutsche Telekom AG, Bonn
Prof. Dr. Joachim Scherer, Baker & McKenzie, Frankfurt
Achim Zerres, Regulierungsbehörde
für Telekommunikation und Post, Bonn

9 Schlusswort 157
Prof. Dr. Dres. h.c. Arnold Picot, Universität München

Anhang 159
Liste der Autoren und Diskussionsleiter
Programmausschuss

1 Begrüßung und Einführung

Prof. Dr. Dres. h.c. Arnold Picot
Universität München

Meine sehr verehrten Damen und Herren, ich begrüße Sie ganz herzlich zur Fachkonferenz „Das Telekommunikationsgesetz auf dem Prüfstand", die wir heute hier in diesem schönen Kongresszentrum in der Mitte Berlins in Nachbarschaft von Bundestages und Regierungsviertels durchführen können. Es ist mir eine große Freude, Sie in so großer Zahl willkommen heißen zu dürfen zu einem Thema, das eine sehr wichtige Rahmenbedingung für die Entwicklung wesentlicher Zukunftsmärkte und Infrastrukturen in unserem Lande betrifft. Ich werde meine Begrüßung und Einführung bewußt kurz halten, damit die hochrangigen Fachleute, die dankenswerterweise heute zu uns gekommen sind, um mit uns die zukünftige Gestaltung dieses rechtlichen Rahmens unter verschiedenen Gesichtspunkten zu erörtern, genügend Raum für ihre Beiträge haben. Wir haben in unserem Programm auch ausreichenden Raum für die Diskussion angesetzt, so dass wir hoffentlich einen wirklich kompetenten Informations- und Ideenaustausch haben können.

Diese Konferenz soll ein offenes und neutrales Diskussionsforum bilden, um den Novellierungsbedarf für das Telekommunikationsgesetz (TKG) besser abstecken zu können und die fundierte Meinungsbildung in Politik, Wirtschaft und Wissenschaft voranzutreiben. Die Bundesregierung hat, wie Sie wissen, angekündigt, dass sie unverzüglich zu Beginn der nächsten Legislaturperiode das TKG novellieren möchte; einmal abgesehen von der Detailnovellierung in Bezug auf die Ortsnetzsituation, die jetzt schon beschlossen ist und auf die nachher sicherlich noch hingewiesen wird.

Weshalb soll das TKG novelliert werden?

Zum einen ergibt sich Anpassungsbedarf aufgrund eines gerade in Kraft tretenden europäischen Richtlinienpaketes, welches in das deutsche Telekommunikationsrecht bis etwa Mitte nächsten Jahres umzusetzen ist. Dieses Richtlinienpaket besteht aus mehreren Komponenten. An der Spitze steht die sog. Rahmenrichtlinie, die durchaus als komplex zu bezeichnen ist. Die Richtlinie regelt die Zusammenarbeit zwischen den nationalen Regulierungsbehörden und der EU-Kommission im Bereich der Telekommunikation in einer bestimmten Art und Weise und ist in deutsches Recht umzusetzen. Dann gibt es eine Zugangsrichtlinie, die den Zugang zu elektronischen Kommunikations- und Informationsnetzen in grundsätzlicher Weise behandelt, ferner eine Genehmigungsrichtlinie, eine Universaldienstrichtlinie und schließlich noch ein Rechtsrahmen für Entscheidungen in der Funkfrequenzpolitik.

Das ist das umfassende Bündel, welches in unterschiedlicher Weise auf das deutsche Telekommunikationsrecht durchschlagen wird und bei dessen Umsetzung bestimmte Ermessensspielräume und Freiheitsgrade existieren.

Zum anderen gilt es, und hier liegt möglicherweise ein Schwerpunkt unserer heutigen Diskussionen, aus den praktischen Erfahrungen mit dem Telekommunikationsgesetz seit seinem Inkrafttreten 1996 bzw. seit der vollständigen Liberalisierung des Telekommunikationsmarktes 1998 Schlüsse zu ziehen und die zwischenzeitlichen marktlichen und technologischen Entwicklungen zu analysieren, um herauszufinden, ob und in welcher Weise sich daraus Folgerungen für mögliche Verbesserungen dieses Gesetzes ziehen und Empfehlungen für den Novellierungsgeber geben lassen. Dabei werden wir die Analyse aus verschiedenen Blickwinkeln vornehmen: aus der Sicht der Wissenschaft, der Wirtschaft, vor allem des neuen und des bisher dominierenden Wettbewerbers. Aus der Sicht der Politik und der Regulierung wird auch festzustellen sein, ob bestimmte Regelungen bewusst nicht verändert werden sollten und andere vielleicht nur leicht oder auch fundamental. Es ist wichtig, die Vorschläge, die wir heute diskutieren, möglichst zu konkretisieren und in möglichst operationale Empfehlungen zu gießen, die dann von den zuständigen Stellen in geeigneter Weise aufgegriffen werden können. Deshalb freue ich mich, dass, wie auch schon aus den Ihnen vorliegenden Kurzfassungen zu erkennen ist, hier durchaus sehr konkrete Vorstellungen und Vorschläge zur Diskussion gestellt werden. Auch sollten wir uns nicht scheuen, gegebenenfalls schwierige Spannungsfelder, die sich aus unterschiedlichen Vorschlägen ergeben, zu benennen, um zu sehen, wo möglicherweise Konflikte oder Unvereinbarkeiten von Vorstellungen existieren.

Am Vormittag werden wir aus verschiedenen Blickwinkeln grundsätzliche Stellungnahmen zur bisherigen Bewährung und auch zur zukünftigen Gestaltung des telekommunikationsrechtlichen Rahmens der Bundesrepublik Deutschland hören. Am Nachmittag wird uns ein internationaler Vergleich von Regulierung und Wettbewerb in der Telekommunikation vorgestellt. Dann werden wir in zwei Foren wichtige Details intensiver erörtern: in Forum I, einem fachlich sehr interessant zusammengesetzten Panel, Instrumente und Gegenstände der Regulierung und in dem sehr kompetent besetzten Forum II Verfahrensfragen, die in der Regulierung und für die Entfaltung des Wettbewerbs, wie Sie alle wissen, eine besonders große Bedeutung und Wirkung haben können.

Ich möchte nun überleiten zu unserem Eröffnungsvortrag, den dankenswerterweise Herr Staatssekretär Dr. Tacke übernommen hat und den ich ganz herzlich hier unter uns begrüße. Meine Damen und Herren, Herrn Dr. Tacke muss ich in dieser Runde eigentlich nicht vorstellen. Er ist seit 1998 beamteter Staatssekretär im Bundesministerium für Wirtschaft und Technologie. Er ist außerdem persönlicher Beauftragter des Bundeskanzlers zur Vorbereitung des Weltwirtschaftsgipfels, auch Koordinator für die deutsche Luft- und Raumfahrt und hat sich in letzter Zeit immer wieder deutlich zu wettbewerblichen Entwicklungen und Fragen geäußert. Er trägt auf diesem Gebiet eine große politische Verantwortung. Wir sind ganz besonders froh, Herr Dr. Tacke, dass Sie heute zu uns kommen konnten und uns einführen in die Problematik, um uns die Sicht der Bundesregierung und Ihres Hauses näher zu bringen.

2 Das Telekommunikationsgesetz auf dem Prüfstand – Handlungsbedarf und Vorgaben aus dem EU-Rahmen

Dr. Alfred Tacke
Bundesministerium für Wirtschaft und Technologie, Berlin

Ich hatte gestern auf dem Bildschirm eine Gesprächsanfrage an das BMWi aus einem anderen europäischen Land. Die Autoren arbeiten an Studien über Länder, in denen die Telekommunikation in den letzen Jahren überdurchschnittlich gewachsen ist. Wenn man weiß, dass dieses Land vor vier Jahren in diesem Sektor noch führend war und heute in Deutschland studieren will, wie man beschleunigt wächst, dann finde ich das ein großes Kompliment. Angehängt war an die Mail eine relativ vollständige Liste der Mitarbeiter in der Regulierungsbehörde und im Ministerium, die sich mit den Rahmenbedingungen beschäftigen und sie in den letzten Jahren auch erfolgreich gestaltet haben. Wir werden uns dem Gesprächswunsch nicht verschließen. Das Beispiel zeigt, dass die Mitarbeiter in beiden Institutionen in den letzten Jahren sehr viel erreicht haben; das reicht von den Rahmenbedingungen über die elektronische Signatur, die Einführung von 3G, der 3. Mobilfunkgeneration, über die Marktabgrenzung in zentralen Bereichen bis hin natürlich zu einem Wettbewerb, der im Interesse der Konsumenten liegt und der auch den Wettbewerbern eine Chance gibt (Bild 1). Gleichzeitig bedeutet es die Verpflichtung zur kontinuierlichen Veränderung der Rahmenbedingungen, zur Anpassung.

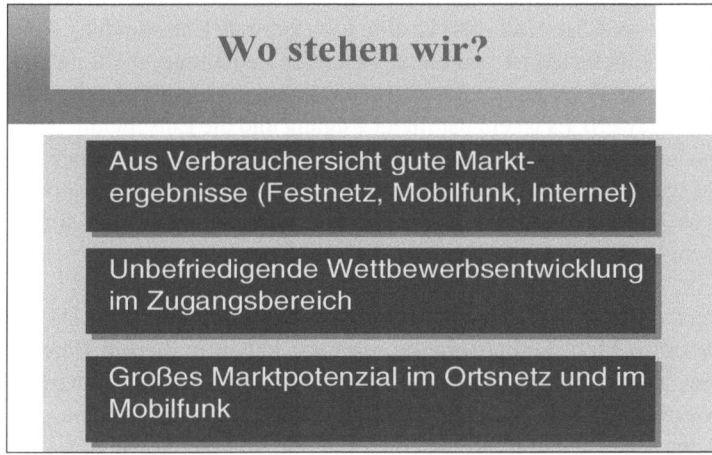

Bild 1

Ich denke, dass dieser erste Punkt im Zentrum der Diskussion steht. Für uns ist das ein guter, notwendiger und sinnvoller Dialog über die Überarbeitung, die Modernisierung des TKG im nächsten Jahr. Es ist ein Prozess, an dem wir die Beteiligung aller wünschen, ihre Hinweise, ihren Rat, um dann zu einem gemeinsamen Ergebnis zu gelangen, das breite Zustimmung findet. Die Konsumenten sind die eigentlichen Gewinner dieses Prozesses mit enormen Preissenkungen. Ich will hier nur einige ganz wenige Daten nennen: Ferngespräche 90 %, Internet 74 %, Mobilfunk 60 %. Ich weiß, dass das nicht bei allen Unternehmen Begeisterung auslöst, aber sicherlich bei den Konsumenten. Wenn wir über 55 Mio. Mobilnutzer in Deutschland sprechen, dann hängt das sehr wohl mit dem Wettbewerb und natürlich auch mit akzeptablen Preisstrukturen zusammen. Dieses ist ein ganz wichtiger Beitrag, aber es bedeutet auch, dass wir natürlich nicht unbegrenzt von weiteren Preissenkungen ausgehen können, sondern dass hier eine gute, aus meiner Sicht sehr tragfähige, Basis erreicht ist.

Wir erwarten, dass weiterhin Unternehmen im Wettbewerb Marktanteile gewinnen können, aber konstatieren auch, dass wir im Ortsnetz einen Anteil der Wettbewerber von 3 % haben, in ganz wenigen Regionen von 15 % und dass dieses auch für DSL gilt. In einigen Bereichen geht also der Wettbewerb noch nicht weit genug. Wir wollen uns nicht auf Marktanteile festlegen, aber wir meinen, dass es auch in diesen Sektoren Wettbewerb geben muss. Wir waren nie, und ich sage das hier ganz deutlich, Freunde der Mitnutzung von Netzen. Es war immer klar, dass zum Wettbewerb auch Infrastrukturen gehören, dass es attraktiv sein muss, in Infrastrukturen zu investieren und dass das Nebeneinander von wettbewerbsfähigen Infrastrukturen auch große Vorteile für den Wettbewerb hat. Aber ich denke, dass es zu Beginn dieses Prozesses und in diesen Zeiträumen, über die wir diskutieren, notwendig ist, den Zugang zu gewährleisten. Wir erwarten im Ortsnetzbereich im nächsten Jahr weiteren Wettbewerb durch Line-Sharing und Resale. Ich weiß, dass dies für diejenigen, die in Infrastrukturen, und das sind nicht nur die großen Unternehmen, investiert haben, kein einfacher Prozess ist. Und – das ist eine ganz zentrale Entscheidung – die Nutzung der Breitbandkabelnetze ist von herausragender Bedeutung, nicht nur für die Weiterentwicklung der Telekommunikation, des Internets in Deutschlands, sondern auch für den Wettbewerb. Es ist ein paralleler Zugang und die Entscheidung des Kartellamtes, Investoren nicht zu akzeptieren, hat nicht zu mehr Wettbewerb geführt, sondern zu weniger Wettbewerb. Wir wollen den Wettbewerb nicht verhindern, sondern wir sollen den Wettbewerb fördern. Die Fortsetzung von monopolartigen Strukturen im Breitband kann nicht das Ziel des Kartellamts sein.

Wir haben in einem anderen Bereich eine hervorragende Situation: im UMTS-Bereich. Es ist die dritte Mobilfunkgeneration, und wir haben in diesem Bereich sechs Wettbewerber, was wir sehr begrüßen. Ich finde, dass die Unternehmen mehr Vertrauen in den Wettbewerb haben sollten. Ich glaube nicht, dass das Ergebnis der Unternehmen von der Frage abhängt, ob man die Zahl der Anbieter verringert, sondern davon, wer die besten Produkte macht. Es werden diejenigen Unternehmen

Marktanteile überdurchschnittlich gewinnen, die für den Konsumenten die besten Produkte und das beste Preis-Leistungs-Verhältnis anbieten. Das müssen nicht immer die großen Unternehmen sein. Deshalb meine ich, dass gerade die kleineren Anbieter durch innovative Produkte, durch neue Preissysteme und durch gute Inhalte und gute Dienstleistungen überdurchschnittlich Marktanteile gewinnen können, wenn sie darauf setzen, dass man diesen Markt nicht defensiv, sondern aktiv betrachten sollte. Man kann sich in drei, vier Jahren ansehen, wer welche Marktanteile und welchen Erfolg hat. Aber vorab schon zu meinen, dass Absprachen, dass die Reduzierung des Wettbewerbes im Marktinteresse liegt und dem Konsumenten dient, ist m.E. nicht sinnvoll. Wir haben uns nie auf sechs Wettbewerber festgelegt. Es war der Wunsch der Unternehmen, den sie nachhaltig unterlegt haben durch sehr hohe Gebote in der Auktion. Es war nicht unsere Aufforderung, dass wir sechs Unternehmen in Deutschland haben mussten. Es waren zwischen vier und sechs im Angebot, und diese Unternehmen haben sich für diese Struktur entschieden und ich denke, sie sollten zu dieser Entscheidung auch stehen. Deshalb bleibt es bei den Rahmenbedingungen. Es gehört zu verlässlichen Rahmenbedingungen, dass wir mit den Unternehmen eng kooperieren, dass wir sie unterstützen. Aber ich bin gespannt auf den Wettbewerb, die Produkte und die Inhalte im nächsten Jahr und ich denke, die Konsumenten auch. Dies ist im Interesse des Standortes Bundesrepublik Deutschland, der Beschäftigten in diesen Unternehmen, und wir sollten diese Herausforderung positiv sehen. Manche Zulieferer beklagen sich über zu harte Auflagen im Wettbewerb bei der Ausstattung der Netze. Aber sie vergessen, dass sie ohne die Vielzahl dieser Anbieter überhaupt keine Aufträge hätten. Das ist ein ganz wesentlicher Beitrag auch zur Sicherung der Netzinfrastruktur. Wir hätten eine wesentlich bessere Beschäftigungssituation für Netzinfrastrukturunternehmen, wenn es in anderen europäischen Ländern eine annähernd vergleichbare Zahl von Unternehmen gäbe, die in Zukunft investieren. Der deutsche Markt ist der interessanteste.

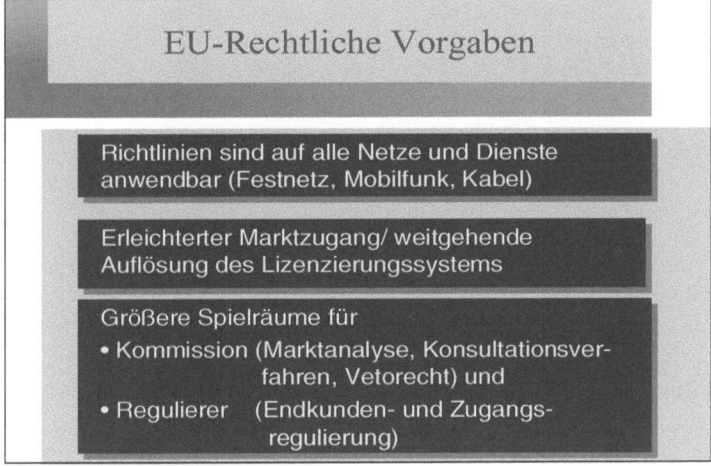

Bild 2

Lassen Sie mich auf die EU-rechtlichen Vorgaben eingehen (Bild 2). Wir meinen, dass der Zugang erleichtert wird. Wir gehen davon aus, dass die Richtlinien auf Festnetz, Mobilfunk und Kabel anwendbar sind. Wir meinen, dass dieser erleichterte Netzzugang aus unserer Sicht mit der weitgehenden Auflösung des Lizenzierungssystems positiv zu bewerten ist. Wir sehen große Spielräume aufgrund der EU-rechtlichen Vorgaben für die Regulierung. Aus unserer Sicht ist natürlich das Ziel, Wettbewerb auf Dauer selbst tragend zu gestalten und die Regulierung kontinuierlich zurückzunehmen, aber nicht die Wettbewerbsintensität an irgendeinem Punkt zu reduzieren. In der Telekommunikation ist das ausgeschlossen. Die Unternehmen brauchen den Wettbewerb und die Konkurrenz, um sich zu modernisieren und den Wettbewerbsdruck, um erfolgreich zu sein. Natürlich werden die EU-Vorgabe, und das bedauern wir, unsere Handlungsspielräume einschränken. Natürlich haben die Regulierungsbehörden einen größeren Ermessensspielraum bei der Vorleistungsregulierung bei den Endkundenpreisen. Wir wollen auch diese Spielräume in vernünftiger Weise strukturieren. Wir werden uns natürlich im Rahmen der EU-Vorgaben bewegen müssen und damit aber auch mit der Einengung unserer Gestaltungsspielräume die Einheitlichkeit der Märkte in Europa fördern.

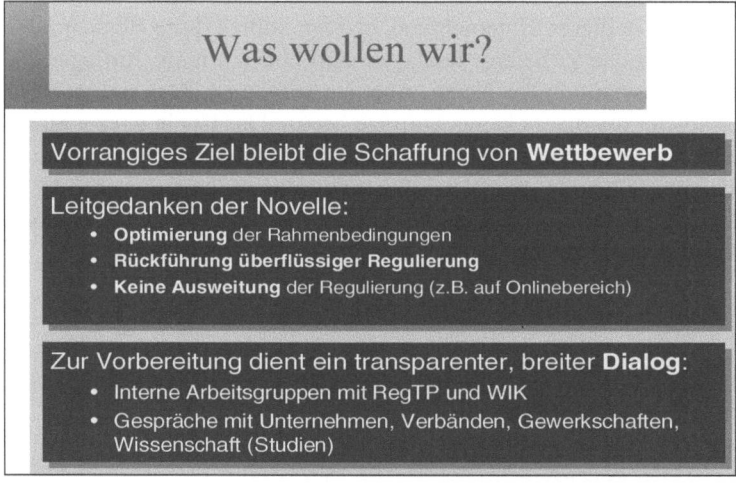

Bild 3

Ich hatte es deutlich gemacht: Wir wollen Wettbewerbsstrukturen (Bild 3). Was wir nicht wollen ist eine überzogene Preishöhenkontrolle. Die Preise, die Sie im Markt erzielen, müssen es den Unternehmen ermöglichen, ihre Investitionen zurückzuverdienen, müssen es ihnen ermöglichen, dauerhaft ihre Produkte herzustellen, neu zu strukturieren und zu modernisieren. Wir plädieren deshalb dafür, und ich sehe hier eine weitgehende Übereinstimmung mit dem Ansatz der Richtlinien, dass die Regulierungsbehörde, insbesondere im Bereich der Regulierung von Endkundenprodukten, immer sehr genau prüft, ob dem Wettbewerb nicht der Vorrang vor dem Einsatz von Regulierungsinstrumenten zu geben ist. Und wenn reguliert werden muss, sollte soweit möglich, den eingriffschwächeren Instrumenten der Vorzug gegeben werden. Eine Ausdehnung der Regulierung lehnen wir ab. Es geht also aus unserer Sicht bei anstehender Überarbeitung des TKG um eine Optimierung des bisherigen Instrumentariums.

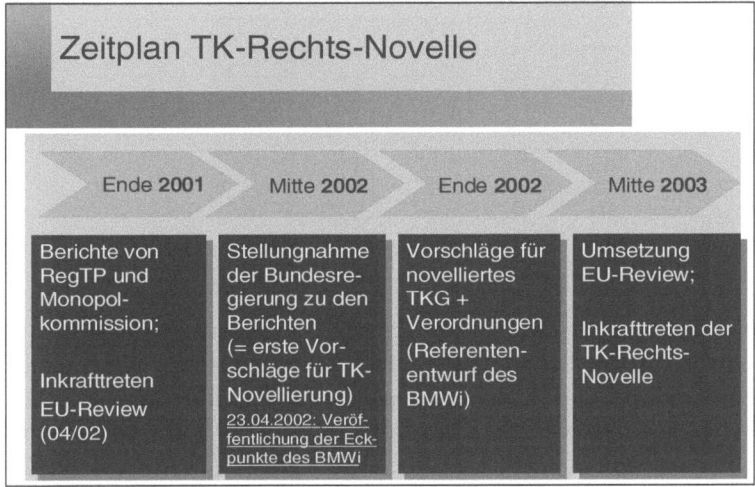

Bild 4

Lassen Sie mich kurz Stellung nehmen zum Zeitplan (Bild 4). Wir haben gerade noch rechtzeitig für die Konferenz und nach intensiver Abstimmung auch mit anderen Ressorts die Eckpunkte der Stellungnahme der Bundesregierung zum Sondergutachten der Monopolkommission veröffentlicht – ein Gutachten, für das ich sehr dankbar bin und das uns wichtige Anregungen gegeben hat. Bis Ende Mai besteht für alle Marktteilnehmer, und natürlich auch für breitere interessierte Kreise, die Möglichkeit, die Eckpunkte zu kommentieren. Ich finde es einen der großen Vorzüge, dass das Internet mit der Transparenz von politischen Entscheidungen verbunden wird, obwohl das nicht immer politisches Selbstverständnis ist. Ich meine, für eine Modernisierung des Rechtsrahmens ist das ein wichtiger und guter Prozess. Bis Mitte des Jahres wird die Bundesregierung dann gegenüber Bundestag und Bundesrat ihre Stellungnahme im Sondergutachten abgeben. Im Spätherbst werden wir den Referentenentwurf für das künftige TKG vorlegen. Wir gehen davon aus, dass im ersten Halbjahr 2003 das parlamentarische Verfahren durchgeführt werden kann.

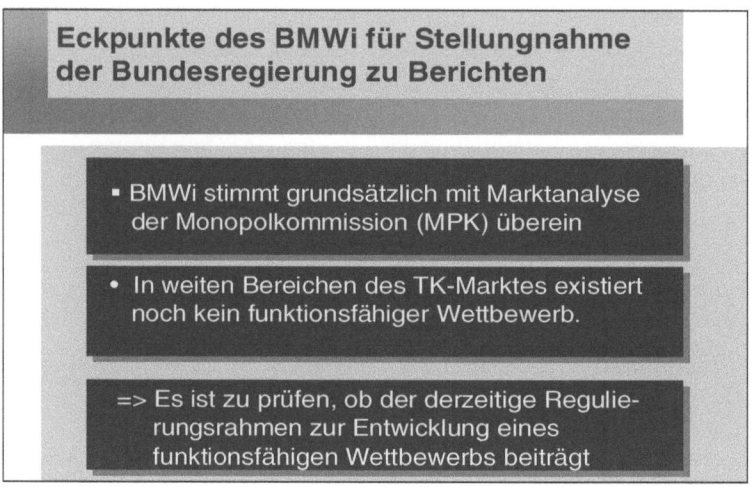

Bild 5

Lassen Sie mich kurz zu den Eckpunkten Stellung nehmen (Bild 5). Wir stimmen mit der Marktanalyse von RegTP und Monopolkommission überein. Wir gehen davon aus, dass es noch keinen selbst tragenden Wettbewerb im Telekommunikationsmarkt gibt, sondern dass weiterhin Regulierung erforderlich ist. Zweitens wollen wir mit Ihnen gemeinsam prüfen, inwieweit die derzeitige Ausgestaltung des Regulierungsrahmens zur Entwicklung eines funktionsfähigen sich selbst tragenden Wettbewerbes führt. Das BMWi teilt die Auffassung der Monopolkommission zur Wettbewerbsentwicklung im Telekommunikationsbereich. In einigen Bereichen zeichnet sich aus unserer Sicht die Möglichkeit einer Reduzierung der Regulierungsintensität ab. In anderen Bereichen bleibt die Regulierung weiterhin erforderlich. Wir meinen, und sind positiv dazu eingestellt, hier eine vernünftige Balance zu definieren zwischen der Förderung von Dienstewettbewerb auf der einen Seite und infrastrukturellem Wettbewerb auf der anderen Seite.

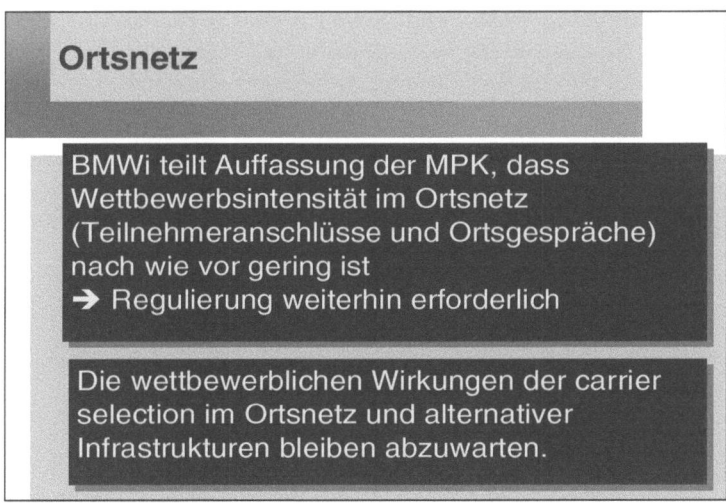

Bild 6

Aus unserer Sicht ist die Regulierung der Vorleistung so lange erforderlich, wie Wettbewerber auf Vorleistungen des dominierenden Anbieters angewiesen sind. Dies entspricht auch der Einschätzung der Monopolkommission. Natürlich ist die Wettbewerbsintensität im Ortsnetz noch gering (Bild 6). Regulierung ist auch hier weiterhin erforderlich. Aber um aus der Regulierung heraus zu kommen und sie zu beenden, brauchen wir auch Infrastrukturwettbewerb. Ich habe das sehr deutlich gemacht. Der Modernisierung und der Verselbstständigung der Breitbandnetze kommt dabei eine zentrale Bedeutung zu. Die Forderung nach Breitbandinvestitionen ist ein wichtiges Thema in der Initiative D21, wo es um die Zukunft der Telekommunikationsmärkte, der Softwareanbieter, der Multimediaanbieter und Dienstleistungen geht. Dies ist auch ein wichtiger Punkt für die Politik. Wir meinen, dass es hier zu einem grundsätzlichen Verständnis kommen muss. Wer im Breitbandkabel Investitionen will, muss attraktive Rahmenbedingungen für die Investoren schaffen. Keiner kann in Netze investieren, wenn er nicht erwünscht ist, wenn seine Investitionen nicht rentabel sind, wenn er keinen vernünftigen Marktzugang zum Endkunden hat. Und ökonomisch Sinnloses zu tun, ist weltweit nicht üblich und kann auch von Investoren in Deutschland nicht erwartet werden. Es geht hier um Wettbewerb. Es geht hier um Investitionen und damit um Rentabilität. Das Modell des Rheinischen Kapitalismus, so schön es sein mag, das sozusagen auf uneigennützige soziale Motive setzt, ist m.E. in einem globalen Wettbewerb in dieser Form nicht zu halten und bedarf dringend der Modernisierung. Dieses macht deutlich, dass wir ein investorenfreundliches Klima schaffen müssen, indem wir uns nicht die Unternehmen schnitzen und sie zurechtstutzen, sondern indem wir Unternehmen und Initiativen fördern. Wir erwarten natürlich auch, dass die Entscheidungen der Regulierungsbehörde zu Line-Sharing und zu Resale eine positive Entwicklung auf den

Märkten herbeiführen und zu mehr Wettbewerb beitragen werden. Diese beiden zentralen Momente des Line-Sharing, des Resales und der notwendigen Investitionen in die Breitbandnetze sind aus unserer Sicht zentrale Wettbewerbselemente.

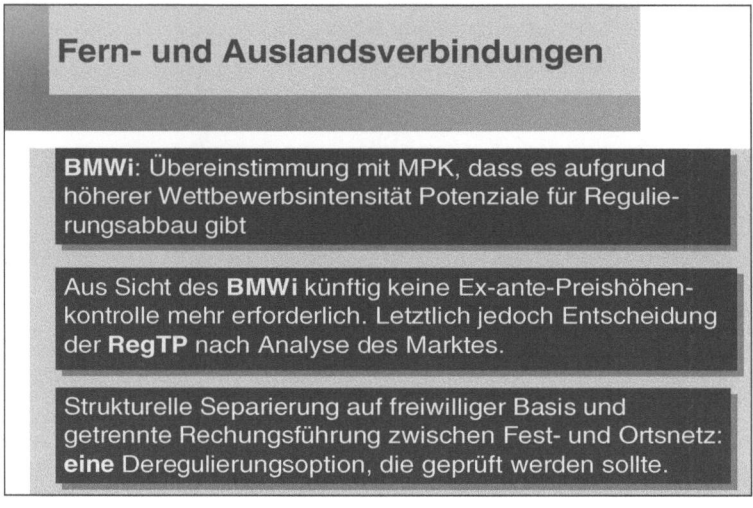

Bild 7

Wir stimmen mit der Monopolkommission, Herr Prof. Hellwig, darin überein, dass es im Bereich der Ferngespräche höhere Wettbewerbsintensität gibt und dass wir insbesondere bei Fern- und Auslandsverbindungen auch Chancen sehen für eine Rücknahme der Regulierung (Bild 7). Dies ist ein Erfolg der Regulierungspolitik und, ich meine, dass hier eine Chance besteht, Regulierung im Interesse der Unternehmen zurückzunehmen. Wir sehen in der Regulierung keinen Selbstzweck, keine staatliche Daueraufgabe. Und wo wir Raum sehen für selbst tragenden Wettbewerb, werden wir auch die Regulierung zurückführen.

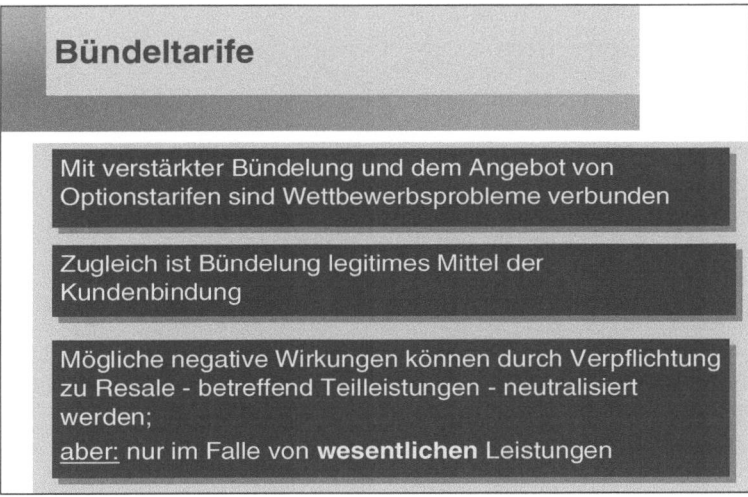

Bild 8

Das BMWi stimmt mit der Monopolkommission darin überein, dass mit einer verstärkten Bündelung von Leistungen durch das größte Unternehmen in dem Bereich, der Deutschen Telekom, natürlich auch Wettbewerbsprobleme verbunden sind (Bild 8). Das ist die Bündelung von regulierten und nicht regulierten Leistungen. Wir sehen es als Aufgabe, dass wir die Effizienz erhöhende Bündelung fordern und dass wird dort, wo sie Wettbewerb behindert, uns kritisch mit diesem Thema befassen. Ich meine aber, dass dies am besten von den Marktteilnehmern selbst gestaltet wird und dass Regulierung das Instrument ist, was zuletzt Anwendung finden sollte. Wir sollten hier auch auf eine Entwicklung setzen, die mehr auf Selbstregulierung der Marktteilnehmer setzt. Dies ist ein zentrales Element im Selbstverständnis: dass die Wettbewerber der Selbstregulierung den Vorzug geben sollten gegenüber der Intervention des Staates durch Rahmengesetzgebung und durch Einzelentscheidungen der Regulierungsbehörde.

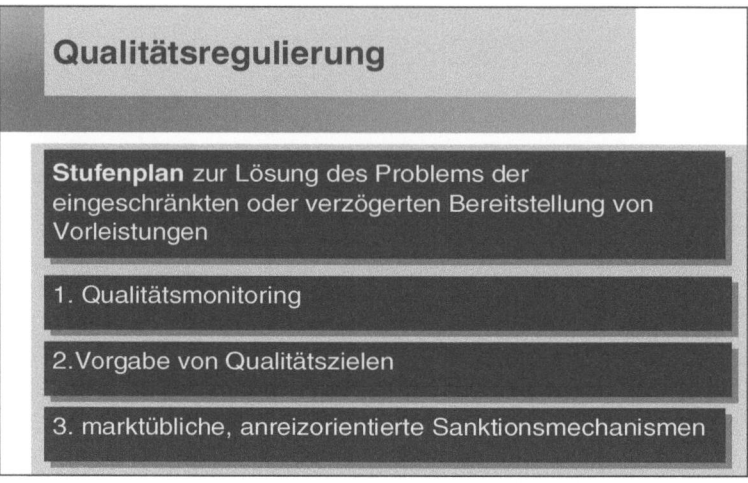

Bild 9

Wir hatten in der Vergangenheit häufig Kritik an der Bereitstellung von Vorleistungen durch die Deutsche Telekom (Bild 9). Ob dieses nun aus Unzulänglichkeiten in der Organisationsstruktur, in den Abläufen oder aus dem Versuch, Marktentwicklung zu verlangsamen, geschehen ist, will ich dahin gestellt sein lassen. Es ist nicht unsere Aufgabe, dies hier zu beurteilen. Aber ich denke, dass die kontinuierliche Diskussion zu wichtigen Ergebnissen geführt hat und dass wir hier auch stärker zu einem Miteinander kommen: Das ist die Erzielung einer höheren Qualität, das ist die Vorgabe von Qualitätszielen, und es sind im Notfall Sanktionsmechanismen. Mein Eindruck ist, dass inzwischen die Notwendigkeit einer zeitgerechten qualitätsorientierten Bereitstellung von Vorleistungen von allen Marktteilnehmern verstanden wurde als ein wichtiges positives Element im Wettbewerb und dass hier ein Einvernehmen erzielt werden kann. Ich hoffe nur, dass dieses dauerhaft sein wird.

Das Telekommunikationsgesetz auf dem Prüfstand

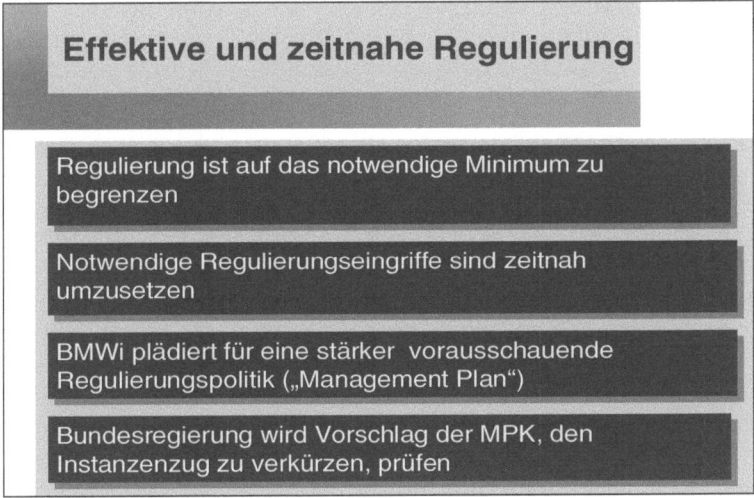

Bild 10

Ich habe Ihnen deutlich gemacht, dass das Bundeswirtschaftsministerium effektive und zeitnahe Regulierung wünscht (Bild 10). Das bedeutet: Reduzierung auf ein Minimum, notwendige Regulierungseingriffe zeitnah umsetzen und stärker vorausschauend regulieren. Ich denke, dass auch die Verkürzung des Instanzenweges dazu gehört. Das sind notwendige und sinnvolle Modernisierungsprozesse.

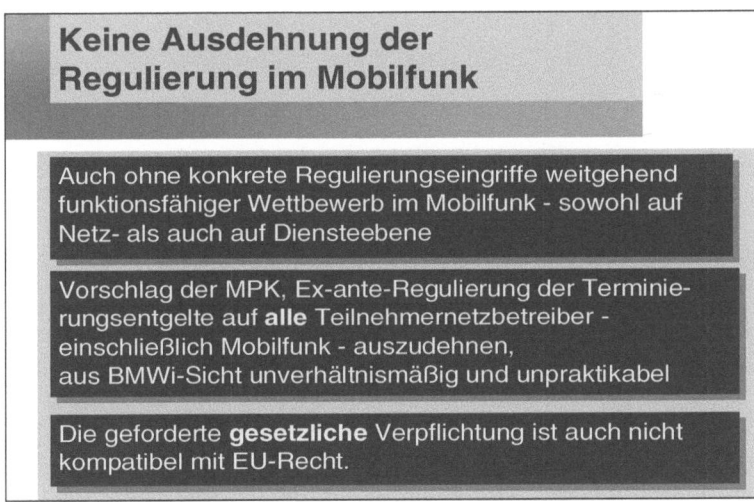

Bild 11

Ich hatte sehr positiv Stellung genommen zur Entwicklung im Mobilfunk (Bild 11). Die Unternehmen haben in diesem Bereich wirklich Herausragendes geleistet. Es ist in Deutschland ein phantastischer Markt mit einer enormen Vorbildwirkung, mit einem intensiven Wettbewerb und hier sind wichtige Beiträge zur Sicherung von Beschäftigung und zur Zukunftsorientierung geleistet worden. Für besonders wichtig halte ich, dass wir einen funktionsfähigen Wettbewerb im Mobilfunk ohne Regulierungseingriff haben. Er zeigt beispielhaft, was wir auf Dauer erreichen wollen: selbst tragender Wettbewerb.

Daher besteht aus unserer Sicht die Notwendigkeit, dass auch das Preisniveau der Verknüpfung von Festnetzen, der Verknüpfung von Auslandsnetzen so gestaltet wird, dass sie insgesamt Akzeptanz finden. Mobilfunk hat viel mit Akzeptanz zu tun. Hier haben wir eine gemeinsame Aufgabe. Aber zur Akzeptanz gehören auch rationale wettbewerbsfähige Preisstrukturen und keine versteckten Monopolrenditen. Dies ist aus unserer Sicht wichtig, und ich denke, dass die Branche hier Spielraum für Selbstregulierung hat und dass wir die Politik der Nichtregulierung im Mobilfunk weiterhin fortsetzen müssen. Von daher ist das ein sehr wichtiger Punkt. Natürlich wissen wir nicht, ob diese Position in allen europäischen Märkten durchgehalten wird. Aber sie hat sich in Deutschland sehr bewährt.

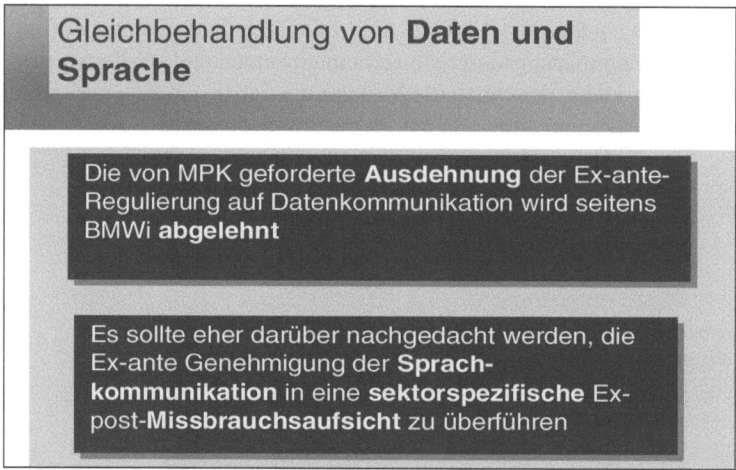

Bild 12

Die Ex-ante-Genehmigung von Sprachtelefondienst wird nur dann aufrechterhalten werden können, wenn die Regulierungsbehörde dies nach Marktanalyse unter Berücksichtigung der Vorleistungsregulierung für erforderlich hält (Bild 12). Die Ex-ante-Genehmigungen von Sprachtelefondienstleistungen im geltenden TKG wurden allein mit Blick auf die vormalige Monopolstellung der Deutschen Telekom gegründet. Eine Ausdehnung der Ex-ante-Regulierung auf die Datenkommunikation B, wie von der Monopolkommission vorgeschlagen, wollen wir nicht übernehmen – Herr Prof. Hellwig mag mir das nachsehen. Auf mittlere Sicht, und dies ist für uns ein ganz zentraler Punkt, soll darüber nachgedacht werden, die Ex-ante-Genehmigung der Sprachkommunikation in eine sektorspezifische Ex-post-Missbrauchsaufsicht zu überführen.

Dies sind aus Sicht des Bundeswirtschaftsministeriums zentrale Punkte für die Modernisierung des TKG. Das TKG hat sich trotz aller Kritik und heftigen Auseinandersetzungen bewährt. Es hat wesentlich zur wirtschaftlichen positiven Entwicklung des Telekommunikationssektors beigetragen, und der Telekommunikationssektor hat gezeigt, was Marktöffnung bringt: Zukunftsfähigkeit, Arbeitsplätze, neue Technologien und Konsumentenvertrauen in einen sehr gut strukturierten und wettbewerbsfähigen Markt. Er ist aus meiner Sicht ein Sektor, der beispielhaft zeigt, dass Marktöffnung Zukunft hat, dass Marktöffnung auch in anderen Bereichen fortgesetzt werden soll und dass Staatsmonopole alles können, nur nicht im Interesse der Kunden zu arbeiten, neue Technologien hervorzubringen und möglichst effizient zu sein. Von daher ist diese Marktöffnung mit dem TKG und auch mit den Auflagen an das Monopolunternehmen Deutsche Telekom, die teilweise notwendig, teilweise weniger notwendig waren, nicht einfach gewesen. Aber wir haben doch eine grundlegende Veränderung. Wir haben in einem ganz zentralen Bereich des Mobilfunks, und das ist die Zukunft, einen intensiven Wettbewerb. Wir werden im Bereich des Festnetzes einen wachsenden Wettbewerb haben und, ich hoffe, dass wir mit der Modernisierung der Politik des Kartellamtes auch eine Chance haben, im Breitband mit Wettbewerb voran zu kommen und nicht die alten Strukturen zu konservieren.

Von mir aus ein ganz herzlicher Dank an die Mitarbeiter im Hause, die dieses vorbereitet haben, an die Regulierungsbehörde für den Willen, zusammenzuarbeiten und engagiert zu gemeinsamen Ergebnissen zu kommen. Die Regulierungsbehörde hat in den letzten Jahren ihre Arbeit wesentlich verbessert. Und an Sie den Dank für unternehmerische Initiative, weil wir natürlich jede Menge regulieren können, aber, wenn wir nicht über aktive Unternehmen verfügen, die die Märkte gestalten, die Milliarden investieren, die Menschen weiterbilden und neue Produkte auf den Markt bringen, nützt Regulierung gar nichts. Also, Regulierung bleibt Unterstützung für Sie und soll nicht ein Zwangskorsett auf den neuen Märkten und den wachsenden Märkten der Telekommunikation sein.

3 Die Sicht der Wettbewerbspolitik

Prof. Dr. Martin Hellwig
Universität Mannheim

1. Kein grundlegender Änderungsbedarf auf Gesetzesebene

Die Monopolkommission hat im Dezember 2001 ihre zweite Stellungnahme nach § 81, Absatz 3 TKG zur Entwicklung des Wettbewerbs in den Telekommunikationsmärkten vorgelegt.[1] Sie ist dabei zu dem Schluß gekommen, dass es keinen wesentlichen Änderungsbedarf auf Gesetzesebene gibt. Es gibt einen Änderungsbedarf in Einzelpunkten, an einigen Stellen vielleicht auch ein Potenzial für eine Rückführung der Regulierung. Eine grundlegende Änderung der gesetzlichen Rahmenbedingungen ist jedoch nicht erforderlich; sie könnte vielmehr schädlich wirken.

Die wichtigste Aussage meines Vortrags ist die, dass das TKG sich im großen und ganzen bewährt hat. Das TKG ist die Grundlage für den Erfolg der Liberalisierung der deutschen Telekommunikationsmärkte. Das Gesetz und die auf das Gesetz gestützten Entscheidungen der Regulierungsbehörde, insbesondere in der Anfangsphase, haben dazu beigetragen, dass Wettbewerb im Telekommunikationssektor sich aktiver entwickelt hat und den Kunden mehr gebracht hat als in anderen Sektoren, in denen liberalisiert wurde. Zu nennen sind in diesem Zusammenhang der Umgang der Regulierungsbehörde mit den anfänglichen Vorstellungen der Deutschen Telekom (DTAG) zur Berechnung von Gebühren bei Kundenwechsel, die Handhabung von Call-by-Call und Preselection, auch die Handhabung des Inkassos.

Natürlich gibt es auch Probleme. Aber die wichtigsten dieser Probleme betreffen nicht das Gesetz, sondern den Umgang mit dem Gesetz durch die Parteien, DTAG und Wettbewerber, Regulierungsbehörde und Gerichte. Wir sollten uns hüten vor der Illusion, die Probleme auf der Ebene der Umsetzung des Gesetzes über eine Novellierung des Gesetzes selbst lösen zu können. Allerdings habe ich auch die Eckpunkte des Ministeriums und die Ausführungen von Herrn Staatssekretär Tacke dahingehend verstanden, dass das Ministerium bei der Novellierung des TKG eher behutsam vorgehen will.

Die Vorstellung, dass das TKG grundlegend reformiert werden sollte, wird vor allem von der DTAG vorgetragen. Sie kritisiert, dass die sektorspezifische Regulierung

---

1. Monopolkommission, Wettbewerbsentwicklung bei Telekommunikation und Post 2001: Unsicherheit und Stillstand, Sondergutachten 33, Baden-Baden 2002.

ihre Handlungsmöglichkeiten allzu sehr beschneidet, sei es dass die Endkundenentgeltregulierung sie daran hindert, den Kunden die Angebote zu machen, die sie machen will, sei es dass die Vorleistungsregulierung sie zwingt, den Wettbewerbern Leistungen zur Verfügung zu stellen, die sie ihnen ansonsten nicht oder nur zu drastisch höheren Preisen anbieten würde.

Dass die DTAG sich durch die sektorspezifische Regulierung beengt fühlt, ist verständlich. Daraus automatisch auf ein Versagen des TKG zu schließen, wäre jedoch verfehlt. Nach dem Willen des Gesetzgebers sollte und soll die Regulierung ja gerade die Handlungsspielräume des Ex-Monopolisten einengen und dafür sorgen, dass dieser seine aus der Vergangenheit überkommene Machtposition nicht missbraucht, um Wettbewerb zu behindern oder Kunden auszubeuten. Schließlich gründete sich die Machtposition des Ex-Monopolisten nicht auf im Wettbewerb erbrachte Leistungen, sondern auf die früheren staatlichen Monopolprivilegien. Eine über die Diskussion von Einzelpunkten hinausgehende Fundamentalkritik müsste die Zielsetzung des seinerzeitigen Gesetzgebers selbst in Frage stellen. Das ist meines Erachtens nicht angebracht.

2. Bestandsaufnahme

Ich beginne mit einer Bestandsaufnahme. Wie sind die Wettbewerbsverhältnisse in den Telekommunikationsmärkten zu beurteilen? Meine Aussagen stützen sich auf die bereits erwähnte Stellungnahme der Monopolkommission vom Dezember 2001 und die dafür erhobenen Daten. Diese erfassen die Entwicklung bis zum ersten Quartal 2001. Über die seitherige Entwicklung gibt es noch keine systematischen Daten, nur einzelne Anhaltspunkte. Diese allerdings scheinen die Einschätzung vom Dezember 2001 weitgehend zu bestätigen.

Bei *Teilnehmeranschlüssen und Ortsgesprächen* haben wir bei einem Marktanteil von 98 % im ersten Quartal 2001 immer noch ein Quasi-Monopol der DTAG. Diese Aussage ist nicht wesentlich zu revidieren, wenn man auf spezielle Marktsegmente abstellt. Selbst bei ISDN-Primär-Multiplex-Anschlüssen, wie sie primär von Unternehmenskunden nachgefragt werden, lag der Marktanteil der DTAG noch über 90 %. Auch wenn die DTAG diesen Markt als besonders wettbewerbsintensiv herausstellt, bei über 90 % Marktanteil ist sie immer noch nahezu in einer Monopolposition. Nach dem Gesetz gegen Wettbewerbsbeschränkungen (GWB) wird vermutet, dass Marktbeherrschung vorliegt, wenn der Marktanteil über 33 % liegt. Der Marktanteil der DTAG bei Teilnehmeranschlüssen und Ortsgesprächen liegt so weit jenseits dieser Grenze, dass gegenüber dem Tatbestand der Marktbeherrschung nach dem GWB nicht nur ein quantitativer, sondern auch ein qualitativer Unterschied vorliegt. Im übrigen sei angemerkt, dass es bei Teilnehmeranschlüssen und Ortsgesprächen bisher zu keinem nennenswerten Preiswettbewerb gekommen ist.

3 Die Sicht der Wettbewerbspolitik

Die Quasi-Monopolstellung der DTAG bei den Teilnehmeranschlüssen beeinträchtigt die Funktionsfähigkeit des Wettbewerbs in allen Bereichen der Festnetzkommunikation. Alle Telekommunikationsdienstleistungen im Festnetz sind auf den Teilnehmeranschluss angewiesen. Wettbewerber können solche Leistungen nur in dem Maße anbieten, wie die DTAG den Zugang gewährt. Beim breitbandigen Internetzugang hat die DTAG dies nicht getan, sondern, obwohl die Rechtslage – auch aufgrund europarechtlicher Vorgaben – eindeutig war, zunächst einmal Rechtsmittel gegen die Einführung von Line Sharing als Vorleistung für DSL-Anschlüsse anderer Anbieter eingelegt. So hatte sie Zeit, die Erstnachfrage nach DSL-Anschlüssen zu bedienen und ein neues Monopol aufzubauen, ehe ein anderes Unternehmen überhaupt ein Angebot machen konnte.

Bei Ortsgesprächen wird das Quasi-Monopol der DTAG möglicherweise erodiert, wenn Ortsgespräche und Teilnehmeranschlüsse als Telekommunikationsdienstleistungen entkoppelt werden und Wettbewerb durch Call-by-Call- und Preselection-Anbieter von Ortsgesprächen zugelassen wird. Auf das Für und Wider dieser Neuerung, insbesondere auch im Hinblick auf die Position der Wettbewerber, die eigene Infrastrukturen im Ortsbereich aufbauen, will ich an dieser Stelle nicht eingehen, sondern beschränke mich auf die Bemerkung, dass das Quasi-Monopol der DTAG bei den Teilnehmeranschlüssen davon kaum berührt sein dürfte. Dieses aber ist wettbewerbspolitisch das zentrale Problem.

Bei *Fern- und Auslandsgesprächen* gab es zu Beginn der Liberalisierungsphase deutliche Marktanteilsverschiebungen weg von der DTAG hin zu den Wettbewerbern. Diese Entwicklung ist allerdings seit Beginn des Jahres 2000 zum Stillstand gekommen. Teilweise hat sie sich sogar umgekehrt. So lagen die Marktanteile der Wettbewerber im ersten Quartal 2001 mit 33 % bei Ferngesprächen und 37 % bei Auslandsgesprächen (jeweils nach Umsätzen[2]) knapp *unter* den entsprechenden Zahlen für das Jahr 2000. Gemessen an den Kriterien des GWB ist die DTAG auch hier noch *deutlich* marktbeherrschend, doch hat es – anders als bei den Teilnehmeranschlüssen – erhebliche Wettbewerbsentwicklungen gegeben. Diese Wettbewerbsentwicklungen haben deutliche Preissenkungen erzwungen. Die beträchtlichen Monopolgewinne, die die DTAG bzw. das Staatsmonopol früher hier eingenommen haben, sind dadurch weitgehend verschwunden. Für die DTAG ist das unerfreulich, für die Kunden jedoch ergibt sich, zumindest wenn ich von meiner persönlichen Erfahrung ausgehe, ein Gewinn an Lebensqualität.

Beunruhigend ist die Beobachtung, dass die Entwicklung bei Fern- und Auslandsgesprächen zum Stillstand gekommen ist und dass wir hier viele Marktaustritte beobachten. Diese erfolgen teils freiwillig, aufgrund pessimistischer Gewinneinschätzungen, teils unfreiwillig, aufgrund von Zahlungsunfähigkeit und Insolvenz.

---

2. Die entsprechenden Zahlen nach Verbindungsminuten sind 41 % und 51 % im ersten Quartal 2001, 41 % und 56 % im Jahr 2000.

Die Entwicklung ist insofern nicht weiter überraschend, als es nach der Öffnung eines neuen Marktes sehr oft zunächst eine Phase turbulenten Markteintritts gibt und dann eine Konsolidierungsphase, in der viele Unternehmen wieder ausscheiden. Überraschend ist, dass die Konsolidierung erst jetzt stattfindet. Das mag an der Großzügigkeit der Finanzmärkte in der Anfangsphase der Liberalisierung liegen, die dafür sorgte, dass die neuen Anbieter mit reichlich Bargeld in den Markt kamen. Da die Konsolidierung aber erst jetzt stattfindet, wissen wir immer noch nicht, welche Marktstrukturen sich letztlich einstellen werden. In diesem Zusammenhang bin ich besonders darüber beunruhigt, dass bislang *keiner* der Wettbewerber den Eindruck erweckt, als sei seine Existenz in diesem Markt wirklich gesichert.

Auf der Ebene der *Vorleistungen* besteht weiterhin eine erhebliche Abhängigkeit der Wettbewerber von der Deutschen Telekom. Ausnahmen sind die nationalen Zusammenschaltungen und die auf nationaler Ebene relevanten Mietleitungen. Ansonsten, insbesondere bei lokalen und regionalen Zusammenschaltungen, hängen die Wettbewerber weiterhin fast vollkommen von Vorleistungen der DTAG ab. Die Abhängigkeit beruht teilweise auf dem Eigentum der DTAG an der physischen Infrastruktur, teilweise auf dem Quasi-Monopol der DTAG bei den Teilnehmeranschlüssen. Im Fernbereich allerdings hat sich die Abhängigkeit der Wettbewerber von den Vorleistungen der DTAG deutlich verringert. Hier hat es erhebliche Infrastrukturinvestitionen der Wettbewerber gegeben; ungefähr zehn Wettbewerber dürften inzwischen fast gänzlich unabhängig von nationalen Zusammenschaltungsleistungen der DTAG sein.

Die Infrastrukturinvestitionen der Wettbewerber im Fernbereich bieten Anlass zu einem gewissen Optimismus. Je mehr Infrastrukturinvestitionen die Wettbewerber getätigt haben, desto weniger attraktiv ist der Versuch eines Verdrängungswettbewerbs für den Ex-Monopolisten. In Anbetracht der Konsolidierung des Sektors stellt sich allerdings die Frage, ob jetzt eigentlich die Anbieter austreten, die ohne eigene Infrastrukturen nicht in der Lage sind, hinreichende Deckungsbeiträge im Call-by-Call-Geschäft zu erwirtschaften, oder aber die, die aufgrund des intensiven Preiswettbewerbs nicht in der Lage sind, die Zinsen für ihre Infrastrukturinvestitionen zu bedienen? Insofern lässt sich derzeit noch nicht sicher sagen, dass die wettbewerblichen Strukturen bei Fern- und Auslandsgesprächen durch die Infrastrukturinvestitionen nachhaltig gefestigt werden.

Die große Unsicherheit über die weitere Entwicklung ist nicht unbedingt ein Grund zur Sorge. Eine gewisse Konsolidierung ist normal. Allerdings bringt die Unsicherheit es mit sich, dass wir beim Nachdenken über eine mögliche Novellierung des TKG im Dunkeln stochern. Die Übergangsphase ist noch nicht abgeschlossen. Die bisherigen Wettbewerbserfolge können noch nicht als strukturell gesichert betrachtet werden.

3. Wettbewerbspolitische und regulatorische Probleme

Wo liegen nun die Probleme der bisherigen Entwicklung im Telekommunikationssektor?

Ein zentrales Problem liegt, wie erwähnt, in der Persistenz des Quasi-Monopols der DTAG bei den Teilnehmeranschlüssen. Diese Persistenz beruht nicht nur auf Faktoren wie den Kostenvorteilen des Ex-Monopolisten aufgrund von Skalen- und Verbundeffekten, die sich der politischen oder regulatorischen Einflussnahme entziehen; sie beruht auch auf der Handhabung der Regulierung und der Rechtsprechung. Insofern besteht Korrekturbedarf. Dieser betrifft allerdings überwiegend nicht die Ebene der Gesetzgebung, sondern die Ebene der Gesetzesanwendung.

Zur Persistenz des Quasi-Monopols der DTAG bei den Teilnehmeranschlüssen trägt die Regulierung insbesondere durch die Preisgestaltung bei. Zwischen dem Endkundenpreis für den Analoganschluss EUR 11,49 (bisher EUR 10,94) und dem Preis von EUR 12,48 für die Miete der Teilnehmeranschlussleitung durch die Wettbewerber besteht ein Missverhältnis. Solange die Endkunden für den Analoganschluss weniger bezahlen müssen als die Wettbewerber für den Zugang zum blanken Draht, gibt es eine Preis-Kosten-Schere, die einen nennenswerten Wettbewerb bei diesen Anschlüssen (immerhin mehr als 60 % der Anschlüsse insgesamt) ausschließt.

Eine solche Preis-Kosten-Schere widerspricht den Vorschriften des TKG, das für den Endkundenpreis des Teilnehmeranschlusses wie für die Miete der Teilnehmeranschlussleitung durch die Wettbewerber die Kosten der effizienten Leistungsbereitstellung als Maßstab setzt. Der Vorwurf der Widerrechtlichkeit wurde in der Vergangenheit mit dem Hinweis abgewehrt, der Endkundenpreis von EUR 10,94 für den Analoganschluss sei noch vor Inkrafttreten des TKG genehmigt worden und sei insofern nicht nach dem Maßstab des TKG zu beurteilen. Der in diesem Frühjahr neu genehmigte Endkundenpreis von EUR 11,49 liegt aber immer noch unter dem Preis, den die Wettbewerber für den Zugang zum blanken Draht bezahlen. Die Regulierungsbehörde muss sich nunmehr vorhalten lassen, dass wenigstens einer der beiden von ihr genehmigten Preise den Anforderungen des Gesetzes widerspricht. Der Vorwurf wiegt um so schwerer, als der Markt, dessen Wettbewerbsentwicklung durch die von der Regulierungsbehörde entgegen dem Gesetz genehmigte Preis-Kosten-Schere behindert wird, für die Festnetzkommunikation insgesamt von zentraler Bedeutung ist.

Bei ISDN-Anschlüssen ist eine Preis-Kosten-Schere nicht unmittelbar auszumachen; hier jedoch wirkt die Handhabung der Vorleistungen durch die DTAG wettbewerbsbehindernd. Missbräuchliche Verzögerungen bei der Bereitstellung von Kollokationsräumen und der Schaltung von Leitungen nehmen den Wettbewerbern und ihren prospektiven Kunden die Planungssicherheit und schaffen künstliche Kosten des Wechsels von der DTAG zu einem Wettbewerber.

Im Umgang mit derartigen Praktiken macht die Regulierungsbehörde nur wenig Gebrauch von der Möglichkeit eines Missbrauchsverfahrens nach § 33 TKG und verweist die Wettbewerber statt dessen auf die Zivilgerichte. Da die Verfahren bei den Zivilgerichten jedoch Zeit brauchen und vorläufiger Rechtsschutz ausgeschlossen ist, wenn damit eine Entscheidung in der Hauptsache vorweggenommen wird, kommt dieser Verweis letztlich den Verzögerungstaktiken der DTAG zugute. Auf die Frage, wie man im Zusammenspiel von Regulierung und Rechtsprechung den Vorleistungsanspruch der Wettbewerber, insbesondere bei der Teilnehmeranschlussleitung, gegen missbräuchliche, wettbewerbsbehindernde Praktiken des Ex-Monopolisten schützen soll, gibt es bislang keine zufriedenstellende Antwort.

Natürlich beruht die Persistenz des Quasi-Monopols der DTAG auch darauf, dass viele Kunden nicht sehr wechselfreudig sind. So mancher sagt, sollen doch die anderen wechseln und dazu beitragen, dass die Preise sinken, ich bin zu bequem dafür. Auch im Fernbereich telefonieren ja immer noch die meisten Kunden, ohne die vielen Ziffern für einen Wettbewerber zu wählen, und freuen sich darüber, dass andere dazu beigetragen haben, dass inzwischen auch für sie die Gebühren gesenkt worden sind. Es ist auch nicht auszuschließen, dass diese Haltung besonders ausgeprägt ist bei Kunden mit Analoganschlüssen, d.h. dort, wo die Preis-Kosten-Schere voll greift.

Es wäre aber verfehlt, die Trägheit der Kunden als Entschuldigung dafür zu nehmen, dass Behinderungen der Wettbewerbsmöglichkeiten anderer Anbieter – sei es durch eine behördlich genehmigte Preis-Kosten-Schere, sei es durch missbräuchliche Praktiken des Marktbeherrschers – hingenommen werden. Wenn die vom Gesetzgeber gewollte Entwicklung hin zu funktionsfähigem Wettbewerb überhaupt eine Chance haben soll, dann darf die Regulierung nicht selbst zur Verfestigung der Monopole beitragen.

Letztere Aussage betrifft auch die Schaffung eines neuen Monopols der DTAG beim breitbandigen Internetzugang. Hier hat die Regulierungsbehörde einen Dumpingmissbrauch der DTAG beim Einrichten von T-DSL festgestellt, aber u.a. aus sachfremden allgemeinpolitischen Erwägungen nicht geahndet. Das Bemühen der Regulierungsbehörde um eine gleichzeitige Ermöglichung von Wettbewerb durch Line-Sharing wurde von der DTAG durch Einlegen von Rechtsmitteln vereitelt, bis die Erstnachfrage nach DSL-Anschlüssen weitgehend bedient war. Dass das Einlegen von Rechtsmitteln in dieser Sache im Zuge des Weges durch die Instanzen an irgendeiner Stelle vom Gericht selbst als missbräuchlich bezeichnet wurde, spricht für sich. Als Ergebnis des Zusammenspiels von regulatorischen Entscheidungen und verfahrensrechtlichen Verzögerungen haben wir jedenfalls eine neue Monopolposition in einem besonders zukunftsträchtigen Markt. Dabei hat diese neu erworbene Position der DTAG bei DSL-Anschlüssen selbst wieder Rückwirkungen auf die Wettbewerbsverhältnisse in den Märkten für Teilnehmeranschlüsse, etwa wenn Angebote für ISDN-Anschlüsse mit Angeboten für T-DSL gebündelt werden. Das festgestellte, aber nicht geahndete Dumping bei T-DSL strahlt insofern auch auf die Märkte für Teilnehmeranschlüsse aus.

Von grundlegender Bedeutung für die Anwendung des TKG ist auch der Konflikt über die Neuregelung der Zusammenschaltungsgebühren im Fernbereich. Hier hat das Oberverwaltungsgericht Münster die bemerkenswerte Formulierung gebracht, die Regulierungsbehörde müsse die tatsächlichen Kosten betrachten und sich nicht ausschließlich an theoretischen Modellen orientieren. Im Gesetz ist von den „Kosten der effizienten Leistungsbereitstellung" die Rede. Das Konzept der effizienten Leistungsbereitstellung ist schon vom Ansatz her ein theoretisches Konzept. Es erfordert ein Gedankenexperiment darüber, was sich wohl an Kosten ergäbe, *wenn* der Marktbeherrscher effizient arbeiten würde. Ein gewisses hypothetisches Element der Überlegung ist insofern unvermeidlich. Sollte die Kritik des OVG Münster an der Verwendung eines theoretischen Kostenmodells durch die Regulierungsbehörde darauf abzielen, dass eine hypothetische Als-ob-Argumentation als Grundlage der Entgeltfestsetzung überhaupt zu verwerfen ist, so liefe dies der Gesetzesvorgabe zuwider. Bislang ist jedenfalls unklar, wie die Forderung des OVG Münster nach einer Berücksichtigung der tatsächlichen Kosten in Einklang zu bringen ist mit dem Gesetzesmaßstab der Kosten der effizienten Leistungsbereitstellung.

Die vorstehenden Beispiele sollten ein Gespür dafür vermitteln, wo wir Probleme mit dem TKG haben. Die Probleme liegen nicht auf der Ebene des Gesetzes, sondern auf der Ebene des Umgangs mit dem Gesetz. Hier fehlt es bislang an der bei älteren Rechtsnormen zu beobachtenden Selbstverständlichkeit im Umgang mit unbestimmten Rechtsbegriffen, auch im Umgang mit den jeweiligen Rollen, die das Gesetz den einzelnen Parteien, der DTAG und den Wettbewerbern, der Regulierungsbehörde und den Gerichten zuweist. Auch insofern ist die Übergangsphase der Telekommunikationsliberalisierung noch nicht abgeschlossen.

4. Stetigkeit des Ordnungsrahmens als Voraussetzung einer verlässlichen Rechtspraxis

Dass es solche Probleme bei der Anwendung des TKG gibt, sollte niemanden überraschen. Marktöffnung und sektorspezifische Regulierung sind für uns neu. Wir haben noch wenig Erfahrung damit, es fehlt die Selbstverständlichkeit des Umgangs mit Normen und Verfahren, mit Ansprüchen und Rollen der verschiedenen Parteien. Das alles muss sich erst einspielen.

Was genau ein Gesetz für die Betroffenen bedeutet, welche Möglichkeiten es ihnen gibt und welche Grenzen es ihnen setzt, ergibt sich ja nicht unmittelbar aus dem Gesetzestext, sondern aus der Praxis des Umgangs mit dem Gesetz.

Die Entwicklung einer verlässlichen Praxis der Rechtsanwendung ist beim TKG schwieriger als bei vielen anderen neuen Gesetzen, weil die sektorspezifische Regulierung als wirtschaftspolitisches Instrument und als Rechtskonstruktion für uns ein Novum ist. Mit der Festsetzung von Entgelten durch die Regulierungsbehörde greift der Staat materiell in die privatwirtschaftlichen und privatrechtlichen Beziehungen zwischen dem Ex-Monopolisten und seinen Wettbewerbern, auch zwischen dem Ex-Monopolisten und seinen Endkunden ein. In anderen Ländern, insbesondere den USA und dem Vereinigten Königreich, ist diese Form des Staatseingriffs seit langem selbstverständlich. Bei uns jedoch weckt sie Erinnerungen an staatliche Preiskontrollen, an Grundsatzdiskussionen über staatlichen Dirigismus und Marktwirtschaft. Wir haben uns daran gewöhnt, ordnungspolitisch klar zwischen Staatstätigkeit und privatwirtschaftlicher Tätigkeit zu trennen und hinsichtlich der letzteren die Rolle des Staates auf das Setzen von Rahmenbedingungen zu beschränken. In diese Kategorien passt die sektorspezifische Regulierung nicht gut hinein.

Auch rechtsdogmatisch fällt die sektorspezifische Regulierung aus dem Rahmen: Während der Verwaltungsrechtler in Kategorien des Konflikts zwischen Behörde und Betroffenen denkt und der Zivilrechtler in Kategorien des Interessenausgleichs zwischen den beteiligten Parteien, steht die sektorspezifische Regulierung im Spannungsverhältnis von *drei* Beteiligten, der Regulierungsbehörde, dem Ex-Monopolisten als Adressaten der Regulierung und den Wettbewerbern und Kunden des Ex-Monopolisten, die durch die Regulierung geschützt werden soll. Um diesem Spannungsverhältnis dreier Parteien gerecht zu werden, müssen Jurisprudenz und Justiz traditionelle Denkschemata transzendieren und z.B. im Verwaltungsgerichtsverfahren nicht nur an den Ausgleich zwischen dem Regelungsinteresse des Staates und dem Eigentumsschutz des Regulierungsadressaten denken, sondern auch an die Schutzinteressen der Wettbewerber und Kunden des ehemaligen Staatsunternehmens, dessen Infrastrukturmonopol eine durch Wettbewerb kaum angefochtene Machtposition begründet.

In Anbetracht der Neuheit der Rechtskonstruktion sollte es uns nicht überraschen, dass es in vielen Punkten noch keine festgefügten Vorstellungen darüber gibt, was legitim ist und was nicht. Ist die Einführung von *element based charging* als Grundlage der Zusammenschaltungsregulierung als widerrechtlicher Eingriff in die Eigentumsrechte der DTAG zu werten oder als konsequente Ausfüllung des gesetzlichen Maßstabs der effizienten Leistungsbereitstellung? Ist die Behandlung des Inkassos als wesentlicher Leistung eine Anmaßung von Regulierungskompetenz oder eine konsequente Anwendung des Gesetzes? Ausgehend vom Gesetzeszweck, vom Sachzusammenhang und von der Erfahrung anderer Länder halte ich persönlich in beiden Fällen die Position der Regulierungsbehörde für gesetzeskonform und richtig, sehe aber auch, dass sie Anlass zur Diskussion bietet. Insofern finde ich es nicht überraschend, dass die DTAG hier die gerichtliche bzw. öffentliche Auseinandersetzung sucht. Da regulatorische und gerichtliche Praxis sich noch nicht auf eine festgefügte Tradition stützen können und eine solche erst noch herausgebildet werden muss, muss den Parteien daran gelegen sein, ihre eigenen Vorstellungen einzubringen, um die neu entstehende Tradition in ihrem Sinn zu beeinflussen.

Dass diese Prozesse kontrovers ablaufen und dieser oder jener Entscheid dem Betrachter – aus welcher Perspektive auch immer – nicht gefällt, liegt in der Natur der Sache. Es wäre aber eine Illusion zu glauben, man könnte die hier zutage tretenden Anpassungsprobleme verringern, indem man das Gesetz änderte. Eine Gesetzesänderung kann vielleicht diesem oder jenem Einzelproblem beikommen, das Gesamtproblem der Entwicklung einer verlässlichen Regulierungspraxis und Rechtspraxis jedoch wird sie nicht lösen. Im Gegenteil, eine Gesetzesänderung erfordert erneute Anpassungen der Rechtsanwendung und schafft insofern zusätzliche Rechtsunsicherheit.

Wir sollten daher nicht anfangen, auf der Ebene der Gesetzgebung grundlegend zu experimentieren. Je mehr wir da experimentieren, desto schwerer wird es für die Beteiligten, Telekom und Wettbewerber, Regulierungsbehörde und Gerichte, die offenen Fragen der Gesetzesinterpretation und Gesetzesanwendung zu klären. Wie soll sich eine verlässliche Rechtspraxis entwickeln, wenn das Gesetz nach nur kurzer Zeit fundamental geändert wird? Stetigkeit der gesetzlichen Rahmenbedingungen ist eine Grundvoraussetzung dafür, dass die Instrumente des TKG sich einspielen und die Marktteilnehmer die Rechtssicherheit bekommen, die sie für ihre Tätigkeit in den Telekommunikationsmärkten brauchen, insbesondere im Hinblick auf ihre Investitionsplanung.

An dieser Stelle ist mir nicht klar, warum hin und wieder angedeutet wird, die Europäische Union verlange eine grundsätzliche Revision des TKG. Soweit ich die Richtlinien der Europäischen Union verstehe, verlangen sie keine wirklich substanziellen Änderungen am Ordnungsrahmen des TKG, sondern nur Einzelanpassungen bei gewissen Verfahren, bei gewissen Kompetenzzuweisungen an die Regulierungsbehörde, dem Zusammenspiel der Regulierungsbehörde mit der Europäischen Kommission usw. Das alles erfordert keine fundamentale Revision des Gesetzes.

5. Brauchen wir einen neuen Ordnungsrahmen für den Telekommunikationssektor?

Eine fundamentale Revision des Gesetzes wird allerdings seit langem von der DTAG selbst gefordert. Sie wünscht eine weitgehende Rückführung der sektorspezifischen Regulierung, konkret: die Aufhebung der Endkundenentgeltregulierung und die Beschränkung der Vorleistungsregulierung auf eine im Vorhinein genau spezifizierte Liste von Bottleneck-Tatbeständen. Sie macht geltend, dass die sektorspezifische Regulierung in unserer Wirtschaftsordnung ein Fremdkörper sei und dass das TKG selbst in § 81 Abs. 3 eine Mahnung zur Aufhebung der sektorspezifischen Regulierung bei Vorliegen funktionsfähigen Wettbewerbs enthalte.

Die Vorstellung, dass wir die sektorspezifische Regulierung nur für eine gewisse Übergangszeit brauchen, halte ich für eine verführerische und gefährliche Illusion. Diese Vorstellung ist verführerisch, weil sie es uns erspart, aus einer ordnungspolitisch heilen Gedankenwelt herauszukommen, in der der Staat die Rahmenbedingungen setzt und die Vertragsgestaltung nach Preisen und Mengen den privaten Haushalten und Unternehmen überlässt. Akzeptieren wir sektorspezifische Regulierung als Dauerphänomen, so müssen wir über die Details der Abwägung zwischen Monopolmacht und Staatsintervention nachdenken. Unterstellen wir, dass die sektorspezifische Regulierung nach einer gewissen Zeit aufgehoben werden kann, so können wir uns dieses Nachdenken über Probleme, für die es keine sauberen Lösungen gibt, ersparen.

Zumindest soweit es um die Vorleistungsmärkte geht, handelt es sich aber um eine Illusion,. Funktionsfähigkeit des Wettbewerbs auf den Endkundenmärkten mag nach einer gewissen Übergangszeit zu erreichen sein. Auf den Vorleistungsmärkten jedoch gibt es gewisse Engpässe, auf absehbare Zeit eine Zugangsregulierung erfordern. Einen solchen Engpass bildet das Festnetz zumindest bei den einzelnen Anschlüssen und den Ortsnetzen. Eines Duplizierung des Festnetzes auf dieser Ebene ist betriebswirtschaftlich und volkswirtschaftlich nicht sinnvoll. Die Möglichkeit eines Ersatzes durch Power Line oder Wireless Local Loop liegt in weiter Ferne, selbst beim Kabel sind die Aussichten auf einen Ausbau zur Telekommunikationsinfrastruktur derzeit nicht gut, zumal der Markt für breitbandigen Internetzugang durch T-DSL zunächst einmal abgeschöpft worden ist.[3] Funktionsfähigkeit des Wettbewerbs um die Endkunden auf der Ebene der Teilnehmeranschlüsse setzt daher auf absehbare Zeit voraus, dass die DTAG den Wettbewerbern den Zugang zu der in ihrem Eigentum befindlichen Infrastruktur gewährt.

Hin und wieder wird geäußert, das Problem des Zugangs zu wesentlichen Einrichtungen lasse sich durch Selbstregulierung der Branche und/oder durch die wettbewerbsrechtliche Missbrauchsaufsicht unter Kontrolle bringen. Beides halte ich für falsch. Selbstregulierung ist ist dort sinnvoll, wo es gilt, gemeinsame Anliegen die verschiedenen Mitglieder einer Branche zu fördern, etwa die Reputation der Börse bei den Kunden durch einen Verhaltenskodex für Börsenfirmen zu stärken. Selbstregulierung stößt dort an Grenzen, wo es gilt, Konflikte innerhalb einer Branche zu kanalisieren. Dies gilt insbesondere auch für den Interessenkonflikt zwischen dem Inhaber eines Telekommunikationsnetzes und dem Anbieter von Telekommunikationsdienstleistungen, der auf den Netzzugang als Voraussetzung des Wettbewerbs in den nachgelagerten Märkten angewiesen ist.

---

3. Nach den im Sondergutachten 33 vorgestellten Ergebnissen der Ermittlungen der Monopolkommission sind auch die Wettbewerbspotentiale des Mobilfunks gegenüber dem Festnetz kritisch zu beurteilen.

3 Die Sicht der Wettbewerbspolitik

Auch die wettbewerbsrechtliche Missbrauchsaufsicht stösst hier an Grenzen. Sie weist vor allem zwei Schwächen auf: Zum einen greift sie erst im Nachhinein. Das Problem der missbräuchliche Verzögerung der Zugangsgewährung stellt sich in noch viel stärkerem Maße als bei der Ex-ante-Regulierung. Bis gegebenenfalls ein Gericht gegen den Netzeigner entschieden hat, dürfte in vielen Fällen der Wettbewerber schon entmutigt und der Erfolg der Wettbewerbsbehinderung für den Netzeigner sichergestellt sein. Zum anderen liegt im wettbewerbsrechtlichen Verfahren die Beweislast hinsichtlich der Beurteilung von Preisen und Modalitäten des Zugangs bei der Kartellbehörde. Dieser jedoch fehlt die erforderliche Informationsgrundlage, um nachweisen zu können, ob z.B. Zugangspreise überhöht sind oder nicht. In Anbetracht der großen Bedeutung von Fixkosten und Gemeinkosten in Netzsektoren ist ohnehin fraglich, nach welchen – ökonomisch sinnvollen (?!) – Kriterien ein Netzzugangspreis in einem Gerichtsverfahren zu beurteilen wäre. Die praktische Erfahrung mit der Preismissbrauchsaufsicht nach § 19 Abs. 4 Nr. 2 GWB weckt diesbezüglich keine großen Erwartungen.

Die Erfahrungen, die wir in der Stromwirtschaft mit Selbstregulierung und Ex-post-Missbrauchsaufsicht machen, bestätigen den hier geäußerten Pessimismus. Die Verbändevereinbarung zur Stromdurchleitung bestimmt nur die Struktur, nicht aber die Höhe der Durchleitungspreise. Dazu sagt einem jeder Praktiker, die Stromwirtschaft habe in großem Stil Fixkosten und Gemeinkosten dem Netz zugeschrieben und die Durchleitungspreise entsprechend überhöht. Von einem gerichtsfesten Nachweis ist das Bundeskartellamt jedoch weit entfernt, denn ihm fehlt es an aussagekräftigen Vergleichsmarktpreisen und an verlässlicher Kosteninformation.

In Anbetracht dieser Erfahrungen in der Energiewirtschaft sollten wir *nicht* hingehen und im Rahmen der TKG-Novellierung die Ex-ante-Regulierung des Zugangs zu wesentlichen Leistungen durch eine Kombination aus Selbstregulierung und Ex-post-Regulierung ersetzen. Bei einer Ex-ante-Regulierung des Zugangs ist die Aufsichtbehörde verfahrensrechtlich um vieles besser gestellt, sie kann Informationsansprüche leichter durchsetzen, hat weniger Beweisprobleme und kann auch Verzögerungstaktiken leichter unter Kontrolle bringen.

Der Wunsch der DTAG, die Zugangsregulierung auf einen definitiven, genau spezifizierten Katalog von Bottlenecks zu beschränken, ist verständlich, aber m.E. dem Sachverhalt gleichwohl nicht angemessen. Grundsätzlich halte ich es für richtig, dass man angibt, welche Bottlenecks man reguliert. Aber ich glaube auch, dass es darüber hinaus eine gewisse Pauschalkompetenz der Regulierungsbehörde geben muss, denn neue Bottlenecks werden im Zuge von neuen Entwicklungen entstehen. Neue Bottlenecks können auch im Zuge von neuen Entwicklungen künstlich geschaffen werden. Die Festschreibung eines definitiven Bottleneck-Katalogs wäre geradezu eine Herausforderung dazu. Um dem vorzubeugen, braucht man eine Pauschalkompetenz, vermittels derer die Regulierungsbehörde jederzeit einen neuen Tatbestand als Bottleneck aufgreifen kann. Insofern ist m.E. auch in diesem Punkt den Vorschlägen der DTAG zu widersprechen.

Der Ordnungsrahmen des TKG insgesamt sollte weitgehend unverändert bleiben. Hinsichtlich der Vorleistungsregulierung müssen wir uns an den Gedanken gewöhnen, dass die sektorspezifische Regulierung *ex ante* eine Dauereinrichtung ist. Hinsichtlich der Endkundenentgeltregulierung sehe ich die Entwicklung weniger kategorisch. Bei Teilnehmeranschlüssen und Ortsgesprächen jedoch geben die bisherigen wettbewerblichen Entwicklungen noch keinen Anlass zu einer Deregulierung.

Bei Fern- und Auslandsgesprächen ist grundsätzlich an eine Deregulierung zu denken, doch sollten zwei Voraussetzungen dafür erfüllt sein: Erstens sollte absehbar sein, dass uns die derzeitige Konsolidierung des Sektors nicht etwa wieder zurück bringt zu einem Monopol oder Quasi-Monopol, bei dem der Marktbeherrscher keinem nennenswerten Wettbewerb mehr ausgesetzt ist. Zweitens sollte sichergestellt werden, dass keine Quersubventionierung zwischen regulierten und nicht regulierten Bereichen, zwischen Monopolbereichen und Nichtmonopolbereichen möglich ist. Hierfür wäre eine institutionelle Trennung am besten geeignet. Eine solche kann man der DTAG nicht aufoktroyieren. Aber man kann das Gesetz so formulieren, das ist der Vorschlag der Monopolkommission, dass die DTAG selbst die Bereiche trennen kann und, wenn sie das tut, die von ihr gewünschte Deregulierung bekommt. Zu diesem Vorschlag hat Herr Sommer in einem Interview geäußert, eine Trennung der Bereiche sei nicht sinnvoll, weil im Fern- und Auslandsbereich allein die Geschäfte so schlecht gehen. Wenn das allerdings so ist, wie können wir dann in diesem Bereich allein überhaupt funktionsfähigen Wettbewerb haben? Im Grunde genommen stellt er mit dieser Äußerung nicht nur den Vorschlag der Monopolkommission, sondern auch die eigene Forderung nach einer Aufhebung der Entgeltregulierung bei Fern- und Auslandsgesprächen in Frage.

6. Reformbedarf in Einzelpunkten

Einen Reformbedarf sieht die Monopolkommission allerdings in verschiedenen Einzelpunkten. Auf diese gehe ich im folgenden kurz ein. Viele von ihnen betreffen Verfahrensfragen.

- Damit Wettbewerbsbehinderungen durch missbräuchliche Verzögerungen der Bereitstellung von Vorleistungen für die DTAG weniger attraktiv werden, sollte für die Lieferbeziehungen zwischen der DTAG und ihren Wettbewerbern die Möglichkeit von unmittelbar wirkenden, dynamisch anwachsenden Strafbeträgen bei Leistungsverzögerungen vorgesehen werden.
- Der Umgang mit Geschäftsgeheimnissen im Gerichtsverfahren sollte z.B. im Sinne des vom Bundesverfassungsgerichts vorgeschlagenen „in camera-Verfah-

rens" reformiert werden. Bislang wird die gerichtliche Überprüfung von Regulierungsentscheidungen dadurch behindert, dass wesentliche Passagen der Entscheidungstexte Geschäftsgeheimnisse enthalten und dem Beschwerdegericht nicht zugänglich sind.

- Da im GWB und im TKG vielfach dieselben Rechtsbegriffe auftauchen und da im einen Fall die Zivilgerichte, im anderen Fall die Verwaltungsgerichte zuständig sind, ist dafür Sorge zu tragen, dass die verschiedenen Gerichte diese Begriffe nicht unterschiedlich interpretieren. Eine Möglichkeit bestände darin, dass als oberste Berufungsinstanz für beide Gesetze der Kartellsenat des BGH ins Gesetz geschrieben wird. Das entspräche dem Umstand, dass die betreffenden Rechtsbegriffe überwiegend dem GWB und der Tradition der Wettbewerbspolitik entstammen.

- Weitere Möglichkeiten der verfahrensrechtlichen Angleichung von GWB und TKG betreffen die Länge des Instanzenwegs (zwei Stufen beim TKG versus eine Stufe beim GWB) sowie die gesetzliche Regelung von Drittklagemöglichkeiten bei Entscheidungen der Regulierungsbehörde. Letztere würde dem Umstand Rechnung tragen, dass die Entscheidungen der Regulierungsbehörde – wie Entscheidungen des Bundeskartellamts nach dem GWB – nicht nur für den unmittelbaren Adressaten, sondern in den meisten Fällen auch für die Wettbewerber und Kunden von Belang sind.

- Aufgrund der technischen Entwicklung ist die bisherige Trennung der regulatorischen Behandlung von Datenkommunikation und Sprachkommunikation nicht sinnvoll und sollte bei der Gesetzesnovellierung aufgehoben werden. Nach den Eckpunkten des Bundeswirtschaftsministeriums soll dies auch geschehen, doch soll die Angleichung dadurch erfolgen, dass man bei der Sprachkommunikation von der Ex-ante-Regulierung zur Ex-post-Missbrauchskontrolle übergeht. Solange die DTAG ein Quasi-Monopol bei den Teilnehmeranschlüssen hat, halte ich diesen Vorschlag für problematisch. Das Ministerium selbst räumt ein, dass aufgrund des Quasi-Monopols der DTAG die Aufhebung der Ex-ante-Entgeltregulierung bei den Teilnehmeranschlüssen derzeit kein Thema ist. Wenn das der Fall ist – und wenn, wie der T-DSL-Fall gezeigt hat, bestimmte Infrastrukturleistungen der Datenkommunikation an den Teilnehmeranschluss gebunden sind –, dann kann eine Angleichung der regulatorischen Behandlung von Sprach- und Datenkommunikation überhaupt nur so erfolgen, dass man beide der Ex-ante-Regulierung unterstellt. Im übrigen: der T-DSL-Fall zeigt sehr drastisch, wie dysfunktional die Verbindung von Ex-post-Missbrauchsaufsicht bei der Datenkommunikation und Quasi-Monopol bei den Teilnehmeranschlüssen wirkt.

- Terminierungsleistungen, auch im Mobilfunk, sollten der Entgeltregulierung unterworfen werden. Bei diesen Leistungen gibt es insofern *immer* ein Monopolproblem, als derjenige, der einen bestimmten Adressaten erreichen will, keine Wahl darüber hat, von welchem Telekommunikationsanbieter die Terminierungsleistung bezogen wird. Sie *muss* sie von dem Anbieter bezogen werden, bei dem der Gesprächspartner seinen Anschluss hat, und der Kunde wird letztlich mit dem Preis belastet, den dieser Telekommunikationsanbieter verlangt. Dass derzeit ein substanzieller Prozentsatz der Erlöse der Mobilfunkanbieter aus Terminierungsentgelten kommt, ist ein Indiz für die Brisanz des Problems. Für die Anbieter, die ihre Investitionen finanzieren müssen, mag dies der Strohhalm sein, der sie über Wasser hält. Für die Volkswirtschaft insgesamt ist aber zweifelhaft, ob die Ressourcen für Investitionen, die sich nur lohnen, weil bestimmte Monopolpfründen winken, wirklich sinnvoll eingesetzt sind.

4 Die Sicht der Regulierungsbehörde

Matthias Kurth
Regulierungsbehörde für Telekommunikation und Post, Bonn

Lassen Sie mich zunächst mit einer Erfahrung beginnen, die ich vor ein paar Tagen gemacht habe. Ich hatte Gelegenheit zu einem Gedankenaustausch mit meinem Kollegen Michael Powell, dem Chairman der Federal Communications Commission in den USA, über die Entwicklungen in den USA und in Deutschland, die ja unter völlig unterschiedlichen regulatorischen, rechtlichen und tatsächlichen Rahmenbedingungen abgelaufen sind. Wir haben eines am Schluss des Gespräches festgestellt: alles, was in den Märkten gut gelaufen ist, wird meist dem genialen Management der Unternehmen und der Weitsicht zugeschrieben, Innovationen durch die Wirtschaft voran zu bringen. Für alles, was schlecht gelaufen ist, ist meistens allein der jeweilige Regulierer verantwortlich. Ich sage das leicht scherzhaft, weil ich gelernt habe, mit dieser Art von Erfolgs- und Schuldzuweisung zu leben. Hinter dieser Anekdote steckt aber ein Stück Wahrheit. Die monokausale Sicht der Dinge, dass eine Regulierung für die Entwicklung der Märkte von entscheidender oder gar alleiniger Bedeutung ist – jedenfalls dann, wenn der Markt eher von schlechten Nachrichten geprägt wird – verkennt, dass es sich bei der Öffnung von ehemaligen Monopolmärkten und der Schaffung von selbsttragendem Wettbewerb um eine langfristige Aufgabe handelt. Ich sage immer, es ist ein dickes Brett, das man da bohrt. Hierbei ist auch zu beachten, ob die Erwartungshaltungen im Markt diese Langfristperspektive hinreichend berücksichtigen. Das sind natürlich entscheidende Fragen, die vor der Frage liegen, was man im Einzelnen normativ korrigieren und anpassen muss.

Wir alle haben in den letzten Jahren dramatische Veränderungen auf den Kapitalmärkten, bei den Investoren und bei deren Haltung zu bestimmten Innovationen erlebt. Das sind auch Faktoren, die Regulierung und die in die Regulierung gesetzten Erwartungen beeinflussen. Wir als Regulierer müssen auf sich wechselnde Marktbedingungen flexibel reagieren können, ohne jedoch die grundsätzliche Linie aus den Augen zu verlieren.

Zunächst werde ich in meinem Vortrag ein paar grundsätzliche Überlegungen zur Situation auf den Telekommunikationsmärkten, sodann einige Bemerkungen zu den neuen EG-Richtlinien und schließlich die Behandlung einiger Einzelfragen zur Novellierung des TKG.

Grundsätzliche Überlegungen zur Novellierung

„Zweck dieses Gesetzes ist es, durch Regulierung im Bereich der Telekommunikation den Wettbewerb zu fördern und flächendeckend angemessene und ausreichende Dienstleistungen zu gewährleisten sowie eine Frequenzordnung festzulegen." (§ 1 TKG)

Prüfungsfragen:
- Hat das TKG seinen Zweck erfüllt?
- Reichen die bestehenden Regelungen aus?
- Sind bestehende Regelungen überflüssig geworden?

Bild 1

Die grundsätzliche Frage bei der anstehenden Novellierung ist, ob das TKG von 1996 seinen in § 1 TKG festgelegten Zweck erfüllt hat, nämlich durch Regulierung im Bereich der Telekommunikation den Wettbewerb zu fördern und flächendeckend angemessene und ausreichende Dienstleistungen zu gewährleisten sowie eine Frequenzordnung festzulegen (Bild 1). Ich glaube, dass das TKG bei allen derzeitigen Schwierigkeiten sein Ziel z.T. erreicht hat und dieser Zweck auch nach einer Novellierung unverändert Bestand haben sollte. Gleichwohl ist natürlich zu prüfen, ob nicht einzelne Regelungen zu überarbeiten, zu ergänzen oder auch – wie dies Herr Staatssekretär Tacke und Herr Prof. Hellwig angedeutet haben – zu streichen sind. Hierzu werde ich im dritten Teil meines Vortrages eingehen.

4 Die Sicht der Regulierungsbehörde

Grundsätzliche Überlegungen zur Novellierung

1. **Was ist (funktionsfähiger) Wettbewerb?**
   Ziel ist die Schaffung von wirksamen und nachhaltigem Wettbewerb
   Wie ist beispielsweise das Verhältnis von Infrastruktur- und Dienstewettbewerb künftig zu definieren?

2. **Sind die Regulierungsziele neu zu definieren?**
   - Zielvorgaben der EG-Rahmenrichtlinie
   - Internetentwicklung
   - Konvergenzprozesse

Bild 2

Bei der Erwähnung des Ziels des TKG stellt sich bereits die Frage, was Wettbewerb bedeutet (Bild 2). Wir sehen an der aktuellen Diskussion um die geplante Einführung des Call by call im Ortsnetz, wie weit hier die Vorstellungen einzelner Marktteilnehmer auseinandergehen. Der derzeitige Gesetzesentwurf weist der Regulierungsbehörde die nicht leichte Aufgabe zu, das Verhältnis von Infrastruktur- und Dienstewettbewerb richtig zu gewichten. Denn Call by call im Ortsnetz soll Verbindungsnetzbetreibern nur dann ermöglicht werden, wenn sie ihrerseits einen eigenständigen Beitrag zum Aufbau von Infrastruktur leisten, wobei dieser Beitrag noch genauer definiert werden muss. Es überrascht wohl niemanden von Ihnen, wenn ich prognostiziere, dass hier noch erhebliche Auseinandersetzungen darüber zu erwarten sind, wie diese unbestimmten Rechtsbegriffe auszufüllen sind. Interessanterweise steht bei der Lösung dieses Interessenkonfliktes nicht allein der Ex-Monopolist gegen die gesamte Wettbewerberszene. Vielmehr sind es gerade die kleineren City-Carrier, die vehement einen Schutz für ihre bisherigen im Ortsnetz getätigten Infrastrukturinvestitionen fordern. Der Gesetzentwurf – der noch vom Parlament verabschiedet werden muss - deutet hier eine andere Gewichtung von Dienste- zu Infrastrukturwettbewerb an, die bisher im TKG als gleichwertig angesehen wurden. Es bleibt abzuwarten, ob diese Tendenz vom Gesetzgeber auch im novellierten TKG weiter verfolgt wird.

Lassen Sie mich die Schwierigkeiten bei der Suche nach dem Ziel des Wettbewerbs noch an einem zweiten Beispiel erläutern: Dieser Tage entscheidet die Regulierungsbehörde über die Einführung von Call by call in den Mobilfunknetzen. Dazu sieht der bereits erwähnte Kabinettsentwurf vor, dass die Verbindungsnetzbetreiberauswahl in den Mobilfunknetzen vorübergehend ausgesetzt werden soll. Er ist aber noch nicht in Kraft. Auch in dieser Frage gibt es vergleichbare Diskussionen zum angemessenen Schutz von Infrastrukturinvestitionen. Dies erfolgt vor einem Szenario, in dem Mobilfunkanbieter gerade jetzt in die neue 3G-Technologie investieren sollen und Spekulationen die Runde machen, ob in Deutschland dauerhaft sechs Anbieter in diesem Markt bleiben werden. In dieser Situation ist es nicht unproblematisch, dass sich die Rahmenbedingungen nach dem Wunsch einiger Marktteilnehmer durch die Einführung des Call by call in den Mobilfunknetzen wesentlich ändern sollen.

Grundsätzliche Überlegungen zur Novellierung

3. Wie ist in einer Rückschau die Liberalisierung des Marktes seit 1998 im Lichte des geltenden Rechts zu bewerten?

Positive Aspekte	Negative Aspekte
- starke Preissenkungen im Festnetz (insbes. durch Call-by-call) - Vielfalt und Vielzahl von Wettbewerbern (auch beflügelt von Kapitalmarkt) - Innovation wurde beschleunigt (Mobilfunk, DSL, UMTS)	- Margen der Wettbewerber haben sich schneller als erwartet reduziert - Angebote bewegten sich teilweise sogar unter Kosten - Infrastrukturwettbewerb beschränkte sich auf backbone-Netze (Überkapazitäten) und letzte Meile bleibt bottleneck - fortbestehende Marktbeherrschung der DTAG im Ortsnetz

Bild 3

In einer Rückschau möchte ich die Liberalisierung seit 1998 Revue passieren lassen und kurz positive wie negative Aspekte der Marktentwicklung beleuchten (Bild 3): Wie im normalen Leben zeigt sich auch hier, dass die Welt nicht schwarz und nicht weiß ist. Wir sind uns sicher einig, dass die starken Preissenkungen im Festnetz, die besonders durch die konsequente Einführung des offenen Call by call eingetreten sind, für die Verbraucher positiv zu bewerten sind. Der Preisverfall geschah in einem Ausmaß, das so niemand prognostiziert hat. Das erste Price-cap-Verfahren hatte noch erheblich geringere Reduzierungsraten vorgesehen als nachher durch den Preiswettbewerb erzielt wurden. Wir haben eine Vielzahl und Vielfalt von Wettbewerbern auf dem Telekommunikationsmarkt, was auch durch den investitionsfreudigen Kapitalmarkt wesentlich unterstützt wurde. Wir haben die Innovation bei Diensten und Netzen vorangetrieben. Dies alles ist positiv zu bewerten.

Auf der anderen Seite sollen hier Probleme nicht verschwiegen werden: Bedingt durch den harten Preiswettbewerb, der sogar zu Angeboten unter den eigenen Kosten und damit zu ungesundem und ruinösem Wettbewerb geführt hat, haben sich die Margen der Wettbewerber viel schneller als erwartet reduziert, so dass Businesspläne laufend umgeschrieben werden mussten. Das Erreichen des Break-even-point musste in immer weitere Ferne verschoben werden, was heute Investoren wie Aktionäre zunehmend verunsichert. Ursache für diese Preisentwicklung war jedoch nicht allein die Regulierung, sondern der einsetzende starke Wettbewerb, der grundsätzlich regulatorisch gewollt ist. Leider blieb der Infrastrukturwettbewerb hauptsächlich auf die backbone Netze und die Stadtnetze in Großstädten beschränkt. In diesem Bereich haben die zahlreichen Investitionen zu Überkapazitäten geführt, weil das Wachstum in diesem Segment überschätzt wurde. Diese Überkapazitäten waren wiederum Auslöser des starken Preisverfall im backbone und Glasfaserbereich. Auch wenn in einzelnen Regionen deutliche Erfolge erzielt werden konnten, bleibt die letzte Meile ein „bottleneck". An der marktbeherrschende Stellung der Deutschen Telekom im Ortsnetz hat sich folglich noch nichts geändert, weil es sich um einen asymmetrischen Infrastrukturwettbewerb mit dem Schwerpunkt im backbone Bereich gehandelt hat. Neue Technologien für die letzte Meile sind ebenfalls schwieriger in Gang gekommen als sich die Unternehmen dies erhofft haben. Diese Erkenntnis betrifft aus unterschiedlichen Gründen sowohl Powerline als auch WLL.

Grundsätzliche Überlegungen zur Novellierung

4. Derzeitige Situation:

- Kapitalmärkte überprüfen jedes Investment kritisch und erwarten kurzfristigere Erträge
- Bei Glasfaserverbindungen im backbone Bereich bestehen Überkapazitäten
- Einsetzende Konsolidierung auf Unternehmensebene
- Geringere Investitionen durch hohe Verschuldung aus der Boomphase
- Anteil der reinen Sprachdienste am Gesamtumsatz nimmt ab
- Teilnehmerzuwachs in Mobilfunk verlangsamt sich

Bild 4

Die derzeitige Situation stellt sich demnach wie folgt dar (Bild 4): Die Kapitalmärkte überprüfen im Gegensatz zu der Situation von vor zwei Jahren jedes Investment inzwischen kritisch und sie erwarten viel kurzfristigere Erträge. Wenn Sie vor zwei Jahren jemandem sagen konnten, dass UMTS ein Geschäft für 20 Jahre ist, haben das die Kapitalmärkte als selbstverständlich angesehen und nach ihren eigenen Aussagen bei der Berechnung des „Return of Investment" berücksichtigt. Heute jedoch sollen die Erträge bereits in zwei oder in drei Jahren fließen und es wird völlig verkannt, dass auch der GSM-Mobilfunk erst zur Jahrtausendwende zu einem profitablen Massenmarkt geworden ist, obwohl die ersten Lizenzen bereits 1991 vergeben wurden. Auf der Investorenseite krampft sich jetzt der Geldbeutel so zusammen, dass selbst diejenigen, die sinnvolle und erfolgversprechende Konzepte bieten, große Schwierigkeiten haben, für ihre Projekte Finanzpartner mit einem längeren Atem zu gewinnen. Wir beobachten nunmehr eine Konsolidierung auf Unternehmensebene, die im Übrigen ein marktwirtschaftlicher Prozess ist. Auch Insolvenzen sind ein marktwirtschaftlicher Vorgang. Es war auch zu erwarten, dass nicht alle Unternehmen, die seit 1998 in den Markt gestartet waren, dauerhaft in diesem verbleiben würden. Die mitten im Gang befindliche Konsolidierungswelle stärkt zudem die verbliebenen Wettbewerber, weil Unternehmen mit unwirtschaftlichen oder unsoliden Konzepten aus dem Markt treten. Mit Besorgnis sehen wir jedoch, dass die enorme Verschuldung des gesamten Marktes – und dies gilt weltweit – zu

4 Die Sicht der Regulierungsbehörde 39

deutlich geringeren Investitionen führt, weil die Unternehmen hier kurzfristig Einsparpotenziale sehen. Wir können auch beobachten, dass der Anteil der reinen Sprachdienste am Gesamtumsatz kontinuierlich abnimmt, so dass solche Unternehmen, die hier ihren alleinigen Fokus haben, teilweise ernsthafte Probleme haben. Das rasante Teilnehmerwachstum im Mobilfunk neigt sich dem Ende zu, weil die Marktsättigungsgrenze beinahe erreicht ist. Der Wettbewerb wird dann weniger um Neukunden stattfinden als vielmehr um wechselwillige Bestandskunden und die Steigerung des Umsatzes pro Kunde.

Grundsätzliche Überlegungen zur Novellierung

5. Droht die Remonopolisierung oder Oligopolisierung des Marktes?

- Wettbewerber haben nicht die Größenvorteile des Incumbent, es sei denn, sie arbeiten deutlich effizienter (allerdings führt der Wettbewerb auch zu Effizienzsteigerungen des Incumbent).
- Im Privatkundensegment ist durch den Margenverfall der letzten Jahre ein Engagement der Wettbewerber nur ab einer bestimmten Umsatzhöhe Gewinn bringend.
- Bei Geschäftskunden ist es für Wettbewerber einfacher, eine Umsatz- und Gewinnschwelle zu erreichen, die Erträge abwirft.
- Bei Privatkunden ist das Angebot höherwertiger Dienste (ISDN, DSL) gekoppelt mit Inhalteangeboten eine Möglichkeit, die Gewinnschwelle zu erreichen.

Bild 5

Nun wird immer das Schreckensbild der Remonopolisierung oder der Oligopolisierung von Märkten an die Wand gemalt (Bild 5). Natürlich treibt auch den Regulierer die Sorge, dass sich die Wettbewerbsdynamik verlangsamen oder gar zum Stillstand kommen könnte. Es liegt auf der Hand, dass Wettbewerber nicht die Größenvorteile haben, die der Incumbent hat, es sei denn, und das war in der Anfangsphase des Wettbewerbs sicherlich der Fall, dass sie deutlich effizienter arbeiten. Aber natürlich wird auch der frühere Monopolist effizienter, damit er im Wettbewerb bestehen kann, und das ist auch so gewollt. Der Wettbewerb konzentriert sich zunächst einmal auf solche Endkunden, die ein hohes Telefonaufkommen haben, weil hier die Investitionen am ehesten wieder hereingeholt werden können. Dies betrifft sowohl Geschäftskunden als auch viel telefonierende Privatkunden. Es wäre vor diesem

Hintergrund falsch zu beklagen, dass in dünn besiedelten Regionen für Endkunden mit geringem Telefonumsatz keine oder nur eine geringe Anzahl von alternativen Carriern zur Verfügung steht. Die hohe Penetration von ISDN und die schnelle Verbreitung von DSL-Anschlüssen zeigt jedoch, dass es bei einer attraktiven Kombination von Telefonanschlüssen mit höherwertigen Diensten und Inhalten möglich ist, auch Wenigtelefonierer zu höheren Ausgaben für Telekommunikation zu veranlassen. Speziell bei diesen höherwertigen Dienstleistungen greift auch nicht mehr der oft von Wettbewerbern ins Feld geführte Verweis auf die Preis-Kosten-Schere zwischen dem monatlichen Preis für die entbündelte Teilnehmeranschlussleitung und dem günstigsten Analoganschluss der Deutschen Telekom. Sicherlich liegt hierin ein Problem, das jedoch im Rahmen des soft rebalancing nach und nach beseitigt wird. Bei höherwertigen Anschlussarten kann diese Preis-Kosten-Schere jedoch nicht als tragende Begründung für mangelnden Wettbewerb herhalten. Dies wurde auch bei den Reaktionen auf die Festlegung des monatlichen Entgelts für Line-Sharing deutlich, dass mit 4,77 € deutlich unter den DSL-Anschlussentgelten der Deutschen Telekom liegt. Wenn selbst ein Aufschlag von 80 % auf den monatlichen Mietpreis bis zum Erreichen des günstigsten DSL-Entgeltes nicht ausreichend zur Deckung der eigenen Kosten ist, dann frage ich mich, wie niedrig der Preis denn sein muss, damit ein für Wettbewerber attraktives Szenario entsteht. Ich sage das, weil die Kosten-Preis-Schere-Problematik m.E. relativiert werden muss.

Grundsätzliche Überlegungen zur Novellierung

6. Was kann die Regulierung zur Stabilisierung des Wettbewerbs unternehmen?

Schaffung eines Investitionsumfeldes, in dem Wettbewerber mittelfristig Gewinne erzielen können, durch

- Bereitstellung kostenorientierter Vorprodukte
- Zugang zu entbündelten Leistungen, die dem Stand der jeweiligen Technik entsprechen
- Geschäftsmodelle, die eine Zusammenarbeit von Inhalteanbietern und Netzbetreibern ermöglichen (z.B. revenue sharing zwischen Transport und Content, video on demand über DSL) ohne den Wettbewerb und den Netzzugang zu beeinträchtigen

Bild 6

4 Die Sicht der Regulierungsbehörde

Angesichts der aktuellen Schwierigkeiten stellt sich die Frage, was die Regulierung zur Stabilisierung des Wettbewerbs tun kann (Bild 6)? Natürlich kann der Regulierer niemanden zum Wettbewerb tragen oder gar zwingen, hier ist eine gewisse Bescheidenheit angezeigt, was die Möglichkeiten der Regulierung angeht. Aber natürlich kann der Regulierer mit seinen Mitteln mit dazu beitragen, dass ein Umfeld für Investitionen entsteht, in dem mittelfristig Gewinne erzielt werden können. Hierzu zählt die Bereitstellung kostenorientierter Vorprodukte. Kostenorientierung heißt auch, dass nach geltender Rechtslage – und das muss so bleiben – keine Subventionierung von Vorprodukten stattfindet, weil der so erzeugte Wettbewerb künstlich wäre und auf tönernen Füßen stünde. Daher versuchen wir unabhängig von den historischen Kosten, etwa bei der Teilnehmeranschlussleitung, festzulegen, was es kostet, wenn eine derartige Leitung zu heutigen Marktpreisen verlegt werden müsste. Ferner muss die Regulierung den Zugang zu entbündelten Leistungen ermöglichen, die dem jeweiligen Stand der Technik entsprechen. Hier ist Flexibilität bei der Regulierung gefragt, damit rechtzeitig Neuentwicklungen und technischer Fortschritt in den Entscheidungen berücksichtigt werden können. Ferner muss die Zusammenarbeit von Inhalteanbietern und Netzbetreibern regulatorisch ermöglicht werden. Der Fall Liberty zeigt anschaulich, was passiert, wenn Inhalteanbieter und Netzbetreiber sich nicht auf gemeinsame Geschäftsmodelle zum Wohle beider Seiten einigen können bzw. die vertikale Integration von Inhalten und Transportnetzen nicht gestattet wird. Jedenfalls bezweifle ich, dass man zukünftig allein mit der Transportfunktion eines Telekommunikationsnetzes noch ansehnliche Gewinne wird erwirtschaften können. Andererseits sind die Inhalteanbieter auf diese Transportfunktion angewiesen, um ihre Dienste und Inhalte den Kunden zugänglich zu machen. Die Lösung dieses Zielkonfliktes kann m.E. weder die Herabstufung von Netzbetreibern zu reinen Transporteuren sein, die den Inhaltsanbietern ihre Transportleistung auf der Basis effizienter Kosten bereitzustellen haben, noch die Abschottung von Netzkapazitäten und exklusive Reservierung für bestimmte zahlungskräftige Inhalteanbieter sein. Wir werden eine win-win-Situation bekommen müssen, indem die Wettbewerber DSL-Angebote in Kombination mit Inhalten machen, z.B. mit video on demand. Das ist eine Strategie, die regulatorisch möglich ist und mit der auch Wettbewerber letzten Endes mit solchen Bündelprodukten neue Kunden gewinnen können.

Wegen der fortgeschrittenen Zeit möchte ich den Überblick über den neuen EG-Rechtsrahmen, der Ihnen vermutlich ohnehin geläufig ist, überspringen bzw. von anderen Referenten vertieft wird.

Ziele einer Novellierung

- Flexibler gesetzlicher Rahmen, der den sich rasch verändernden Marktbedingungen und der Dynamik des technischen Fortschritts entspricht
- Proaktives Vorgehen der Regulierung statt reaktive Intervention, wenn dies erforderlich ist
- Beschleunigung von verbindlichen Entscheidungen für die Marktteilnehmer, Beseitigung rechtlicher Unsicherheiten (Vollzugsdefizite)
- Straffung der Verfahren und Reduzierung der gerichtlichen Streitfälle auf Grundsatzfragen
- Anreizsysteme, die Behinderungsmissbrauch ausschließen, ohne Einzelfallkontrolle zu erfordern
- Harmonisierung der Regulierung von Sprach- und Datendiensten, soweit Marktbeherrschung vorliegt, die der wachsenden Bedeutung und der Konvergenz der Daten- und Internetverkehrs gerecht wird

RegTP Regulierungsbehörde für Telekommunikation und Post

Bild 7

Lassen Sie mich daher sogleich auf die Ziele einer Novellierung eingehen (Bild 7): Wir brauchen auch weiterhin eine flexiblen gesetzlichen Rahmen, weil Regulierung nur so den sich ständig und zum Teil dramatisch verändernden Marktbedingungen sowohl auf der Kapitalmarktseite als auch bei der Technik Rechnung tragen kann. Über DSL hat beispielsweise vor fünf Jahren noch niemand geredet. Wer weiß, was in einigen Jahren auf diesem Markt für neue Produkte sind und wie hoch z.B. die DSL-Penetration in Deutschland sein wird. Generell muss der Regulierung auch ein proaktives Handeln ermöglicht werden, weil angesichts der rasanten Entwicklung auf den Telekommunikationsmärkten ein lediglich reaktives Intervenieren häufig zu spät kommt. Dies ist ein ganz wichtiger Punkt für mich. In die gleiche Richtung geht auch mein Wunsch nach einer zeitlichen Beschleunigung von verbindlichen Entscheidungen und der schnellen Beseitigung von rechtlichen Unsicherheiten. Hier verlieren wir heute noch zu viel Zeit. Und Zeit bedeutet auch im Telekommunikationsmarkt Geld und Wettbewerbsvorsprung für die eine Seite sowie Wettbewerbsnachteile für die andere Seite. Um diese Beschleunigung zu erreichen, stelle ich mir die Straffung von Verfahren und eine Reduzierung der gerichtlichen Streitfälle auf Grundsatzfragen vor. Ein Ziel muss auch die Schaffung von Anreizen für alle Marktteilnehmer sein, Entscheidungen der Regulierungsbehörde rasch umzusetzen und so Behinderungsmissbrauch auszuschließen. Ich stelle mir vor, dass bereits so genannte „Incentives“ für eine konstruktive Zusammenarbeit sorgen

4 Die Sicht der Regulierungsbehörde

sollen und nicht der Regulierer jeden Einzelfall des Missbrauchs untersuchen und überprüfen muss. Wir sind gerade dabei, in Missbrauchfällen, z.B. bei der Bereitstellung der Teilnehmeranschlussleitung oder bei der Bereitstellung von Mietleitungen, solche Incentives, d.h. in diesem konkreten Beispiel Vertragsstrafen vorzusehen.

Wir brauchen ein regulatorisches Instrumentarium, das die Konvergenz von Sprache und Datendiensten hinreichend berücksichtigt. Das jetzige TKG legt den Schwerpunkt eindeutig auf die Regulierung der Sprachtelephonie, was angesichts der bereits erfolgten Veränderungen im Markt nicht gerade innovativ erscheint bzw. dem explosionsartigen Wachstum der Datenvolumina nicht entspricht.

Vorschlag für Novellierung

Umsetzung des neuen EG-Rechtsrahmens könnte nur dort in Form einer gesetzlichen Regelung erfolgen, wo dies aufgrund des Bestimmtheitsgrundsatzes zwingend erforderlich ist. Gleichzeitig ist zu erwägen, die Regulierungsbehörde zu ermächtigen, in Form von **Verwaltungsvorschriften** bzw. **Allgemeinverfügungen** den gesetzlichen Rahmen zu konkretisieren und Vorgaben für eine Vielzahl gleich gelagerter Fälle zu machen.

Vorteile:
- Regulierung kann besser auf sich schnell verändernde Märkte und Marktbedürfnisse reagieren
- Vielzahl der Gerichtsverfahren wird reduziert
- Beschleunigte Umsetzung von Entscheidungen

Bild 8

Ich werde nun kurz skizzieren, wie diese Vorstellungen im Detail umgesetzt werden könnten (Bild 8): Die Umsetzung des EG-Rechtsrahmens könnte m.E. in einer Form erfolgen, dass wir in Deutschland prüfen, ob die Behörde mehr durch Verwaltungsvorschriften oder durch Allgemeinverfügungen agieren kann statt immer aufwendigere Einzelverfahren zur Regelung eines ganz speziellen Einzelfalls ohne verbindlichen Charakter für gleich oder ähnlich gelagerte Fälle durch zu führen. Wir haben übrigens gute Erfahrungen im Bereich der Frequenzregulierung mit diesem Vorgehen gemacht. Dort haben wir mit verbindlichen Regelungen, die nach umfangreichen Konsultationen mit den Marktteilnehmern festgeschrieben wurden, ein hohes Maß an Rechtssicherheit und Klarheit für den Markt geschaffen. Wir sollten überlegen, ob diese Vorgehensweise nicht auch auf andere Bereiche der Regulierung übertragbar ist, um schneller verbindliche Rahmenbedingungen zu schaffen und Gerichtsverfahren möglicherweise zu reduzieren.

Einzelfragen
1. **Preisregulierung**
   - Aufrechterhaltung der ex-ante Preisregulierung
   - Verhältnis von Vorleistungs- und Endkundenregulierung
   - Vorrang des Price-Cap-Verfahrens vor Einzelpreisgenehmigung (wie bereits in § 1 Abs. 1 TEntgV) oder Gleichwertigkeit der Entgeltgenehmigungserfahren?
   - Definition des Merkmals „Orientieren" (§ 24 Abs. 1 TKG) notwendig?
   - Klarstellung des Verhältnisses von Kostennachweisen, Vergleichsmarktbetrachtung und Kostenmodellen?
   - Entgeltregulierung bei Bündelprodukten?
   - Koppelung von Entgeltgenehmigungen und Auflagen zur Verhinderung von Behinderungsstrategien?
   - Gesetzliche Regelung für (Nicht-)Rückwirkung von Entgeltregulierung?

Bild 9

Gestatten Sie mir nun einige Aussagen zur Preisregulierung (Bild 9): Ich sehe für eine Rückführung der ex ante Entgeltregulierung derzeit keinen Spielraum, weil es im Moment verfrüht wäre, diese aufzugeben. Die Verfahren um die Einführung von EBC haben gezeigt, dass die Regulierung klare gesetzliche Vorgaben zum Verhältnis von Kostennachweisen, Vergleichsmarktbetrachtungen und Kostenmodellen haben muss, damit hier für alle Beteiligten klare Verhältnisse herrschen. Ich wünsche mir auch eine gesetzliche Ermächtigung zur Koppelung von Entgeltgenehmigungen und Auflagen zur Verhinderung von Behinderungsstrategien. So könnte man z.B. bestimmte Endkundentarife für neue Produkte unter der Auflage genehmigen, dass zeitgleich mit der Vermarktung des Produktes entsprechende Vorleistungen für Wettbewerber bereitgestellt werden, damit diese solche Produkte ebenfalls am Markt anbieten können und somit eine Wettbewerbsverzerrung ausgeschlossen wird. Eine solche gesetzliche Regelung zur Koppelung hätte möglicherweise die Auseinandersetzung um DSL oder bestimmte Bündelprodukte der Deutschen Telekom ersparen können oder von Anfang an geklärt.

4 Die Sicht der Regulierungsbehörde

Ein ganz wichtiges Thema ist übrigens die gesetzliche Regelung der Rückwirkung von Entgeltregulierung. Die Regulierungsbehörde hat entschieden, dass es keine Rückwirkung gibt, was jedoch von den Gerichten z.T. anders gesehen wird. Sollten wir mit unserer Rechtsauffassung letztinstanzlich verlieren, hätte dies weitreichende Auswirkungen auf den gesamten Markt. Die Unternehmen müssten theoretisch Rückstellungen für die Differenz des Klagebetrags der Deutschen Telekom und unserer Entscheidung bilden. Dass das natürlich wettbewerbspolitisch nicht gerade der Stein der Weisen ist bzw. diejenigen, die solche Rückstellungen bilden müssten, in erhebliche Probleme geraten, liegt auf der Hand. Ich beschreibe hier nur das Problem, wobei wir natürlich sehen müssen, dass es eine spannende juristische Frage ist, wie weit der Gesetzgeber überhaupt Regelungen treffen kann, um solche Rückwirkungen zu verhindern.

Einzelfragen
2. Zusammenschaltung und Netzzugang
- Zusammenschaltungspflicht und Entgeltregulierung für alle oder nur noch für marktbeherrschende Unternehmen?
- Konkretisierung des Merkmals „wesentliche Leistungen" (§ 33 TKG), z.B. durch Aufnahme eines (nicht abschließenden) Beispielkataloges?
- Qualitätsregulierung von Vorleistungen eines Marktbeherrschers:
  Aufgabe von Fristen, Qualitätsmonitoring, Incentives, Vertragsstrafen
- Anordnungsbefugnis für neue Formen der Entbündelung, die dem Stand der Technik entsprechen
- Größere Verbindlichkeit und Beschleunigung bei technischen Zusammenschaltungs- und Standardisierungsverfahren (Reform AKNN, verbindliche Projektorientierung wie z.B. im australischen Modell)

Bild 10

Hinsichtlich Fragen der Zusammenschaltung und des Netzzugangs stelle ich mir Folgendes vor (Bild 10): Es wird diskutiert, ob Zusammenschaltungspflicht und Entgeltregulierung für alle oder nur noch für marktbeherrschende Unternehmen bestehen soll. Diese Frage betrifft im Augenblick ganz besonders den Mobilfunk, wo nach geltendem Recht unabhängig von der Marktbeherrschung ein Zusammenschaltungsanspruch besteht, der dann möglicherweise auch zu einer Entgeltregulierung nach effizienten Kosten der Leistungsbereitstellung führen könnte. Hier ist zu prüfen, ob nicht der Zusammenschaltungsanspruch für alle Netzbetreiber bestehen bleiben soll, die Entgeltregulierung aber auf marktbeherrschende Unternehmen beschränkt wird, um Nichtmarktbeherrschern Preis- und Tarifautonomie zu gewähren.

Den Bereich der Vertragsstrafen bzw. Incentives habe ich bereits erwähnt. Hier ist natürlich auch ein Qualitätsmonitoring des Regulierers erforderlich, damit Entwicklungen beobachtet werden können und rechtzeitig gegengesteuert werden kann, falls es trotz verbindlichen Fristen und Incentives zu Schwierigkeiten kommen sollte. Hierzu gehört auch, dass eine größere Verbindlichkeit und Beschleunigung bei technischen Zusammenschaltungs- und Standardisierungsfragen erzielt werden muss. Als Beispiele nenne ich hier nur die Einführung der Nummernportabilität, wo es mittlerweile einen Projektmanager gibt, der sich um diese Fragen kümmert, oder die Einführung der 0900-Rufnummern, die bisher mit großen technischen Schwierigkeiten verbunden ist. Hier ist möglicherweise der Blick nach Australien hilfreich, wo der Regulierer die Befugnis hat, selbst einen Projektmanager für eine bestimmte Aufgabe einzusetzen und diesem konkrete Vorgaben zu machen. Es sollte geprüft werden, ob eine solche Regelung nicht auch in Deutschland eingeführt werden kann, um in der Vergangenheit zu beobachtende erhebliche zeitliche Verzögerungen bei technischen Fragen zukünftig zu verhindern. Ich stehe zwar durchaus der Selbstregulierung des Marktes aufgeschlossen gegenüber. Die beiden Beispiele zeigen aber deutlich, dass Selbstregulierung nicht immer zielführend ist, wenn nicht der Rahmen und die Fristen und Ziele verbindlich festgelegt werden.

Einzelfragen
3. Regulierungsverfahren
- Abschaffung einer verwaltungsgerichtlichen Kontrollinstanz?
- Relativierung des Vorrangs der Verhandlungspflicht, wenn angesichts einer Marktbeherrschung keine Einigkeit zu erwarten ist?
- Erweiterung von Sanktionsmöglichkeiten bei Nichtumsetzung von Entscheidungen. Präzisierung der Rechtsgrundlagen zur Anordnung von Vertragsstrafenregelungen.
- Darlegungs- und Beweislastregelungen?
- Stärkung der Bedeutung des Resale (Verhinderung von Behinderungsmissbrauch, Ersatz für ex ante Regulierung)?
- Fristen auch bei Missbrauchsverfahren notwendig?
- Einstufigkeit von Missbrauchsverfahren und ex post-Regulierungsverfahren?

Bild 11

4 Die Sicht der Regulierungsbehörde

Bezüglich der Regulierungsverfahren wird die Abschaffung einer verwaltungsgerichtlichen Kontrollinstanz diskutiert (Bild 11). Auch diese Medaille hat natürlich zwei Seiten. Einerseits kann dies zu deutlichen Beschleunigungen der Gerichtsverfahren führen, insbesondere in den Eilverfahren, was ich als sehr positiv ansehen würde. Andererseits wird diese Beschleunigung mit dem Verlust einer verwaltungsgerichtlichen Überprüfungsinstanz erkauft, so dass die Rechtschutzmöglichkeiten aller Prozessparteien eingeschränkt werden. Proaktives Vorgehen heißt auch, dass der im Gesetz angelegte Vorrang der Verhandlungspflicht sinnvoll und richtig ist, wo die Verhandlungen auch zu Ergebnissen führen können. Dort, wo Verhandlungen nur die Warteschleife zu Entscheidungen weiter verlängern, weil auch die Marktmacht es nicht erwarten lässt, dass man zu einer Einigung kommt, denke ich, müsste man diesen Vorrang der Verhandlungspflicht durchaus relativieren.

Bei den Darlegungs- und Beweislastregel wäre es aus meiner Sicht wünschenswert, wenn wir klare gesetzliche Regelungen hätten. Dies betrifft in erster Linie den Bereich der Prozessführung, wo jahrelang herumgestritten wird, was denn geheimhaltungsbedürftig ist bzw. als Betriebs- und Geschäftsgeheimnisse nicht offen gelegt werden darf. Möglicherweise müssen wir auch die Missbrauchsverfahren, die bisher in zwei Stufen angelegt sind, auf eine Stufe verkürzen. Die Erfahrung der letzten Jahre zeigt, dass mit der Aufforderung zu einem bestimmten Verhalten nur wertvolle Zeit verloren geht, bis eine Verpflichtung ausgesprochen werden kann. Hier könnte eine wesentliche Beschleunigungswirkung erzielt werden.

Schlussbemerkungen

Auch nach der Novellierung des Telekommunikationsgesetzes und seiner Verordnungen muss weiterhin ein Rechtsrahmen existieren, der es der Regulierungsbehörde ermöglicht, einen flexiblen, innovativen und technikoffenen Ansatz zu verfolgen.

Der Gesetzgeber hat mit der anstehenden Novelle die Chance, entsprechende Signale für den Markt auszusenden und einen wettbewerbsfreundlichen Rahmen in Deutschland zu gewährleisten.

Bild 12

Ich bin am Schluss meines Vortrages (Bild 12). Wie Sie sehen, habe ich einige konkrete Einzelvorschläge gemacht, die der Ausfüllung bedürfen. Ich habe keinen Novellierungsgesetzentwurf in der Tasche, den ich jetzt hier vorlegen könnte – ich bin dazu auch nicht berufen. Es gibt in der normativen Arbeit noch viel zu tun und die Fragen, die sich bei der Novellierung stellen, sind nicht leicht zu beantworten. Ich habe versucht, Ihnen Konflikte und Ziele zu beschreiben. Das ist auch das, was wir im Moment können. Wenn ich einen Wunsch habe, dann, dass der Rechtsrahmen des TKG, in Übereinstimmung auch mit Herrn Prof. Hellwig und Herrn Staatssekretär Tacke, flexibel bleibt. Herr Prof. Witte, das TKG war weitsichtiger als manch andere Gesetze, die verabschiedet wurden. Ich bin dagegen, das TKG in Bausch und Bogen zu ändern. Im Gegenteil, lassen Sie uns die Eingriffsqualität dort erhalten, wo dies nötig bleibt. Ich glaube, wenn wir das erreichen, dann wird die Wettbewerbsdynamik, die in Teilbereichen noch nicht so in Gang gekommen ist wie wir uns das gewünscht haben, weiter verstärkt werden können. Wir sollten uns verstärkt den Bereichen zuwenden, in denen der Wettbewerb noch nicht so erfolgreich war. Aber ich als Präsident der Regulierungsbehörde möchte das Ziel des Gesetzgebers nicht aufgeben, dass wir auch in diesen Sektoren mittels Regulierungsentscheidungen Wettbewerb fördern können. Ich habe jedenfalls diesen Ergeiz, meine Damen und Herren. Wir sollten ihn auch weiter aufrecht erhalten und ich hoffe, dass der Gesetzgeber ihn so präzisiert und zuspitzt, dass dieses Ziel schneller erreicht werden kann. Das ist zwar keine leichte Aufgabe und erfordert eine Menge Detailarbeit. Aber der Gesetzgeber hat gleichzeitig die Chance, mit der Novelle des TKG eindeutige Signale an den Markt auszusenden und den investitions- und wettbewerbsfreundlichen Rahmen in Deutschland zu sichern und auszubauen.

5 Die Sicht der neuen Wettbewerber

5.1 Festnetze

Harald Stöber
Arcor AG & Co., Eschborn

Bestandsaufnahme des Telekommunikationsgesetzes

Wo stehen wir aus der Sicht eines Festnetzbetreibers? Meine Vorredner haben bereits einige Thesen behandelt. Wenn Herr Staatssekretär Dr. Tacke davon ausgeht, dass wir eigentlich im Festnetzmarkt keinen Zustand anstreben sollten, bei dem die Deutsche Telekom AG (DTAG) einen Marktanteil von unter 50 % hat, dann ist das sicherlich eine Aussage, die heute nicht weiter zu diskutieren ist. Denn die Realität ist, dass heute, je nachdem welchen Markt man nimmt, der Incumbent 97 oder 75 % Marktanteil hat und alle anderen Lizenzinhaber, von denen es inzwischen auch etwa 200 gibt, sich den Rest teilen. Wenn wir Wettbewerb in der Telekommunikation als Wettbewerb um Innovation verstehen, dann ist das mehr als der Wettbewerb als Wiederverkäufer wie bei den Produkten Call-by-Call und Preselection. Dann handelt es sich um Wettbewerb auf Infrastrukturbasis. Denn nur wenn wir den Endkunden komplett bedienen, entsteht die gewünschte Angebotsvielfalt zu attraktiven Preisen. Deswegen ist der Sündenfall der DSL-Preisentscheidung des Regulierers nicht ein Sündenfall der Datenkommunikation, sondern einer der Anschlussregulierung. Gerade dieser Fall zeigt, dass wir eine effiziente Basisregulierung brauchen.

Ich möchte in meinen Ausführungen auf einige Faktoren dazu eingehen, und ich möchte vor allen Dingen versuchen, klar zu machen, wo es im Moment in der praktischen Anwendung des Telekommunikationsgesetzes (TKG) klemmt. Ich glaube eines ist klar: Das TKG, so wie wir es im Moment kennen, hat sich in seinen Grundzügen bewährt. Es definiert den Rahmen, unter dem Wettbewerb stattfinden kann und es gibt genügend Spielraum und Flexibilität, um in der Regulierung einem innovativen Markt von der Geschwindigkeit her zu folgen. Wenn wir in der Zukunft versuchen würden, jede Innovation, die entsteht, rechtlich vorzuempfinden, wäre das eine Katastrophe. Wir brauchen ein flexibles Instrument, um im Wettbewerb zukünftig bestehen zu können, und eine Regulierung, die bereit ist, diesen Spielraum auszunutzen. Um ein Bild aus dem Fußball zu nehmen: Wir haben im Moment die Situation, dass bei der Ausgestaltung des Regulierungsspielraums zunehmend das Kurzpassspiel bevorzugt wird und nicht der raumöffnende lange Pass. Im Rahmen meines Vortrages werde ich versuchen, dies an einigen provokativen Thesen zu veranschaulichen.

These 1:
Den eigenen Missbrauch braucht der Staatskonzern kaum zu fürchten

Warum? Das Missbrauchsverfahren z.B. der RegTP in Sachen TDN-Verträge (Telekom Designed Network) hat zwei Jahre gedauert und endete in einem RegTP-Beschluss, der aus formalen Gründen von einem Gericht wieder aufgehoben worden ist. Ein anderer Fall, das DSL-Missbrauchsverfahren stellte die RegTP nach marginalen Preiszugeständnissen der DTAG ein. Dabei zeigt dieser Fall die Gefahren einer ex post Regulierung. Der dumping-verdächtige Endkundenpreis war längst im Markt penetriert als die RegTP ihre Überprüfungen aufnahm. Während des Verfahrens hat dann die DTAG eine Preisanpassung vorgenommen. Das war marketingstrategisch genau auf den Punkt gebracht. Sie hat im Prinzip nur 50 % dessen, was sie als Preiserhöhung zur Vermeidung des Dumpingvorwurfes hätte geben müssen, tatsächlich gegeben. Damit war dem Regulierer die faktische Möglichkeit einer weiteren Preisanpassung genommen, da Preiserhöhungen sicherlich das Unpopulärste sind. Wir selbst sind vom laufenden TAL-Missbrauchsverfahren betroffen. Im August 2001 stellte Arcor einen Antrag auf Einleitung eines Missbrauchsverfahrens wegen des neuen TAL-Vertragsangebotes der DTAG vom Juli 2001. Bestehende Verträge kündigte die DTAG zum 30.9.2001. Im Februar 2002, also 7 Monate später, eröffnete die RegTP das Verfahren, verhandelte Anfang März zur Sache. Bisher zeichnet sich nicht ab, wann mit einer Entscheidung zu rechnen ist. Oder nehmen wir z.B. Line-Sharing. Das hat sechs Monate gedauert. Resale hat sechs Monate gedauert und es kann zur Zeit immer noch nicht im Markt angeboten werden, weil jetzt die Einkaufspreise strittig sind.

Was folgt daraus? Es muss im neuen TGK ein ausdrückliches Antragsrecht der Wettbewerber für Missbrauchsverfahren vorgesehen und ihnen ein Bescheidungsanspruch eingeräumt werden. Außerdem müssen Missbrauchsverfahren innerhalb einer überschaubaren Entscheidungsfrist wie bei der Entgeltregulierung (max. 10 Wochen) entschieden werden. Der Gesetzgeber muss hier entsprechende Fristen vorgeben.

These 2:
Missbrauch durch „Zumüllen"

Die DTAG stellt nahezu jede Woche Änderungen ihres IC-Vertrages in ihr Extranet, der ihre Verhandlungsgrundlage bildet. Ähnliches gilt für das TAL- und CFV-Vertragsangebot. Diese ständigen, teilweise inkonsistenten und nicht kenntlich gemachten Änderungen führen zu kaum noch kontrollierbaren „Papierschlachten" und Missverständnissen. Dies wird verständlich wenn man bedenkt, dass der IC-Standardvertrag ca. 1600 Seiten umfasst.

Weil letztlich solche nicht mehr verhandlungsfähigen Vertragsgebilde nur noch in einem Regulierungsverfahren zu lösen sind, läge es daher auch im wohlverstanden

5 Die Sicht der neuen Wettbewerber   51

Interesse des Regulierers, dass dieser in den Bereichen IC, TAL und CFV Standardverträge definiert. Das TKG sollte dies vorgeben.

These 3:
Kosten der effizienten Leistungsbereitstellung

Es wurde vorhin schon einmal von Herrn Prof. Hellweg angesprochen: Das Fiasko der Kosten der effizienten Leistungserbringung oder wie das OVG Münster Gesetze interpretiert. Ich frage mich, wie wollen Sie Kosten der effizienten Leistungserbringung anders erfassen, als durch Vergleichsmodelle oder durch Interpretationen von Best Practise Modellen aus Nachbarländern, wenn Sie gleichzeitig feststellen, dass die Kosten der DTAG gerade nicht auf einem effizienten Prozessdesign beruhen. Wir müssen hier sicherlich eine Klarstellung im neuen TKG oder in der TEntGV haben, das explizit solche Vergleichsmodelle zulässt. Das erst gibt die Rechtssicherheit, die wir brauchen.

These 4:
Planungssicherheit

Ein ganz wesentliches Thema ist die Planungssicherheit. Ich kann hier nur noch einmal die Ansichten der Diskussion von vorhin unterstützen. Es kann und darf nicht sein, dass beantragte Entgelte der DTAG rückwirkend genehmigt werden dürfen, sondern nur für die Zukunft. Andernfalls drohen den Wettbewerbern nicht kalkulierbare Risiken aus nicht erkennbaren Risiken. Dies ist für die DTAG auch ohne weiteres zu leisten, da sie bereits nach geltendem Recht Entgeltanträge bei befristet erteilten Genehmigungen zwei Monate vor Auslaufen dem Regulierer vorlegen muss.

Der TKG-Gesetzgeber muss bestimmen, dass Entgeltgenehmigungen nur in die Zukunft wirken. Versäumt die DTAG Vorlagefristen, muss sie die Leistungen wegen eines Obliegenheitsverstoßes bis zur Genehmigung unentgeltlich erbringen. Jedenfalls können bewusste oder fahrlässig verursachte Verzögerungen bei der Entgeltbeantragung nicht auf dem Rücken der unbeteiligten Wettbewerber ausgetragen werden.

These 5:
Bündelprodukte der DTAG sind Gift für den Wettbewerb

Ein weiterer ganz kritischer Fall sind die Bündelprodukte der DTAG oder „der Sündenfall des XXL-Tarifs", frei nach dem Regulierungs-Motto: Genehmige einen Tarif auf Zeit, warte wie der Wettbewerb und die Telekom ihre Marktanteile verändern und sieh dann ein, dass du eigentlich nichts mehr machen kannst. Inzwischen sind wir bei der dritten Verlängerung und glauben Sie eines, es wird immer verlängert werden. Was ist dort wirklich der Sündenfall? Ganz einfach: Die DTAG hat ihren Anschlusskunden für ein geringfügig erhöhtes Pauschalentgelt ungehindert deutlich vergünstigte Ferngespräche angeboten. Es ist eine Bündelung für das Produkt Komplettanschlusses ISDN entstanden, das nicht auf ISDN gerichtet war, sondern auf Preselection, ein Produkt der Wettbewerber, das die DTAG nicht anbietet. Denn mit der Einführung des XXL- Tarifs war gleichzeitig verbunden, dass Kunden, die sonntags umsonst telefonieren wollten, kein Preselection Angebot der Wettbewerber nutzen durften. Mit der Einführung des XXL-Tarifs hat die DTAG die Wachstumsrate des Preselections gebremst. Sie können so ein XXL-Problem regulativ relativ schnell in den Griff bekommen. Die DTAG müsste verpflichtet werden, Wettbewerbern einen Interconnectionvertrag anzubieten, der bei einem monatlichen Zusatzentgelt an Sonn- und Feiertagen den Minutenpreis Null hat.

Allgemein ausgedrückt; der Gesetzgeber muss im TKG klarstellen, dass es einem marktbeherrschenden Unternehmen nicht erlaubt ist insoweit Bündelprodukte zu schnüren, wie der Marktbeherrscher bei einem der Produktbestandteile des Bündels marktbeherrschend ist.

These 6:
DTAG diskriminiert ihre eigenen Geschäftskunden bei Sprachtelefonie

Bei Abschluss eines so genannten TDN-Vertrages (Telekom Designed Network) umgeht die DTAG die Regulierung in rechtswidriger Weise dadurch, dass die Geschäftskunden plötzlich Teilnehmer einer geschlossenen Benutzergruppe sein sollen. Die günstigeren Sprachentgelte für diese „Lösungen" lässt sie sich nicht genehmigen. Die RegTP hat materiell festgestellt, dass Sprachtelefonie in die und aus der geschlossenen Benutzergruppe (Break-in- und Break-out-Verkehr) der Entgeltregulierung unterliegen, woran sich die DTAG allerdings nicht hält, da der Beschluss der RegTP wegen formaler Mängel aufgehoben wurde. Ihre Business Call Geschäftskunden benachteiligt sie damit, den Wettbewerb greift sie mit nicht zu rechtfertigenden Dumpingpreisen an. Jüngstes Beispiel: Ausschreibung der Bundeswehr. Die DTAG hat hier mit nicht genehmigten Kampfpreisen die Wettbewerber an die Wand gedrückt.

Das TKG muss in Zukunft klarstellen, dass Break-in- und Break-out-Verkehr bei geschlossenen Benutzergruppen als Telekommunikationsdienstleistung „für die Öffentlichkeit" der Entgeltgenehmigung unterliegt.

Die Regulierung im Festnetz ist sicherlich ein sehr komplexes System, und ich konnte in der Kürze einer Viertelstunde nur einige spotlichtartige Problemfälle aufzeigen. Das vorhandene TKG ist nicht schlecht. Der Ausgestaltungsrahmen ist an einigen Stellen klarstellend zu innovieren. Wir haben sicherlich darauf zu achten, dass nicht Deregulierungseuphorie dazu führt, dass zu früh eine Ex-post-Regulierung eingeführt wird. Dort, wo Datenkommunikation angewiesen ist auf die Überwindung der „Letzten Meile", muss darauf geachtet werden, dass auch im Datenbereich eine Ex-ante-Entgeltregulierung greift; denn in diesem Fall muss der Zugang zum Kunden im Wettbewerb geschützt werden.

5.2 Mobile Netze

Horst Lennertz
KPN Mobile N.V., Den Haag

1. Einleitung

Der folgende Beitrag wird darlegen, welche Anforderungen ein Mobilfunkbetreiber an das neue Telekommunikationsgesetz hat. Die Anforderungen sind dabei ein Spiegelbild der bisherigen Bedeutung der Regulierung sowie des Wettbewerbs auf dem Mobilfunkmarkt.

Um der Frage nachzugehen, welchen Einfluss das derzeit gültige Telekommunikationsgesetz (TKG) auf die Entwicklung des Mobilfunks hat, ist zunächst ein Rückblick auf einige wesentliche Charakteristika des deutschen Mobilfunkmarkts hilfreich. Diese Herangehensweise folgt der Überzeugung, dass die Novellierung des Telekommunikationsgesetzes im Lichte der bisherigen Markterfahrungen sowie sich abzeichnender Trends erfolgen sollte.

Der normative Anspruch an eine Regulierung auf dem Mobilfunkmarkt wird erläutert, bevor auf einzelne staatliche Institutionen eingegangen wird, die mit Aufgaben im Bereich der Regulierung befasst sind. Darüber hinaus soll gezeigt werden, über welche Stellgrößen staatliche Institutionen verfügen, um insbesondere die dritte Mobilfunkgeneration (UMTS) zu fördern. Anschließend werden wesentliche Anforderungen an das neue Telekommunikationsgesetz entwickelt.

2. Der Mobilfunkmarkt: positive und negative Entwicklungen

Deutschland hat hinsichtlich der Mobilfunkpenetration in den letzten Jahren den Anschluss an die Spitze in Europa geschafft. Mehr als 56 Millionen Kunden haben sich bewußt für den Mobilfunk entschieden, da sie sich von den Mobilfunkangeboten eine Steigerung der Lebensqualität und ein „Mehr" an Sicherheit im Alltag versprechen. Der Mobilfunk ist somit wichtiger Bestandteil unseres Lebens geworden. Es ist wenig überraschend, dass es heute mehr Mobilfunk- als Festnetzanschlüsse in Deutschland gibt. Eine Substitution des Festnetzes durch Mobilfunk ist bisher ausgeblieben.

Der Mobilfunkmarkt zeichnet sich durch einen intensiven Wettbewerb aus, der in Deutschland zu anerkannt günstigen Preisen geführt hat. Eine Studie der britischen Regulierungsbehörde Oftel liefert hierfür einen eindrucksvollen Beleg (siehe Bild 1).

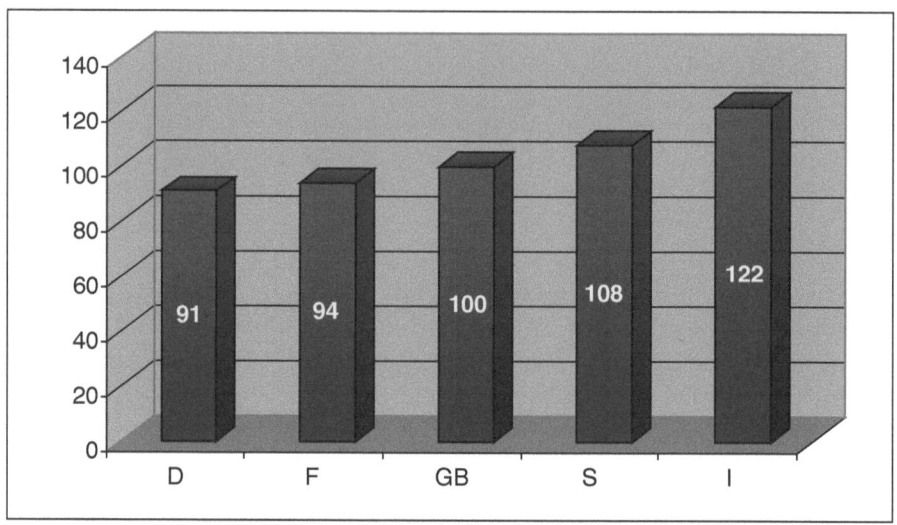

Bild 1: Oftel Mobilfunk-Index (Stand November 2001)

Damit hat sich eine Anwendung der sektorspezifischen Regulierung, die als Sonderfall des allgemeinen Wetttbewerbsrechts anzusehen ist, erübrigt.

Die Funktionsfähigkeit des Wettbewerbs wurde weiterhin auch durch die freiwilligen „National Roaming" Vereinbarungen auf dem GSM-Markt (O2 und T-Mobile) bzw. zwischen GSM- und UMTS-Netzbeteibern (E-Plus und Group 3G bzw. Mobilcom) deutlich, die ohne Eingreifen der Regulierungsbehörde für Telekommunikation und Post (RegTP) abgeschlossen werden konnten. Während in anderen Ländern (z.B. UK) im Vorfeld der Vergabe der UMTS-Lizenzen über National Roaming-Verpflichtungen diskutiert wurde, zeigte die Entwicklung in Deutschland eindrucksvoll, wie nachrangig und überflüssig derartige Diskussionen bzw. Forderungen sein können.

Positiv zu bewerten ist weiterhin die Etablierung eines funktionsfähigen Diensteanbieter-Modells.

Neben den positiven Entwicklungen sind aber auch eine Reihe von negativen Entwicklungen zu konstatieren:

- Das rasante Kundenwachstum gehört der Vergangenheit an. Wir haben es nunmehr mit einem Verdrängungswettbewerb zu tun, für den die einzelnen Mobilfunkbetreiber und Diensteanbieter aufgrund ihrer wirtschaftlichen Position unterschiedlich gut gerüstet sind. Die Marktpositionen der jeweiligen Mobilfunkbetreiber begründen sich im Wesentlichen mit den unterschiedlichen Markteintrittszeitpunkten (siehe Bild 2). Hier hatten die D-Netze klare Startvorteile, die mit dem verwendeten Mobilfunkstandard (GSM 900) noch verstärkt wurden, der im Vergleich mit GSM 1800 eine wirtschaftlich günstigere und schnellere Flächenversorgung erlaubt.

	Markteintritt	**Kunden**	**Marktanteile**
T-Mobile (D1)	7/1992	23,1 Mio.	41 %
Vodafone D2	6/1992	21,9 Mio.	39 %
E-Plus	5/1994	7,5 Mio.	13 %
O2	10/1998	3,7 Mio.	6,5 %

Quelle: Telekom Handel 03/2002

Bild 2: Marktteilnehmer, Markteintritt und Kunden

- Die Einführung von Nummernportabilität im Mobilfunk zum 01.11.02 wird in einem fast gesättigten Markt für ein „Mehr" an Wettbewerb sorgen.
Den Folgen ungleicher Markteintrittszeitpunkte wurde mit der gleichzeitigen Vergabe der UMTS-Lizenzen Rechnung getragen. Daraus resultiert, dass kein Mobilfunkbetreiber auf dem UMTS-Markt eine Sonderstellung beanspruchen kann.

- Die finanzielle Situation der Mobilfunkbetreiber hat sich in den letzten Jahren deutlich verschlechtert. Die Milliardenbelastungen resultieren im Wesentlichen aus der Finanzierung der UMTS-Lizenzkosten. Darüber hinaus gab es auch hausgemachte Ursachen: Der Mobilfunkboom wurde mit einer Subventionierung von Endgeräten erkauft, die die Teilnehmergewinnungskosten bei den Betreibern deutlich nach oben schraubten.

- Die Rahmenbedingungen bei UMTS, die nicht allein aus der Versteigerung der Lizenzen resultieren, stützen zurzeit eher die im Trend liegenden Skeptiker als die Optimisten, die in UMTS die Zukunft des Mobilfunks mit hohen Übertragungsraten sehen.

- Abschließend sei erwähnt, dass die Entwicklung mobiler Datendienste bisher hinter den Erwartungen zurückgeblieben ist.

3. Bedeutung der Regulierung aus Sicht eines Mobilfunkbetreibers

Aus einer normativen Perspektive heraus betrachtet lassen sich folgende Thesen zur Bedeutung der Regulierung entwickeln:

- Regulierung muss die nationalen Besonderheiten des Marktes berücksichtigen. Eine EG-weite Harmonisierung, die mit dem neuen europäischen Rechtsrahmen angestrebt wird, ist zwar zur Realisierung des gemeinsamen Binnenmarktes sinnvoll, darf aber nicht dazu führen, dass die bestehenden Unterschiede sinnlos harmonisiert werden.

- Bei gleichen Rahmenbedingungen für die Marktteilnehmer, muss die Regulierung keinen Wettbewerb mehr schaffen, sondern einen fairen Wettbewerb erhalten. Hier ist zu beachten, dass auf dem Markt für digitalen Mobilfunk zu keinem Zeitpunkt ein Monopol bestand, sondern der Markt von vornherein als ein Wettbewerbsmarkt konzipiert war.

- Die Regulierung darf nicht die Wettbewerbsfähigkeit der Mobilfunkbetreiber gefährden, indem nachträglich Investitionen und Lizenzkosten entwertet werden. Angesichts der Tragweite dieser These ein konkretes Beispiel: Die Verbindungsnetzbetreiberauswahl (Call-by-Call) ist geeignet, einen Monopolmarkt zu öffnen und in wettbewerbliche Strukturen zu überführen. Dieses Regulierungsinstrument ist grundsätzlich dort angebracht, wo eine Duplizierung der Infrastruktur volkswirtschaftlich nur begrenzt oder gar nicht sinnvoll ist. Der Mobilfunkmarkt war, wie bereits dargelegt, von Anfang an wettbewerblich organisiert mit mehreren alternativen Infrastrukturen und erheblichen Investitionen der Mobilfunkbetreiber. Die Preisentwicklung bestätigt die Wettbewerbsintensität auf dem Mobilfunkmarkt, zu der auch die Diensteanbieter erheblich beigetragen haben.
  Eine nachträgliche Einführung der Verbindungsnetzbetreiberauswahl im Mobilfunk kann mit dem klassischen, wettbewerblichen Geschäftsmodell und den im Massenmarkt akzeptierten Tarifstrukturen (Prepaid) nicht in Einklang gebracht werden. Die Zulassung von Verbindungsnetzbetreibern, die ohne eigene Infrastruktur Mobilfunkdienste anbieten und hierfür die Netze der Mobilfunkbetreiber zu regulierten Preisen nutzen könnten, würde eine Amortisierung der Investitionen in die Infrastruktur verhindern und Anreize zu weiteren Investitionen nehmen. Darüber hinaus würde die Netzbetreiberauswahl dem gegenwärtigen Diensteanbietermodell die Geschäftsgrundlage entziehen. Das heißt, die Einführung der Netzbetreiberauswahl im Mobilfunk ist nicht nur nicht erforderlich, um wettbewerbliche Strukturen (wie im Festnetzmarkt) zu schaffen, sondern würde sogar eine ernsthafte Gefährdung des bestehenden Wettbewerbs auf dem Mobilfunkmarkt bedeuten, d.h. den Ausstieg von 2-3 Anbietern provozieren.

- Die Regulierung regelt den fairen und objektiven Marktzutritt.

- Die Regulierung stellt sicher, dass der Ex-Monopolist im Festnetz seine Marktmacht nicht ausnutzt (z.B. über das Angebot von Bündelprodukten).

- Die Regulierung – und hier denken wir an die RegTP – sollte die Mobilfunkbetreiber bei der Erfüllung ihrer Lizenzauflagen nachhaltig unterstützen.

Aus der normativen Betrachtung heraus folgt, dass es verschiedene staatliche Institutionen gibt, die sich mit Themen befassen, die wiederum für Anbieter von Mobilfunkdiensten äußerst relevant sind (siehe Bild 3) und somit die unternehmerischen Freiheitsgrade beeinflussen.

5 Die Sicht der neuen Wettbewerber

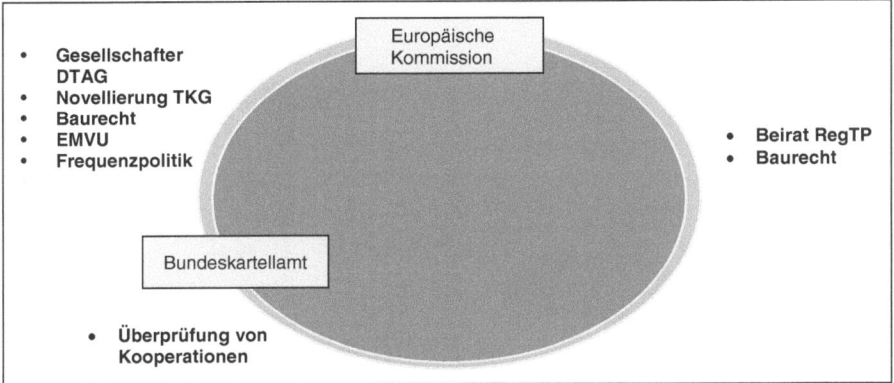

Bild 3: Staatliche Institutionen und (aktuelle) Mobilfunk-Themen

Die praktische Bedeutung der Regulierung auf dem Markt für Mobilfunkdienste kann relativ einfach umrissen werden. Der regulatorische Rahmen, wie er sich aus dem TKG erschließt, kam im Wesentlichen hinsichtlich der Lizenzierung, der Numerierung sowie des Frequenzmanagements zur Anwendung. Die Kernbestandteile einer sektorspezifischen Regulierung, d.h. eine Ex-ante Regulierung von Entgelten, kam nicht zur Anwendung, da es nicht galt, einen Monopolmarkt in einen Wettbewerbsmarkt zu überführen. Im Übrigen besteht ein funktionsfähiger Wettbewerb.

Gleichwohl der Regulierung im Vergleich zum Festnetz eine geringere Bedeutung zukommt, so ist sie doch äußert wichtig. Anhand von Bild 4 wird ersichtlich, dass einzelne Regulierungsmaßnahmen, die sowohl auf nationaler wie auch europäischer Ebene diskutiert werden, über einen erheblichen Einfluss verfügen, speziell UMTS zu einem Erfolg zu machen und damit einen Beitrag leisten, die fehlende Harmonisierung der Lizenzausschreibungen und -bedingungen in der EU etwas abzufedern.

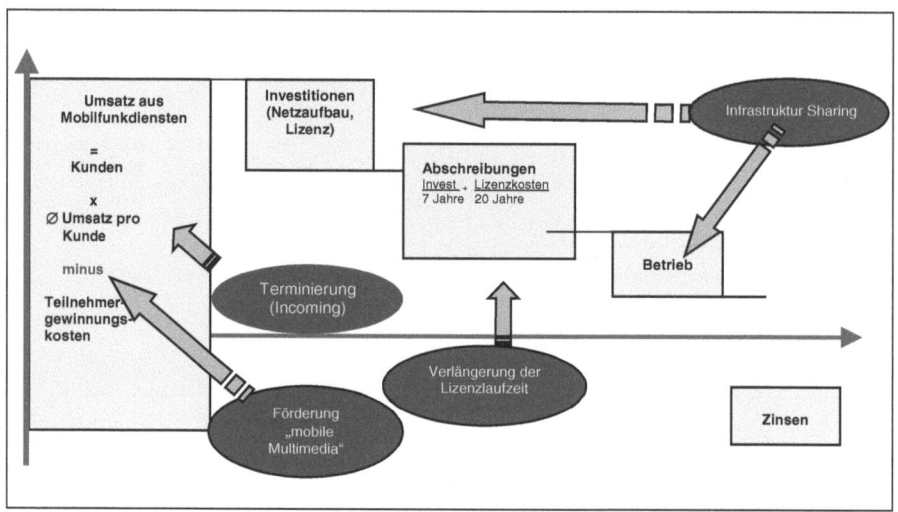

Bild 4: Stellgrößen zur Förderung von UMTS

Welche Stellgrößen oder Möglichkeiten etwaiger Regulierungsmaßnahmen sehen wir?

Da ist zum einen die geforderte Regulierung von Terminierungsentgelten im Mobilfunk. An dieser Stelle möchten wir nicht weiter auf die Begründung der Forderung und die jeweiligen Gegenargumente eingehen, nur eines sei gesagt: Der Ansatz, wonach jeder Mobilfunkbetreiber über ein Monopol auf dem Markt für die Terminierung in sein Netz verfügt, führt das Konzept einer asymmetrischen Regulierung ad absurdum. Jeder Netzbetreiber könnte dann zu jedem Zeitpunkt reguliert werden. Die Regulierung wäre nicht mehr eine Ausnahme, sondern der Regelfall.

Grundsätzlich ist zu beachten, das jede Form der Regulierung auf dem GSM-Markt unzweifelhaft auch Auswirkungen auf den UMTS-Markt haben wird (sog. „spill-over" Effekte). Setzt sich beispielsweise der oben beschriebene Ansatz hinsichtlich der Regulierung von Terminierungsentgelten durch, wären alle GSM/ UMTS-Netzbetreiber auf der Basis der Kosten zu regulieren. Die Regulierung wäre dann Auslöser einer Marktkonsolidierung. Dieses Szenario ist aber sicher nicht im Sinne des Gesetzgebers. Im Übrigen ist zu beachten, dass seit 1999 der Wettbewerb zu einer Reduktion der Terminierungsentgelte von über 50 Prozent geführt hat, so dass die Entgelte zum Teil unter dem Niveau regulierter Unternehmen in anderen EU-Mitgliedstaaten liegen.

Chancen eröffnet dagegen ein Infrastruktur-Sharing beim Aufbau der UMTS-Netze, das die Investitionen sowie die Kosten für den Betrieb reduzieren kann. Nicht ohne

5 Die Sicht der neuen Wettbewerber   59

Grund haben vier deutsche Netzbetreiber von den technischen und regulatorischen Möglichkeiten Gebrauch gemacht.

Eine Verlängerung der Lizenzlaufzeiten würde sich ebenfalls positiv auf die UMTS Business Case auswirken, zumal damit das Vertrauen der Kapitalmärkte erhöht werden könnte. Zusätzliches Vertrauen der Kapitalmärkte könnte aus einer Initiative zur Förderung mobiler, multimedialer Anwendungen kommen (siehe Abschnitt 4).

Abschließend sei noch daran erinnert, dass die Rahmenbedingungen für UMTS in den Mitgliedstaaten der EU sehr unterschiedlich ausgefallen sind. Damit Deutschland im internationalen Vergleich nicht zurückbleibt, sollten alle Beteiligten ihre Handlungsspielräume nutzen. Nur so können die sich mit UMTS bietenden Chancen auch tatsächlich in die Praxis umgesetzt werden.

4. Anforderungen an die Novellierung des TKG

Grundlegend für die Novellierung des TKG muss es sein, dass die Regulierung eine zu begründende Ausnahme bleibt und nur dann zur Anwendung kommt, wenn parallel Marktbeherrschung und Marktversagen vorliegen. Daraus folgt:

- Es darf nicht zu einer Ausweitung der (Festnetz-) Regulierung auf wettbewerblich organisierte Märkte (Mobilfunkmarkt) kommen.

- Zugangsverpflichtungen in Verbindung mit einer Ex-ante Regulierung dürfen nur für Marktbeherrscher vorgesehen werden und zwar auch nur dann, wenn gleichzeitig Marktversagen vorliegt.

- Keine Ex-ante Regulierung von Terminierungsentgelten aller Mobilfunkbetreiber, zumal in Deutschland seit 1999 die diesbezüglichen Entgelte um mehr als 50 Prozent abgesenkt wurden.

- Keine Vergabe weiterer Mobilfunklizenzen; verfügbare UMTS-Frequenzen sollten nach Bedarf an die Mobilfunkbetreiber vergeben werden.

- „Content-Monopole" sollten verhindert werden. Kooperationen, wie sie vom ZDF oder dem Springer-Verlag mit der DTAG abgeschlossen wurden, sollten auf ihre Wettbewerbswirkungen überprüft werden.

Kurzfristig muss ein Weg gefunden werden, die Lizenzlaufzeiten (GSM/UMTS) den ökonomischen Erfordernissen anzupassen. Weiterhin besteht dringender Handlungsbedarf im Bereich des Baurechts, um die Lizenzauflagen erfüllen zu können.

Abschließend möchten wir eine (Gründer-) Initiative im Bereich „Mobile Multimedia" anregen. In Zukunft werden Datendienste (non-voice Dienste) entscheidend für den Erfolg von UMTS sein, so wie wir es am Beispiel von I-Mode TM in Japan ablesen können. Hier sind in kurzer Zeit mehr als 50.000 Content-Anbieter entstanden, die zur Vielfalt des Angebots von Diensten beigetragen haben. Dies gilt es auch in Deutschland zu fördern, wobei schon 20-30 Tausend Euro Startkapital pro Unternehmen als Existenzgründung helfen. Industrie und Politik müssen einen Ideenwettbewerb in diesem Bereich anschieben. Ohne dieses Bündel von Maßnahmen werden die Mobilfunkbetreiber noch auf Jahre hinaus die Last des Lizenzerwerbs und des Netzaufbaus tragen müssen, ohne einen entsprechenden Cash-Flow zu generieren.

4. Fazit

Im Zuge der nationalen Umsetzung des neuen europäischen Rechtsrahmens darf es nicht zu einer Ausweitung der sektorspezifischen Regulierung kommen. Die Entwicklung des Mobilfunks in Deutschland zeigt, dass wettbewerblich organisierte Märkte ohne die Anwendung einer sektorspezifischen Regulierung auskommen. Mit den Worten von August Friedrich von Hayek läßt sich feststellen: „Wettbewerb ist eine Entdeckungsreise." Daher sollte der Gesetzgeber die Wettbewerber diese Reise ungestört fortsetzen lassen.

5.3 Dienste im Wettbewerb

Peter Wagner
debitel AG, Stuttgart

Vielen Dank für Ihr Kompliment Herr Dr. Lennertz. Ich würde mich freuen, wenn Sie dieses auf unserer Hauptversammlung am 17. Mai wiederholen könnten, denn das würde die Diskussion mit den freien Aktionären um mindestens 3 Stunden verkürzen.

Ihre Aussage, Herr Kurth, dass sich die Unternehmen den Erfolg selbst zuschreiben, die Regulierungsbehörde aber für schlechte Ergebnisse verantwortlich machen, möchte ich relativieren. Ich glaube, ein wesentlicher Grund dafür, dass das debitel Geschäftsmodell trägt, liegt unter anderem an dem regulatorischen Rahmen im Mobilfunk, den Sie, Herr Lennertz, bereits angesprochen haben.

Zur Einleitung haben Sie, Herr Prof. Eberspächer gesagt, dass wir drei Netzbetreiber und den Incumbent am Tisch haben. Diese Aussage symbolisiert ein bisschen die aktuelle Denkweise in Deutschland. Wir denken nämlich fast ausschließlich in Infrastrukturen und auch der Begriff „Wettbewerb" ist mit eng dem Thema „Infrastrukturwettbewerb" verknüpft. Nur Telekommunikationsunternehmen, die über ein eigenes Netz verfügen, würden einen positiven Beitrag zum Wettbewerb leisten. Bei dieser Sichtweise vergessen wir leider, worum es beim Wettbewerb geht: Der Wettbewerb ist kein Selbstzweck, sondern dient alleinig dazu, den Endkunden ein umfangreiches Angebot an Dienstleistung zu fairen Kondition bereitzustellen.

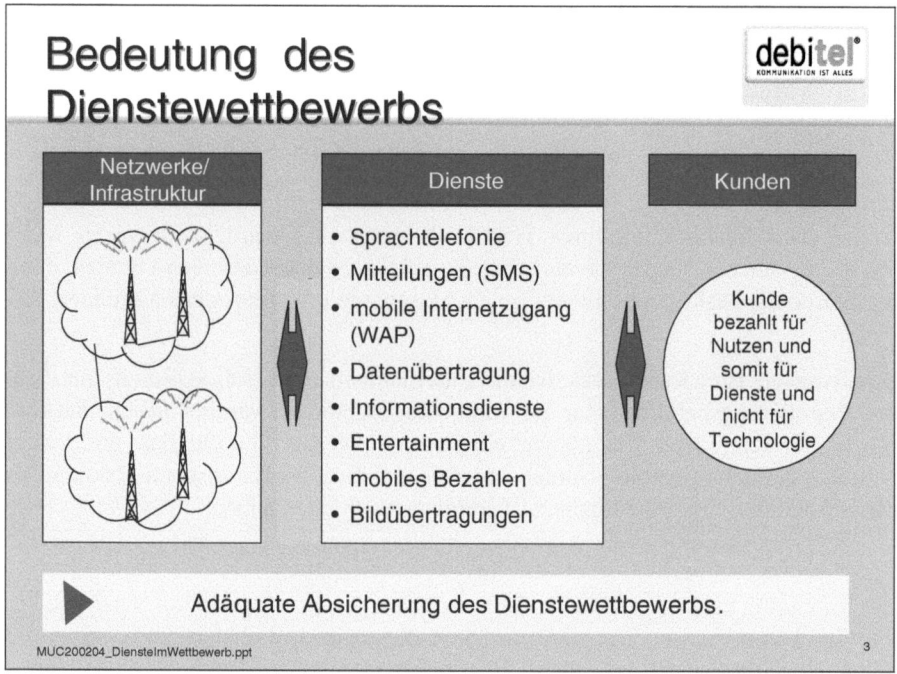

Bild 1

Zur Erreichung dieses Ziels eignet sich im einen Fall der Infrastrukturwettbewerb und im anderen Fall der Dienstewettbewerb besser (Bild 1). An dieser Stelle sollte man sich überlegen, welche Wettbewerbsform auf den einzelnen Wertschöpfungsstufen am sinnvollsten ist. Unternehmen, die beispielsweise in Infrastrukturen investieren, müssen davon auch etwas haben. Jedoch darf man nicht soweit gehen zu sagen: Jeder muss in Infrastruktur investieren, um überhaupt am Wettbewerb teilnehmen zu können. Dies würde nämlich bedeuten, dass man den Mittellandkanal x-mal nebeneinander baut, auch wenn man keine Schiffe hat, die darauf fahren. Daher geht es zunächst einmal darum, die richtige Wettbewerbsform für die einzelnen Ebenen zu finden. Ich bin der festen Überzeugung, dass der Dienstewettbewerb einen wichtigen Beitrag zur Steigerung des Wettbewerbs im Telekommunikationsmarkt leisten kann und somit sicher zu stellen ist.

5 Die Sicht der neuen Wettbewerber

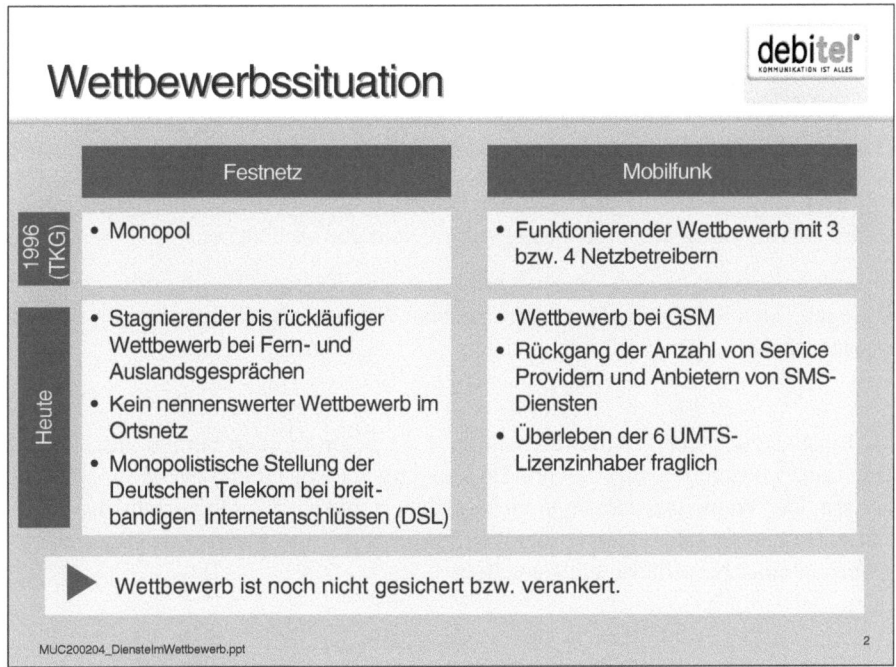

Bild 2

Die unterschiedlichen Ansatzpunkte zur Ausgestaltung des Wettbewerbsrahmens im Festnetz und im Mobilfunk sind bereits angesprochen worden (Bild 2). Diese Unterschiede sind sicherlich durch die unterschiedliche Ausgangssituationen beeinflusst worden. Im Mobilfunk waren zum Zeitpunkt als die offizielle Deregulierung in Deutschland einsetzte, bereits drei Akteure am Markt etabliert und der Markteintritt des vierten Akteurs (Viag Interkom, heute O2) stand kurz bevor. Im Festnetz galt es dagegen eine gewachsene Monopolsituation aufzubrechen. Betrachtet man die heutige Situation im Festnetz, so liegt der Marktanteil der anderen Anbieter gegenüber der Deutschen Telekom gerade einmal bei den berühmten 3% bis 5%. Diese Situation setzt sich bei innovativen Produkten wie DSL genau so fortsetzt. Die Ursachen für diese Situation liegen sicherlich auch darin begründet, wie man

– Vorprodukte definiert,
– wie man die Relation zwischen Endprodukten und Vorprodukten sowohl mit Blick auf die Preise als auch die Konditionen und Service Level definiert.

Ich komme später noch auf das Thema „Preisfindung bei Vor- und Endprodukten" zurück, denn ein Cost-plus-Ansatz passt nur schwerlich zu Endpreisen, die unter ständigen Anpassungen im Wettbewerb liegen.

Im Mobilfunk sieht die Wettbewerbssituation heute anders aus. Der Aussage von Herrn Dr. Tacke, dass der Mobilfunk nicht reguliert und dort überhaupt nichts passiert sei, kann ich nicht teilen. In den ersten drei GSM Lizenzen steht, dass die Netzbetreiber Diensteanbieter (Service Provider) diskriminierungsfrei zulassen müssen. Die Diskriminierungsfreiheit bedeutet nichts anderes als die Anwendung von Retailminus zur Preisfindung für Vorprodukte. In anderen Bereichen erfolgt die Bepreisung von Vorprodukten über Cost-plus. Diesen entscheidenden Unterschied gilt es bei der Novellierung des TKG genau zu beachten und zu beheben.

Im übrigen handelt es sich im Mobilfunk um eine Ex-ante-Regulierung, denn die Festlegung der Rahmenbedingungen für den Wettbewerb erfolgte bereits bei der Lizenzvergabe.

Die Einschätzung der Wettbewerbssituation ist heute morgen bereits ausreichend strapaziert worden. Ich teile absolut die Meinung der RegTP und der Monopolkommission. Der Wettbewerb ist noch nicht gesichert und noch nicht wirkungsvoll verankert. Dementsprechend gilt es den Wettbewerb und insbesondere den Dienstewettbewerb in einer Novellierung abzusichern.

Es ist richtig: Wenn jemand in den Aufbau einer Infrastruktur investiert, dann muss er auch eine risikoadäquate Absicherung seiner Investition erwarten können. Jedoch ist dieser Investitionsschutz nur dann gerechtfertigt, wenn man dem Endkunden auf diese Weise ein noch breiteres Anwendungsspektrum liefert.

Als Punkt Nr. 6 hat Herr Dr. Lennertz in seinen Forderungen an die TKG Novellierung gesagt: Es dürfen keine Inhaltemonopole bzw. keine Contentmonopole entstehen. Das können Sie auch umdrehen und sagen: Wer über Content verfügt, muss einen diskriminierungsfreien Zugriff auf die Infrastruktur haben, um Veredelungsleistungen anzubringen und sich in den Markt einbringen zu können.

Anfang des Jahres gab es noch ein wunderschönes Beispiel zum Dienstewettbewerb im Mobilfunk, die Preiserhöhung bei SMS. Diese zielte in erster Linie darauf ab, Arbitrage-Möglichkeiten bei SMS zu verhindern und die Endkundenpreise anzuheben. Dabei erhöhten die Netzbetreiber zuerst die Preise für die Vorprodukte. Eine Erhöhung der Endkundenpreise ließ sich – u.a. aufgrund des hohen Medieninteresses – nicht mehr durchsetzen. während die erhöhten Preise für die Vorprodukte blieben. Dementsprechend mussten die Diensteanbieter aus ihrer Marge für die fehlerhafte Preisfindung bezahlen. Zum Glück haben wir auf kommerziellem Wege genug Möglichkeiten gefunden, um die Preiserhöhung bei den Vorprodukten wieder zu eliminieren. Aber zunächst einmal war sie da.

In diesem Zusammenhang muss man natürlich auch sehen, dass eine reine Sprachorientierung, wie sie dem heutigen TKG zugrunde liegt, und Herr Prof. Hellwig und Herr Kurth haben das schon angesprochen, nicht mehr durchhaltbar ist. Sie können

Bits nicht mehr grün anmalen, weil es Sprache ist und das gleiche Bit anschließend rot färben, weil es Daten repräsentiert. Für die Transportdienstleistung ist es völlig unerheblich, was transportiert wird.

Im Folgenden möchte ich Ihnen kurz anhand einiger Praxisbeispiels, die wir als debitel erlebt haben, aufzeigen, wo wir Handlungsbedarf bei der bevorstehenden Novellierung des TKG sehen.

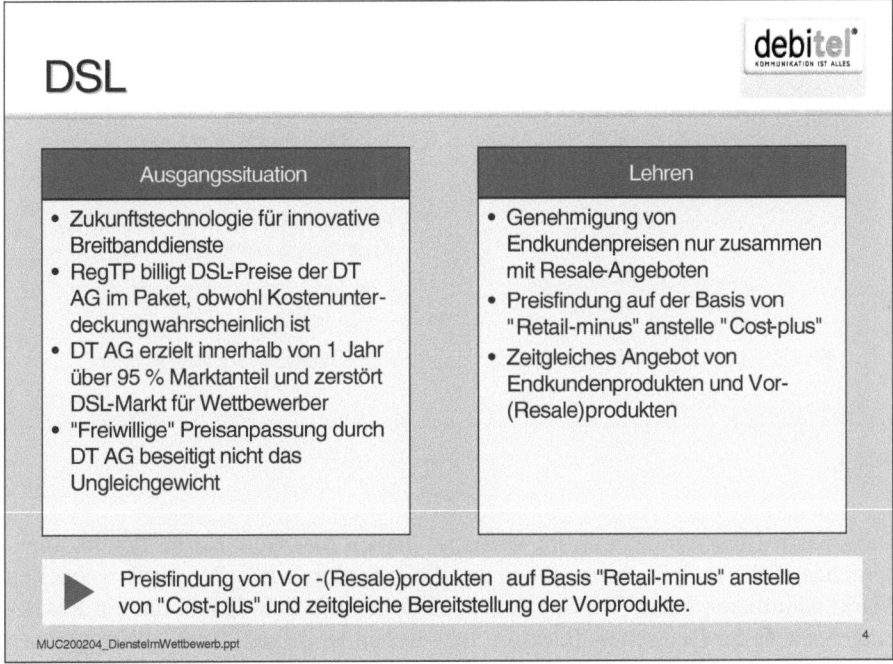

Bild 3

Das DSL Thema ist bereits hinreichend strapaziert worden (Bild 3). Es hätte eine ganz einfache Lösung zur Verhinderung der Monopolisierung des Marktes geben, nur leider verfügte Herr Kurth nicht über das geeignete Instrumentarium. Durch eine Festlegung der Vorproduktpreise bzw. eines Resale Angebots auf der Basis von „Endkundenpreis Minus" zeitgleich mit der Regulierung der Endkundenpreise hätten wir heute deutlich mehr als nur 2 Millionen DSL-Anschlüsse. Unter diesen Bedingungen könnten nämlich Wettbewerber zu gleichen Konditionen einsteigen. Die Lieferengpässe der Deutschen Telekom zeigen, dass der Markt für DSL-Anschlüsse existiert und die Nachfrage nicht befriedigt werden kann. Folglich wurde durch die ungleichen Konditionen viel innovative Stimulans zerstört. Darum lohnt es sich, einen Wechsel der Preisfindung von Cost-plus zu Retail-minus genauer zu analysieren.

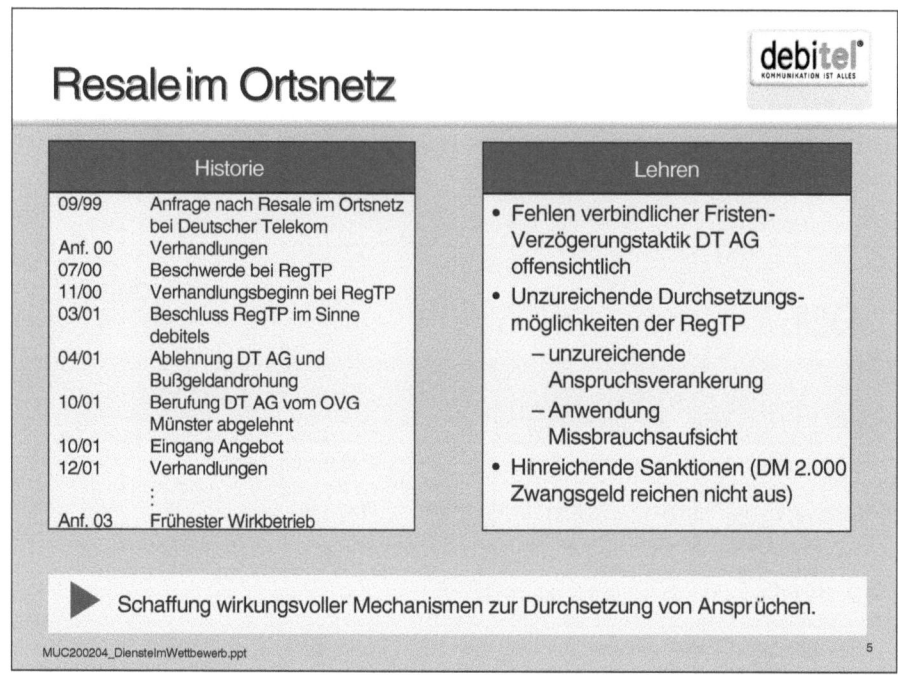

Bild 4

Das zweite Beispiel: „Resale im Ortsnetz" haben Sie, Herr Kurth, bereits angesprochen (Bild 4). Ich stimme ihnen zu, das man durch Reseller im Ortsnetz den Markt stimulieren kann. Seit September 1999 bemüht sich debitel um ein Resale-Angebot von der Deutschen Telekom. Inzwischen ist debitel durch alle möglichen Instanzen gegangen. Das angestrebte Missbrauchverfahren wurde angezweifelt, doch letztendlich bekam debitel recht und der Deutschen Telekom wurde ein die Grundfeste jeder Gewinn- und Verlustrechnung erschütterndes Zwangsgeld von seinerzeit 2.000 Deutsche Mark auferlegt, das sind 1.000 Euro. Dieser Betrag schreckt die Deutsche Telekom natürlich fürchterlich ab. Heute befinden wir uns in endlosen Verhandlungen. Neben einer langwierigen Klärung von Detailfragen sind anschließend Implementierungsschwierigkeiten zu erwarten, so dass debitel frühestens im Jahre 2003 mit einem Angebot auf den Markt kommen könnte. Unternehmen ohne einen langen Atem sind bereits vor dem ersten Angebot wieder vom Markt verschwunden. Die Lehre daraus ist: Es gibt keine Fristigkeiten. Daher sollte man bei der Novellierung des TKGs auf die Fristigkeiten, die Durchsetzungs- und die Sanktionsmöglichkeiten achten. Letztere könnten sich beispielsweise an den Regelungen zum Schadensersatz im Zivilrecht orientieren. Bei solchen Sanktionen spüren die Unternehmen es im Gegensatz zu heute deutlich, wenn Sie auf Zeit spielen.

5 Die Sicht der neuen Wettbewerber

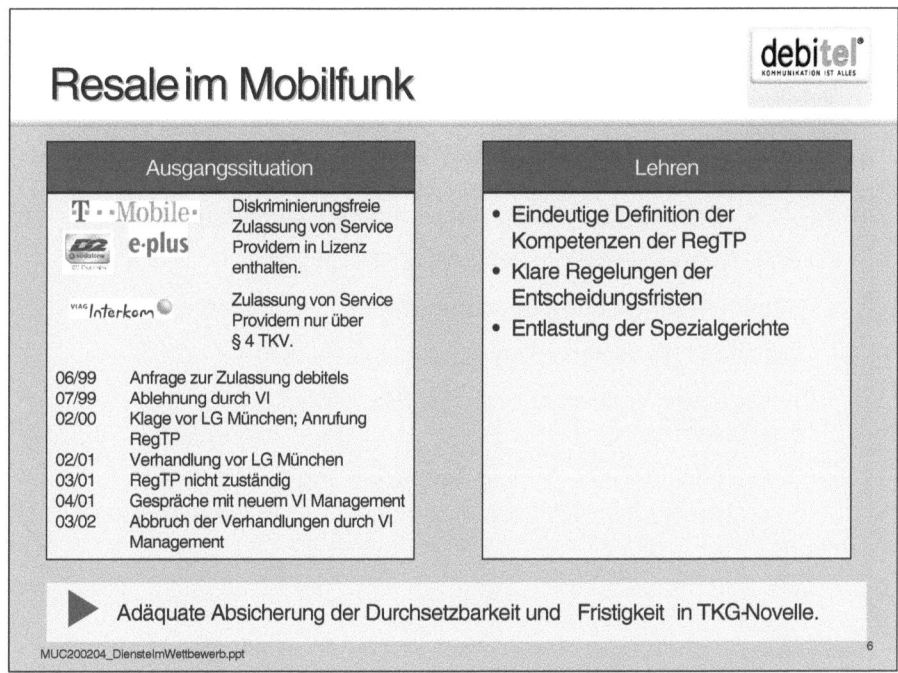

Bild 5

Das letzte Beispiel kommt aus dem Mobilfunk (Bild 5). Die Erfahrung hat gezeigt, dass – obwohl es in diesem Sektor besser läuft – man nicht ganz auf regulatorische Eingriffe verzichten kann. Die GSM-Lizenzen von T-Mobil, Vodafone D2 und e-plus beinhalten die Verpflichtung, Service Provider diskriminierungsfrei zuzulassen. Beim vierten GSM-Netzbetreiber, Viag Interkom bzw. O2, hat man auf der Basis von §4 TKV auf eine solche Regelung in der Lizenz verzichtet. Seit 1999 bemüht sich debitel, dem Handel und damit den Endkunden die Möglichkeit zu bieten, auch Viag Interkom Produkte über debitel zu beziehen. Darin waren wunderschöne Phasen, in denen man ein Jahr brauchte, um festzustellen, wie hoch der Marktanteil von VIAG Interkom ist. Darauf folgte eine Phase, in der man feststellte, dass nicht die Regulierungsbehörde sondern die Zivilgerichte zuständig seien. Das Gerichtsverfahren wurde zugunsten von direkten Verhandlungen ausgesetzt, die aber kurz vor der Unterschrift durch Viag Interkom abgebrochen wurden. Ein Jahr später sind wir jetzt wieder beim Zivilgericht angekommen In den Verhandlungen ist wiederum die Preisfindung ein Kernproblem. Angeboten wurde Cost-plus obwohl Retail-minus – wie oben dargestellt – ehrlicher wäre.

Dieses Beispiel zeigt, dass bei der TKG-Novellierung die Kompetenzen der RegTP eindeutig definiert und die Zuständigkeit der Gerichte festgelegt werden muss. Darüber hinaus nochmals der Hinweis auf die Fristigkeiten.

Fazit

Im Interesse einer positiven Entwicklung des deutschen Telekommunikationsmarktes sollte bei der Novellierung des TKG auf folgende Aspekte geachtet werden:

- Präzisierung der schon vorhandenen Regelungen
- Schärfere Anwendung des vorhandenen Instrumentariums
- Schaffung effizienterer Sanktionsmechanismen
- Angebot von Vorleistungen auf der Basis Retail-Minus anstelle von Cost-Plus
- Ausrichtung auf den Dienstewettbewerb, insbesondere die Verankerung des bisher schon bestehenden Resale-Anspruchs im TKG

Bild 6

Das Telekommunikationsgesetz ist in der heutigen Form und unter der Berücksichtigung der Entstehungssituation ein sehr guter Ansatz (Bild 6). Demnach kann es sich in den Worten von Herrn Dr. Tacke gesprochen, nur um eine Optimierung, aber keine Neuerfindung des TKGs handeln.

Bei dieser Optimierung sollten jedoch die Regeln präzisiert werden. Dazu gehören eine konsistente Entgeltregulierung sowie eine klare Definition von Anspruchsumfängen u.ä. Weiterhin sollte das bestehende Instrumentarium schärfer angewendet werden. Die Sanktionsmechanism sollten auch wirklich weh tun und in den folgenden Podiumsdiskussionen zum Thema Fristigkeiten erwarte ich erste Beispiele. Schließlich sollte man sich wirklich überlegen – und das ist die einzige Innovation, die ich bringen möchte –, ob man bei der Preisfindung für Vorprodukte nicht von der Cost-plus hin zu der Retail-minus-Methode geht. Das lässt sich entschieden einfacher überprüfen und würde einige der heutigen Entgeltregulierungen überflüssig machen. Schließlich wird durch Retail-minus der Anreiz zum Preisdumping wirkungsvoll beseitigt. Last but not least sollten die Regelungen zum Dienstewettbewerb im Mobilfunk aus dem TKV in das TKG übernommen werden, um somit im Sinne der Vielfalt des Angebots für den Endkunden auf einer abgesicherten Basis agieren zu können.

5 Die Sicht der neuen Wettbewerber

Abschließend möchte ich noch einen Kommentar zu Herrn Dr. Tacke und den Erfolg der UMTS-Lizenzinhaber machen. Herr Lennertz hat es sehr deutlich formuliert: Wenn ich die besten Dienste und diese als erster im Markt habe, kann ich auf dem EBITDA-Level einiges bewegen. Ich habe zwar gegen Marktanteile anzukämpfen, aber ich kann einiges erreichen. Wenn ich dann die Botton-Line betrachte, ist es nicht so, dass man sagen kann: Wer die besten Dienste hat, gewinnt, sondern da sind den Abschreibungen und Zinsen Volumenseffekte entgegenzusetzen, so dass ich nicht glaube, dass die heutigen sechs Infrastrukturanbieter, oder die, die es werden wollen, auch wirklich überleben werden.

6 Bestandsaufnahme und Bewertung des deutschen Telekommunikationsgesetzes: Die Sicht der Deutschen Telekom

Hans-Willi Hefekäuser
Deutsche Telekom AG

Es gehört zum Wesen sektorspezifischer Sonderregulierung, nach Zielerreichung überflüssig zu werden. Wenn wir über die Novellierung des Telekommunikationsgesetzes sprechen, haben wir dann den Mut, das TKG wirklich auf den Prüfstand zu stellen oder verstecken wir uns hinter halbherzigen prozeduralen Reformen und flüchten uns in ein Kurieren an Symptomen?

Nach den Äußerungen politischer Entscheidungsträger scheint der Wille zu einer wirklichen Reform vorhanden zu sein. So konstatierte der ehemalige Postminister Dr. Wolfgang Bötsch – einer der Väter des Telekommunikationsgesetzes – in einem kürzlich veröffentlichten Zeitungsartikel, dass „eine sektorspezifische Sonderregulierung in unserer Wirtschaftsordnung immer noch eine Ausnahme von der Regel sei und als solche ständig hinterfragt werden müsse." Habe sie ihren Zweck erfüllt, verliere sie ihre Berechtigung. (FAZ, 30.03.02). Bundeswirtschaftsminister Müller geht noch weiter: Es könne richtig sein, starke Marktpositionen einzelner Unternehmen, ja sogar Monopole ordnungspolitisch in gewisser Weise zu akzeptieren, um Innovationen, Investitionen, Ertragskraft sowie die internationale Wettbewerbsfähigkeit zu gewährleisten. Deshalb könne es durchaus notwendig sein, Regulierungsdruck von der Deutschen Telekom wegzunehmen und Überregulierung abzubauen. Und Staatssekretär Tacke bekräftigte kürzlich, dass es notwendig sei, Regulierung auf das notwendige Minimum zu begrenzen", und plädierte dafür, „immer sehr genau zu prüfen, ob dem Wettbewerb nicht der Vorrang vor einem Einsatz von Regulierungsinstrumenten zu geben ist" (WIK-Konferenz, 26.02.02).

Diesen Zitaten habe ich nichts hinzuzufügen – außer vielleicht die Frage, warum richtige Ansätze, Gedanken und Thesen hochkarätiger Entscheidungsträger sich in den Weiten und Tiefen von Ministerien, Regulierungsbehörden und Kartellämtern verlieren, ja häufig sogar ins Gegenteil umschlagen. Ein interessantes Phänomen, das sicher nähere Betrachtung lohnt.

Ausgangslage

Die Deutsche Telekom erkennt die unbestreitbar positiven Wirkungen des Telekommunikationsgesetzes ausdrücklich an. Die frühzeitige und konsequente Liberalisierung hat Deutschland zu einem der liberalsten und fortschrittlichsten Telekommunikationsmärkte der Welt gemacht. Allerdings hat die sektorspezifische Regulierung nach Auffassung der Deutschen Telekom ihren Zenit überschritten.

Ziel der Liberalisierung war es, die ehemals monopolistisch strukturierten TK-Märkte für den Wettbewerb zu öffnen und die Versorgung der Bürger mit attraktiven und günstigen Angeboten sicherzustellen. Dies ist in weiten Teilen gelungen. Alle Monopolbereiche sind für den Wettbewerb geöffnet. Der Zugang zu allen wesentlichen Infrastrukturelementen und zu allen Kunden ist durch eine umfassende Regulierung der Vorleistungen sichergestellt. Wirtschaft und Verbraucher profitieren heute von zum Teil dramatisch gesunkenen Preisen, hochwertigen Produkten und umfangreichen Wahlmöglichkeiten.

Diese veränderte Situation ruft nun völlig zu Recht erneut den Gesetzgeber auf den Plan. Dies ist der richtige Zeitpunkt, um sich die entscheidende Frage zu stellen: Wollen wir die sektorspezifische Regulierung mit gleicher Dichte und Intensität fortführen und sogar ausweiten, wie nicht wenige fordern? Oder bauen wir die Regulierung ab und lassen den Marktkräften – wie in anderen Wirtschaftsbranchen auch – in größerem Maße eine Chance? Mit anderen Worten: Bleiben wir dabei, dass Regulierung nur eine Übergangslösung für die Marktentwicklung ist, oder schreiben wir sie als eine Dauereinrichtung fest?

Regulierung, die zu staatlich gelenkter Marktgestaltungspolitik wird, ist und bleibt problematisch, denn dies geht über ihre eigentliche Aufgabe weit hinaus. Es gehört mittlerweile jedoch fast zum „Regulierungsalltag", dass Regulierung über die Verhinderung von Missbrauch hinaus gestaltend in den Markt eingreifen will. Um dies am Thema Resale zu verdeutlichen: Nach den Vorstellungen der Regulierungsbehörde sollte die Deutsche Telekom nicht nur die für die Wettbewerber unverzichtbaren Elemente bereitstellen. Jede Leistung der Deutschen Telekom, die die Wettbewerber kopieren wollen, sollte diesen zu Vorzugspreisen zugänglich gemacht werden. Dies zeigt, dass der Maßstab der Regulierung eben nicht die Marktsituation und schon gar nicht das Interesse des Leistenden – der Deutschen Telekom – ist, sondern allein die Vorstellung und der Wille der Wettbewerber. Dies ist keine Missbrauchsregulierung, sondern nichts anderes als ein (ungerechtfertigter, risikoloser) Transfer von Innovation, Kreativität und Erfolg. Regulierung wird hier eingesetzt als Ersatz für die mangelnde Bereitschaft mancher Wettbewerber, sich in bestimmten Marktsegmenten vernünftig zu positionieren. Die Grenzen der sektorspezifischen Regulierung werden dankenswerterweise jedoch zunehmend von den Gerichten erkannt, die in letzter Zeit wiederholt auf die schützenswerten Gestaltungsrechte der Marktteilnehmer verweisen. So z.B. in der OVG-Entscheidung zu

Resale, in der der Umfang der Resale-Verpflichtung maßgeblich, sinnvoll und vernünftig – Stichworte: Risiko mittragen, Wertschöpfung hinzufügen, Veredelungsverpflichtung – begrenzt wurde. Oder in der Entscheidung des OVG zur fehlenden Genehmigungspflicht von individuell gestalteten Angeboten für Geschäftskunden (T-VPN).

Die Deutsche Telekom akzeptiert Regulierung als Instrument zur Marktöffnung, nicht aber als Mastermind des deutschen Telekommunikationsmarktes. Wir glauben nach wie vor nicht daran, dass der Staat oder gar eine Regulierungsbehörde jemals „der bessere Unternehmer" sein können.

Staatliche Instanzen können – so kompetent sie auch sein mögen – nie intelligenter sein als der Markt. Staatliche Instanzen sind nicht einmal Teil des Marktes; sie können nur ein Korrekturinstrument sein, falls Fehlentwicklungen eintreten. Es ist auch nicht ersichtlich, warum ausgerechnet eine Behörde ein überlegenes Wissen über die Marktentwicklung haben sollte. Technologien und – noch mehr – die Marktverhältnisse verändern sich in der digitalen Welt schneller, als eine ex ante-Regulierung dies vorwegzunehmen vermag. Wenn aber Regulierungsmechanismen und -instrumente nicht funktionieren oder nicht mehr marktgerecht sind, dann darf man nicht diese Mechanismen und Instrumente modifizieren, sondern man muss auf ihre Anwendung verzichten. Denn der Grundsatz darf nicht lauten „im Zweifelsfall für Regulierung", sondern er muss lauten „im Zweifelsfall für Markt und gegen Regulierung".

Die Endkunden-Preisregulierung ist hierfür ein gutes Beispiel. Ursprünglich wurde die Preisregulierung der Endkundenprodukte mit dem Schutz des Verbrauchers vor zu hohen Preisen begründet. Diese Funktion hat die Preisregulierung jedoch nie erfüllen können: Durch künstlich niedrige Vorleistungspreise und intensiven Wettbewerb hat der Preis am Markt wesentlich schneller nachgegeben, als Regulierung reagieren konnte. Daraus wird nun aber leider nicht der Schluss gezogen, die Preisregulierung von Endkundenprodukten aufzugeben, da der Markt selbst das gewünschte Ergebnis – niedrige Verbraucherpreise – herbeigeführt hat. Mitnichten: Sie wird umfunktioniert und soll nun den Preis künstlich hochhalten. Nicht der Marktmechanismus, sondern der Regulierer soll demnach den „richtigen" Preis bestimmen.

Deregulierung ist möglich

Aller planwirtschaftlicher Aufwand kann aber die Marktpreisbildung nicht ersetzen (Bild 1). Wer Preise durch Regulierung festlegen will, schafft nicht Markt und Wettbewerb, sondern ignoriert ihn. Der einzig richtige Preis ist nun mal der Marktpreis. Regulierung kann offensichtlich missbräuchliche Preissetzungen – nach oben oder unten – erkennen und untersagen. Aber das kann die klassische und bewährte Wettbewerbskontrolle nach dem GWB auch. Und eine „Vorsichtsregulierung" nach dem Motto „Vertrauen ist gut, Regulierung ist besser", widerspricht den Prinzipien der Marktwirtschaft.

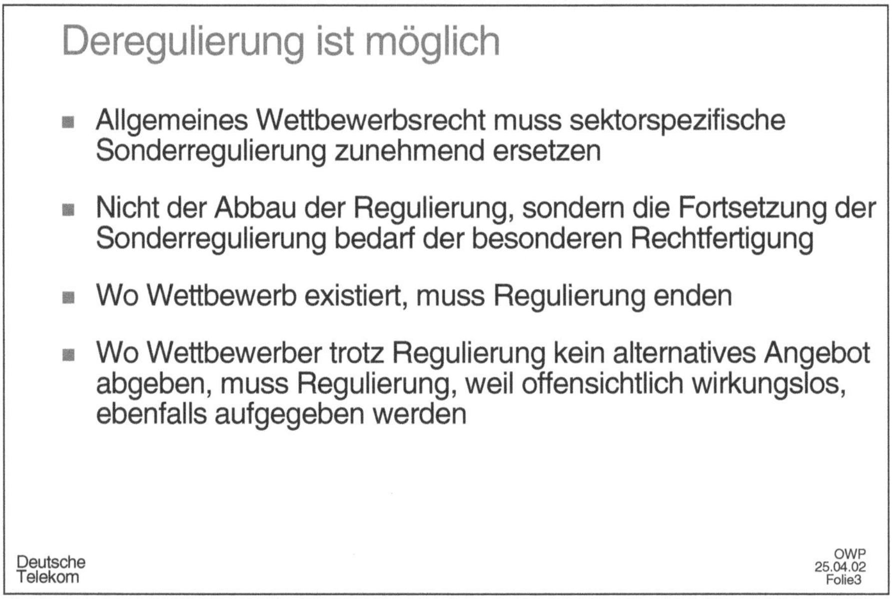

Deregulierung ist möglich

- Allgemeines Wettbewerbsrecht muss sektorspezifische Sonderregulierung zunehmend ersetzen
- Nicht der Abbau der Regulierung, sondern die Fortsetzung der Sonderregulierung bedarf der besonderen Rechtfertigung
- Wo Wettbewerb existiert, muss Regulierung enden
- Wo Wettbewerber trotz Regulierung kein alternatives Angebot abgeben, muss Regulierung, weil offensichtlich wirkungslos, ebenfalls aufgegeben werden

Deutsche Telekom

OWP
25.04.02
Folie3

Bild 1

Regulierung führt manchmal zu geradezu absurden Ergebnissen. So hat die Deutsche Telekom z.B. Line Sharing, das als Hoffnungsträger im Breitbandmarkt gefeiert wurde, eingeführt – trotz des in Deutschland besonderen technischen Aufwands aufgrund der hohen ISDN-Penetration – und selber ein kostenorientiertes Preisangebot vorgelegt. Nachdem dieses monatelang von einem einzigen Nachfrager geprüft wurde, hat die Regulierungsbehörde diesen Nachfrager öffentlich dazu aufgefordert, Beschwerde gegen das Angebot der Telekom einzulegen, um endlich ihrerseits regulatorisch eingreifen und einen Preis festlegen zu können: auf europaweit niedrigstem Niveau. Sofort nach Bekanntgabe dieses Beschlusses wurde vom einzigen Nachfrager mitgeteilt, dass man DSL nun doch nicht auf dem Massenmarkt anbieten und sich weiterhin auf das Geschäftskundensegment konzentrieren wolle. Also viel Rauch um nichts? Denn andere Interessenten für Line Sharing gibt es bislang nicht. Aber dafür haben wir jetzt in Deutschland einen besonders niedrigen Preis und ein aufwändiges Regulierungsverfahren hinter uns.

Fest steht: Sektorspezifische Sonderregulierung ist die Ausnahme von der Regel, und ihre Fortführung oder gar Ausdehnung bedarf in ganz besonderem Maße der Rechtfertigung: Nicht ein Abbau von Regulierung ist begründungspflichtig, sondern deren Beibehaltung. Eine solche Rechtfertigung kann aber nur dann gegeben sein, wenn Regulierung für die weitere Markt- und Wettbewerbsentwicklung noch positive und unverzichtbare Impulse liefert und ihr Nutzen ihre Nachteile aufzuwiegen vermag.

Doch wo hat die Regulierung auf wettbewerblich strukturierten Märkten noch einen Mehrwert, der ihre Fortführung rechtfertigt? Jedenfalls nicht dort, wo der Wettbewerb funktioniert, z.B. bei Fern- und Auslandsgesprächen, im Verbindungsnetz oder in profitablen Ortsnetzen und Marktsegmenten. Hier muss die Regulierung enden, zugunsten der Überführung in das allgemeine Wettbewerbsrecht.

Aber auch in den Bereichen, wo Wettbewerber trotz Regulierung kein alternatives Angebot abgeben, muss Regulierung, weil offensichtlich wirkungslos, aufgegeben werden. Preisregulierung in offenen Märkten alleine wegen fehlender alternativer Anbieter fortsetzen zu wollen, läuft ins Leere: Fehlende Alternativen bei Tankstellen, Ärzten oder Handwerkern im ländlichen Raum haben auch nicht zu einer besonderen Preisregulierung der vorhandenen Anbieter geführt. Niemand würde auch nur auf die Idee kommen, dies zu fordern. Tatsächlich haben Kunden im TK-Markt auch in solchen ländlichen Gebieten vom Wettbewerb und den stark gesunkenen Preisen profitiert.

Lassen Sie mich an dieser Stelle etwas Generelles zum Thema Ortsnetz sagen: Eine Verschärfung der Regulierung wird gefordert, da die Deutsche Telekom im Ortsnetz noch einen Marktanteil von 97 % halte. Entscheidend ist demgegenüber:

Nur ein Drittel aller Anschlussbereiche in Deutschland ist profitabel; an den restlichen zwei Dritteln haben die Wettbewerber keinerlei Interesse.

Und auch in den profitablen Gebieten wollen die Wettbewerber längst nicht alle Kunden erreichen. Sie konzentrieren sich auf umsatzstarke Geschäftskunden und Privatkunden mit ISDN-Anschlüssen.

Die „normalen Analog-Kunden" werden von anderen Anbietern völlig vernachlässigt. Inzwischen geht die Konzentration auf profitable Bereiche sogar schon so weit, dass einzelne Anbieter über ihre Netze nur noch Gespräche in Ballungszentren zulassen. Verbindungen in ländliche Räume sind dort teilweise nicht mehr möglich. Die Regulierungsbehörde als erklärter Verbraucherschützer scheint an dieser Frage jedoch wenig Interesse zu haben, ebenso übrigens wie an der Sicherstellung von Call-by-Call bei City-Carriern.

Resultat: Vor allem in Ballungsräumen mit hohem Geschäftskundenanteil liegt der Marktanteil der Wettbewerber auch im Ortsnetz wesentlich höher als in den übrigen Gebieten – verschiedentlich bereits über 20 Prozent.

Weiterer Regulierungsbedarf?

In einem Punkt sind wir uns einig: Die Öffnung von Bottlenecks ist eine derzeit noch unverzichtbare Aufgabe der Regulierung (Bild 2). Hier scheiden sich die Geister nicht an dem „Ob", sondern an dem „Wie". Vielfach werden Forderungen nach einer Verschärfung der Regulierung mit praktischen Mängeln der Bereitstellung von Vorleistungen begründet. Soweit jedoch Probleme bestehen, werden diese von der Deutschen Telekom wirksam angegangen. Für mögliche Fälle verzögerter Bereitstellung z.B. haben wir freiwillig ein marktkonformes Vertragsstrafenkonzept entwickelt. Im Zweifel kann also auch bei Vorleistungen gelten: „In dubio pro Markt". Wo dennoch eine Regulierung der Vorleistungen erfolgt, muss sich die Regulierung aber an den tatsächlichen und nicht an fiktiven Kosten orientieren. Es kann nicht richtig sein, dass die Deutsche Telekom das Wachstum ihrer Wettbewerber mitfinanzieren muss. Die Regulierung muss Anreize für andere Marktteilnehmer bieten, in den Ausbau eigener Infrastruktur zu investieren und Innovationskraft zu entfalten.

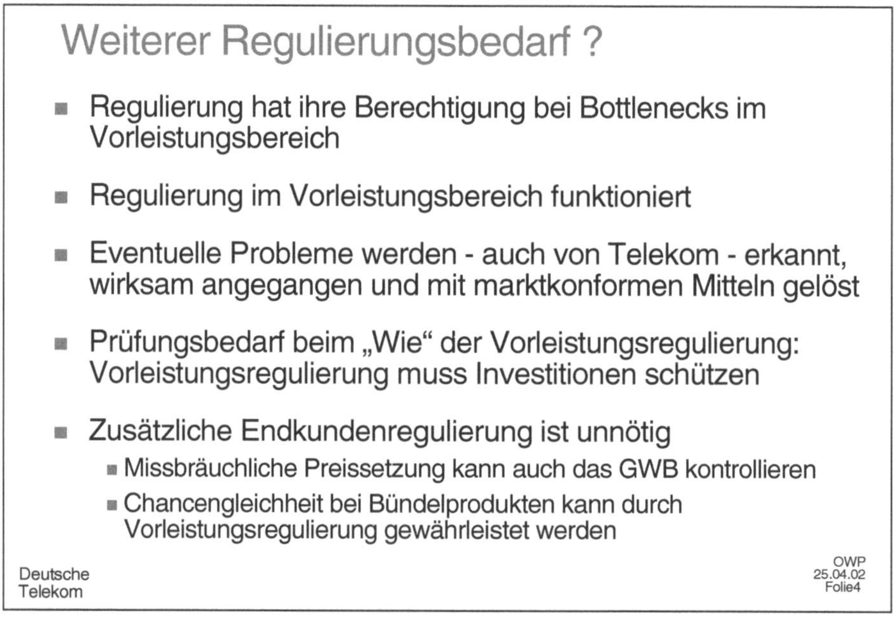

Weiterer Regulierungsbedarf ?

- Regulierung hat ihre Berechtigung bei Bottlenecks im Vorleistungsbereich
- Regulierung im Vorleistungsbereich funktioniert
- Eventuelle Probleme werden - auch von Telekom - erkannt, wirksam angegangen und mit marktkonformen Mitteln gelöst
- Prüfungsbedarf beim „Wie" der Vorleistungsregulierung: Vorleistungsregulierung muss Investitionen schützen
- Zusätzliche Endkundenregulierung ist unnötig
    - Missbräuchliche Preissetzung kann auch das GWB kontrollieren
    - Chancengleichheit bei Bündelprodukten kann durch Vorleistungsregulierung gewährleistet werden

Deutsche Telekom
OWP
25.04.02
Folie 4

Bild 2

In jedem Fall ist es völlig überflüssig, sowohl die Preise für die Vorleistungen als auch die Endkunden-Preise zu regulieren. Bei wirksam regulierten Vorleistungsmärkten müssen – auch nach den neuen EU-Richtlinien – die Endkundenentgelte nicht auch noch reguliert werden, und Vorleistungsmärkte in Deutschland sind wirksam reguliert. Die wiederholt vorgetragene Befürchtung, ohne Regulierung auch der Endkundenprodukte der Deutschen Telekom würden Wettbewerber, z.B. über Bündelangebote, aus dem Markt gedrängt, ist unbegründet. Sollte einzelnen Anbietern ein Wettbewerb mit Bündelangeboten der Deutschen Telekom nicht möglich sein, kann Regulierungsbedarf nur mit fehlenden Vorleistungen begründet werden. Sind diese wesentlich, greift jedoch wirksam und ausreichend die Vorleistungsregulierung. Sind sie nicht wesentlich, mögen die Wettbewerber doch bitte in die eigene Tasche greifen und selber investieren.

Wettbewerb durch Regulierung?

Die sektorspezifische Regulierung, insbesondere von Vorleistungen, kann Märkte öffnen. Aber erzwingen kann Regulierung konkurrierende Angebote nicht. Auch die Regulierung kann nicht Wettbewerb dort sicherstellen, wo kein Wettbewerber hin will – weil es sich nicht lohnt, weil der Markt eben nur einen Anbieter finanzieren kann. Werden zusätzliche Anbieter – auf Kosten des regulierten Unternehmens – künstlich am Markt gehalten, so mag dies kurzfristig Wettbewerb simulieren. Nachhaltig kann ein derart künstlich erzeugter Wettbewerb aber nie werden: würde die Regulierung wegfallen, fielen auch die regulierungsbedingten Margen weg.

Deshalb gilt: Regulierter Wettbewerb ist niemals nachhaltig.

> **Wettbewerb durch Regulierung ?**
>
> - **Regulierungsbedingter Wettbewerb ist niemals nachhaltig:**
>   - Regulierung kann Wettbewerb nicht erzwingen, sondern höchstens simulieren
>   - Nur alternative Infrastrukturinvestitionen begründen selbsttragenden Wettbewerb
> - **Reiner Dienstewettbewerb - z.B. durch Resale - kann nur unter dauerhaftem regulatorischem Schutzschirm überleben**
> - **Regulierung kann unternehmerischen Erfolg nicht garantieren**
> - **Regulierung von funktionierenden Märkten wie Internet und Mobilfunk hat keinerlei Mehrwert: sie verzerrt Wettbewerb, statt ihn zu fördern**
>
> Deutsche Telekom　　　　　　　　　　　　　OWP 25.04.02 Folie5

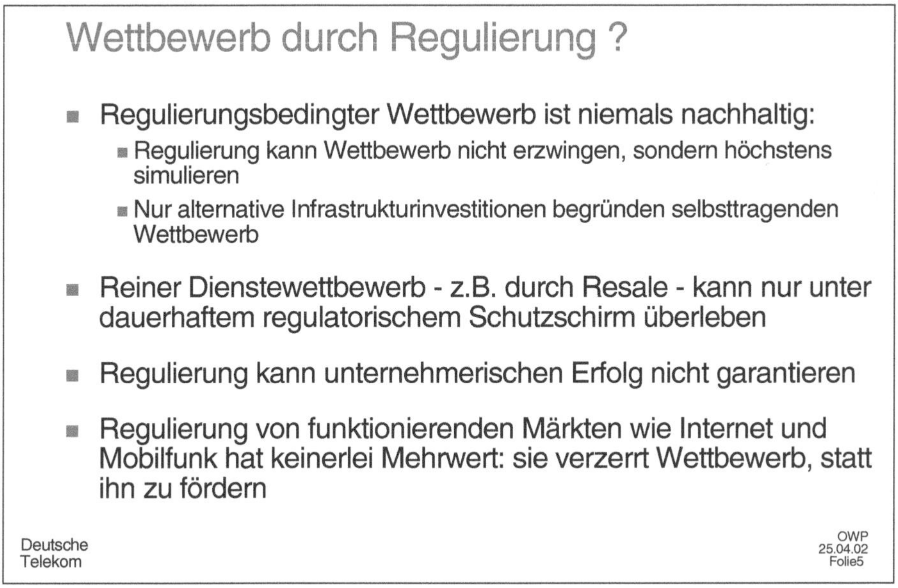

Bild 3

Wettbewerb ist immer dann gesichert und nachhaltig, wenn das Marktangebot durch eigene Investitionen der konkurrierenden Marktteilnehmer gestützt wird (Bild 3). Wenn aber die Infrastruktur der Deutschen Telekom jederzeit in beliebiger Varianz zu niedrigsten Preisen zur Verfügung steht, investiert kein Wettbewerber mehr in eigene Infrastruktur. Ein stabiler, sich selbst tragender Wettbewerb bleibt folglich aus.

Wettbewerber-Angebote, die allein auf regulatorisch erzwungenen Margen fußen (z.B. reines Reselling oder reines Call-by-Call auf IC-Basis ohne eigene Investitionen in Netze und Kundenbindung) schaffen keine eigene Wertschöpfung. Diese Angebote können naturgemäß nur bei ewiger Fortführung der Regulierung überleben, da diese ihnen die Teilhabe an Infrastruktur und Produkten und Innovationen der Deutschen Telekom garantiert und damit eine weitgehend gefahrlose Risikoabwälzung ermöglicht. Wir sind bereit, uns mit dieser Frage – welche Ansprüche bestehen eigentlich auf Teilhabe an Infrastruktur und Produkten und Innovationen der Deutschen Telekom – auch unter rechtlichen Gesichtspunkten sehr qualifiziert auseinanderzusetzen.

Solche Anbieter sind erkennbar unter den ersten Opfern der Konsolidierung. Es ist offenbar unvermeidlich, dass in dieser Situation kein Umdenken erfolgt, sondern besonders laut nach dem Staat gerufen wird. Er soll durch Regulierung richten, was Marktteilnehmer versäumt haben – nämlich eigene Investitionen und die Entwicklung wettbewerbsfähiger Geschäftsmodelle. Regulierung kann jedoch nur gleiche Startchancen sicherstellen und Investitions- und Risikobereitschaft fördern (oder aber behindern). Was sie nicht kann, und auch nicht soll in einer Marktwirtschaft, ist wirtschaftliche Erfolge garantieren.

Ganz besonders bedenklich wird es, wenn auch noch überlegt wird, die Regulierung auf bislang nicht oder wenig regulierte Bereiche wie Internet und Mobilfunk auszudehnen. Welche Krankheit will Regulierung hier eigentlich heilen? Denn gerade die Erfolgsstory des Mobilfunkmarktes ist ein gutes Beispiel dafür, wie erfolgreich sich Märkte entwickeln, wenn man dem Wettbewerb vertraut und auf überflüssige Regulierungseingriffe verzichtet. Und auch das Internet hat seinen beispiellosen Siegeszug gerade der Tatsache zu verdanken, dass es eben nicht durch staatliche Vorgaben geregelt ist.

Abgesehen davon widerspräche es auch dem Leitbild des TKG, dessen Ziel die Entmonopolisierung von Telefondienst und Telefonnetz war, nicht hingegen die Regulierung wettbewerblich strukturierter Märkte. Ein Monopol hat aber bei Mobilfunk und Internet nie bestanden. Sektorspezifische Regulierung kann bei Märkten, die bereits seit Beginn im Wettbewerb stehen, Wettbewerb nicht verbessern, sondern nur verzerren.

Überzogene Regulierung führt auf das globale Abstellgleis

Und, was vielleicht am gravierendsten ist: Die Ausdehnung der Regulierung bedeutete einen – sicher von niemandem – erwünschten Standortnachteil für Deutschland, vor allem gegenüber den USA (Bild 4).

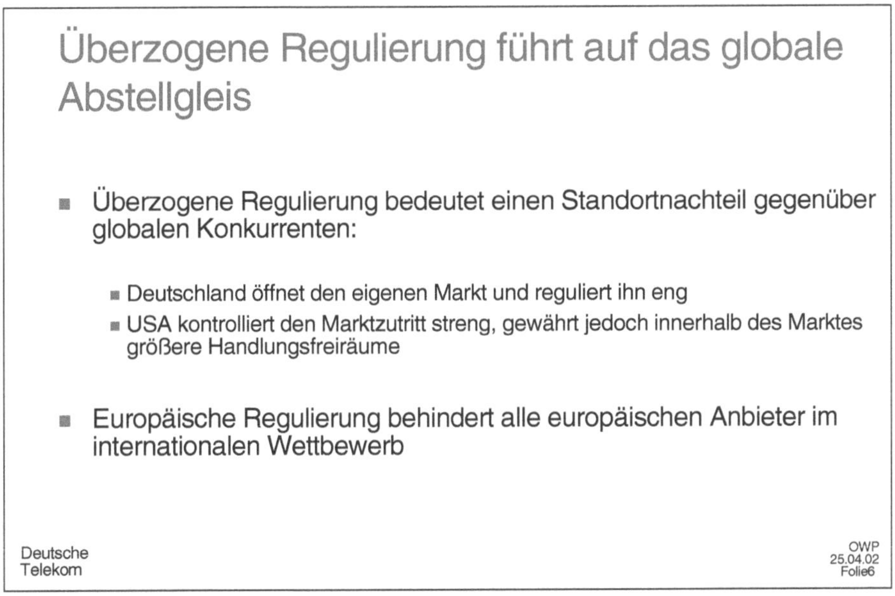

Überzogene Regulierung führt auf das globale Abstellgleis

- Überzogene Regulierung bedeutet einen Standortnachteil gegenüber globalen Konkurrenten:
    - Deutschland öffnet den eigenen Markt und reguliert ihn eng
    - USA kontrolliert den Marktzutritt streng, gewährt jedoch innerhalb des Marktes größere Handlungsfreiräume

- Europäische Regulierung behindert alle europäischen Anbieter im internationalen Wettbewerb

Deutsche Telekom
OWP
25.04.02
Folie 6

Bild 4

Denn es ist ein deutlicher Paradigmenunterschied zu erkennen zwischen den USA einerseits und Deutschland und Europa andererseits. Für den Markteintritt ausländischer Unternehmen gibt es in Deutschland keinerlei Barrieren. Die Regulierungsbehörde konzentriert sich vielmehr auf eine intensive Regulierung des nationalen TK-Marktes. Anders in den USA: Hier unterliegt der Markteintritt ausländischer Unternehmen einem aufwändigen Genehmigungsverfahren, während die Regulierung innerhalb des US-Marktes sehr liberal gehandhabt wird. Hier will man den ökonomischen Kräften – insbesondere in den Bereichen Datendienste und Mobilfunk – die Chance zur Entfaltung geben. So gilt in den USA ein „hands-off"-Ansatz, nach dem vor allem neue und innovative Dienste wie Mobilfunk und Internet von staatlicher Regulierung weitgehend verschont bleiben.

Auch der neue europäische Regulierungsrahmen widerspricht nach unserem Dafürhalten dem erklärten Ziel der EU, die Regulierung abzubauen. Mit keiner Silbe wird eine endgültige oder auch nur schrittweise Überführung von Märkten in das allgemeine Wettbewerbsrecht in Aussicht gestellt. Zudem findet der neue Rechtsrahmen potentiell auf alle Kommunikationsmärkte Anwendung. Eine Ausdehnung von Regulierung auf bislang nicht regulierte Bereiche wie den Mobilfunk und das Internet kann somit nicht ausgeschlossen werden. Dies führt zu einer unnötigen zusätzlichen Belastung für die Entwicklung des Internet und der dritten Mobilfunkgeneration UMTS in Europa. Dies wird im Ergebnis dazu führen, dass die USA nicht durch Markt und Wettbewerb, sondern durch Regulierung die unerwartete Chance erhalten, die neu entstehenden Märkte zu dominieren. Hier besteht die reale Gefahr, dass Europa seinen Vorsprung im Bereich Mobilfunk verliert.

Es bleibt zu hoffen, dass das europäische Beispiel in diesem Fall keine Schule macht und Bundesregierung und Gesetzgeber mit der anstehenden TKG-Novelle mehr Vertrauen in die Marktkräfte zum Ausdruck bringen.

Die Novellierung des TKG muss mehr werden als nur ein Kurieren an den Symptomen. Nachhaltiger Wettbewerb wird nur durch einen Ordnungsrahmen geschaffen, der die Entfaltung der Marktkräfte fördert und die richtigen Anreize für die Entwicklung und Finanzierung eigener Infrastrukturen sowie innovativer Technologien und Dienste setzt. Dies ist nicht nur im Interesse der Deutschen Telekom, sondern auch und vor allem im Interesse des Telekommunikationsstandortes Deutschland.

7 Telekommunikationsgesetz und Telekommunikationswettbewerb im internationalen Vergleich

Dr. Karl-Heinz Neumann
WIK Wissenschaftliches Institut für Kommunikationsdienste

Sinn und Zweck von Vergleichen

Insbesondere innerhalb der Europäischen Union ist es üblich geworden, sich telekommunikationspolitisch mit anderen Mitgliedstaaten zu vergleichen und anhand von Indikatoren herauszuarbeiten, wo man im Vergleich zu anderen Staaten steht. Derartige Vergleiche werden sowohl von Behörden und Institutionen in den einzelnen Mitgliedstaaten als auch von der Europäischen Kommission durchgeführt. Die Kommission ist vornehmlich daran interessiert, den Stand der Implementierung der europäischen Rahmenbedingungen zu prüfen. Nationale Regulierungsbehörden (NRAs) ziehen internationale Vergleiche zum Zwecke des Benchmarking heran, um entweder Orientierungsgrößen für Best Practive-Ansätze der Regulierung zu gewinnen oder um die Effekte von Regulierungsmaßnahmen abzuschätzen. In manchen regulatorischen Rechtsordnungen können auch Regulierungsentscheidungen explizit auf Ergebnisse internationaler Vergleichswerte gestützt werden, wenn z.B. keine ausreichenden Kostenunterlagen zur Beurteilung von Preisen bei der Preisregulierung vorliegen.

Analytisch sollen geeignet durchgeführte internationale Vergleiche vor allem Aufschluss über die Markt- und Wettbewerbswirkungen von Regulierungseingriffen geben. Zeitreihenanalysen innerhalb eines Landes sind in aller Regel wegen zu kurzer Zeitspannen nicht aussagefähig und haben darüber hinaus das Problem des fehlenden Referenzszenarios.

Trotz des auch in diesem Beitrag gewählten Rahmens der Konzentration auf Europa muss auf ein methodisches Problem dieser Vergleichsbasis aufmerksam gemacht werden. Je mehr die europäische Telekommunikationspolitik darauf abzielt und faktisch auch darin erfolgreich ist, die regulatorischen Rahmenbedingungen in den einzelnen Mitgliedstaaten zu harmonisieren, desto weniger Unterschied sollten bestehen, desto weniger sind Wirkungszusammenhänge unterschiedlicher Regulierungspolitik zu erfassen und desto weniger kann ein Vergleich die Effekte von Regulierungsmaßnahmen abschätzen helfen. Umso wichtiger wird dann die Einbeziehung von außereuropäischen Ländern wie die USA und Japan in einem relevanten Vergleich. Da wir den genannten Zustand der Harmonisierung in Europa erst in

Ansätzen erreicht haben, sind Vergleiche auf europäischer Basis derzeit immer noch sinnvoll und aussagefähig. Nicht nur aber insbesondere auf der Zeitachse unterscheidet sich die Einführung bestimmter Regulierungsmaßnahmen in den europäischen Staaten doch sehr deutlich. Insofern mag man auch argumentieren, dass derzeit die Aussagefähigkeit von internationalen Vergleich in Europa eher gut zu beurteilen ist. Der Grundrahmen der Regulierungspolitik ist ähnlich, Dienste und Technologien der Telekommunikation sind ähnlich. Demnach sollte es leichter fallen, auf ceteris paribus – Ebene Effekte zu identifizieren und vor allem zuzurechnen.

Inhalt

Im Vordergrund der folgenden Ausführungen werden die Ergebnisse einer Vergleichsmethodik stehen, die das WIK in den letzten zwei Jahren entwickelt hat. Die Vergleichsmethodik beruht auf einem theoretischen Messkonzept, bei dem die jeweilige komplexe Regulierungs- und Wettbewerbsrealität in einem Land transparent quantitativ in einem Indexwert abgebildet und damit quantitativ vergleichbar gemacht wird. Die Vergleichsindizes werden für den Festnetz- und den Mobilfunkmarkt getrennt ausgewiesen.

Im Anschluss an den Ländervergleich auf Basis der WIK-Indizes werden noch spezielle Themen, die für die TKG-Novellierung von Belang sind, aufgegriffen. Dies sind der Ortsnetzwettbewerb, die Situation der Kabelnetze, das Resale-Thema und schließlich das Thema der Regulierungsverfahren.

WIK-Vergleichsindizes für den Festnetzmarkt

Der Liberalisierungsindex

Zur Charakterisierung der regulatorischen Maßnahmen zur Marktöffnung dient der WIK-Liberalisierungsindex.[1] Der Liberalisierungsgrad der Festnetzmärkte in den betrachteten Ländern wird dabei für die beiden Marktsegmente Sprachtelefondienst und Internetdienst getrennt untersucht. Die betrachteten Parameter beziehen sich auf die regulatorischen Voraussetzungen für Preis- und Dienstewettbewerb sowie Infrastrukturwettbewerb über besonderen Netzzugang zum Netz des Incumbents. Die sicherlich diskussionswürdigen Gewichtungsfaktoren bilden die von uns geschätzte relative Bedeutung der einzelnen Liberalisierungsparameter ab. Bild 1 bildet alle Parameter des Festnetz-Liberalisierungsindex und die Gewichte ab.

7 Telekommunikationsgesetz und Telekommunikationswettbewerb

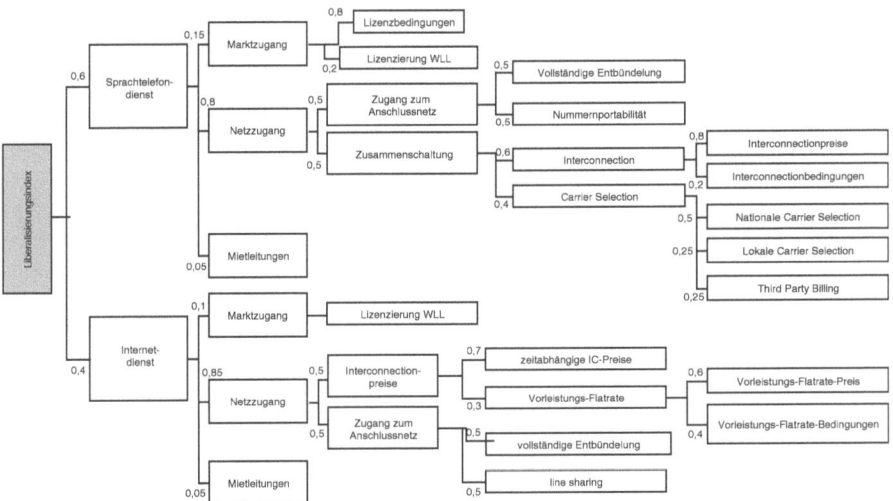

Bild 1: Liberalisierungsindex für den Festnetzbereich

Die Ergebnisse des Liberalisierungsindex, dessen Werte definitionsgemäß zwischen Null und Eins liegen, für den Betrachtungszeitpunkt Anfang 2001 und die neun untersuchten Länder sind in Bild 2 dargestellt.

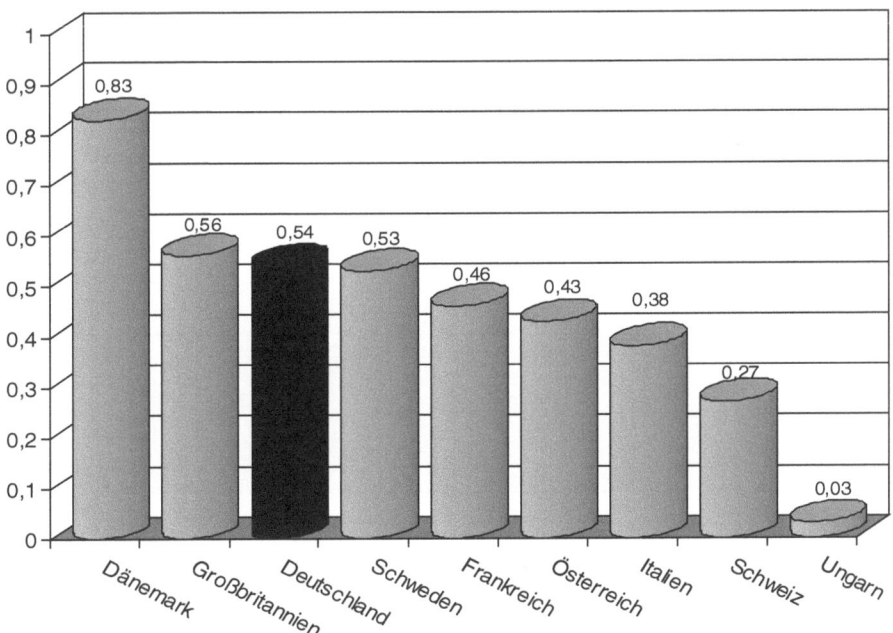

Bild 2: Liberalisierungsindex für den Festnetzbereich nach Ländern

Trotz aller europäischen Bemühungen um harmonisierte regulatorische Rahmenbedingungen weist die Regulierungssituation dargestellt über unsere Indizes doch eine beachtliche Streuung auf. Bemerkenswert ist an den Ergebnissen auch, dass mit Dänemark ein relativ kleines EU-Land an der Spitze bei der Schaffung wettbewerbsoffener Marktbedingungen steht. Ausschlaggebend hierfür sind primär die relativ niedrigen Preise für den Zugang zur Teilnehmeranschlussleitung und für das Interconnection. Mit geringfügigem Abstand zu Großbritannien folgt Deutschland auf dem dritten Platz. Positiv auf die Positionierung Deutschlands im Liberalisierungsindex wirkt sich das Third-Party-Billing, die TAL-Regelungen und das Niveau der Interconnectionpreise aus. Nachteilig auf die Positionierung wirkt sich die fehlende lokale Carrier Selection sowie das zum damaligen Zeitpunkt fehlende Angebot einer Vorleistungsflatrate und das Line Sharing aus.

Vor allem die relativ hohen Interconnectionpreise und das gänzlich fehlende Vorleistungsangebot zur Teilnehmeranschlussleitung führen zu dem niedrigen Liberalisierungsgrad in der Schweiz.

Bild 3 zeigt die Ergebnisse des Liberalisierungsindex getrennt nach Sprachtelefon- und Internetdienst.

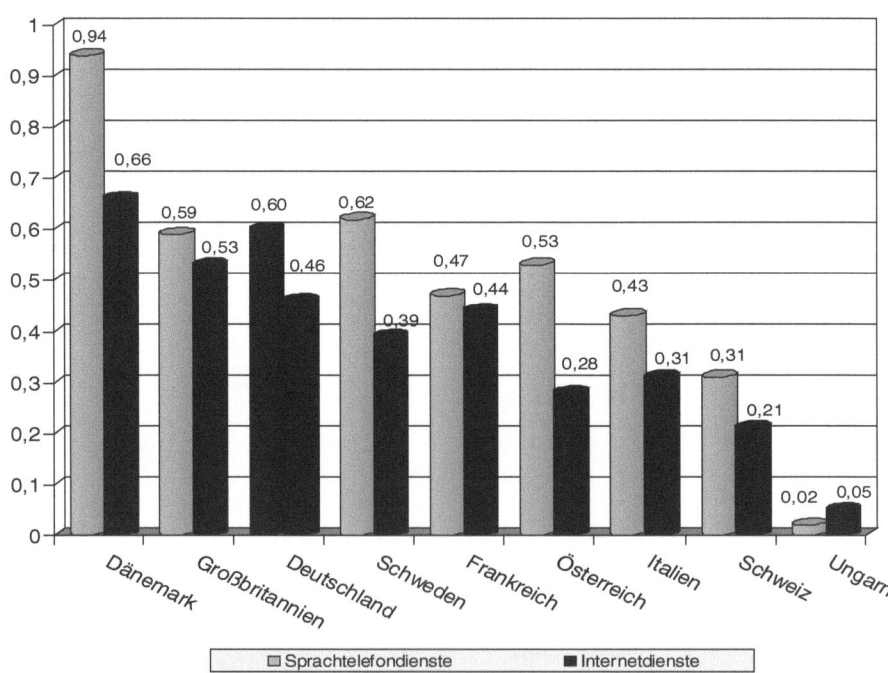

Bild 3: WIK-Liberalisierungsindex nach Marktsegmenten

In den Gesamtindex geht der Sprachtelefondienst mit einem Gewicht von 60 % ein. Die Positionierung Deutschlands verändert sich bei der disaggregierten Betrachtung insofern, als Deutschland bei der Liberalisierung des Telefondienstes auf die zweite Stelle vor Großbritannien rückt.

Der WIK-Wettbewerbsindex

Der WIK-Wettbewerbsindex ist ein Maß für den tatsächlich vorhandenen Wettbewerb in einem betrachteten Land und Marktsegment, wohingegen der Liberalisierungsindex eher ein Maß für das potenziell vorhandene Ausmaß des Wettbewerbs darstellt. Der WIK-Wettbewerbsindex setzt sich (siehe Bild 4) aus der Betrachtung der Preise, der Marktkonzentraiton und der Verbreitung der Dienste zusammen.

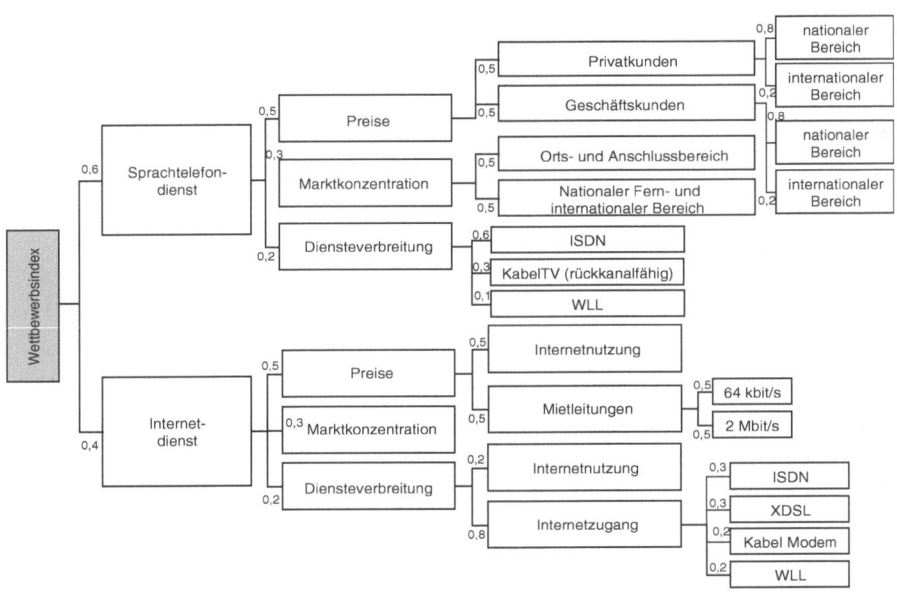

Bild 4: Wettbewerbsindex für den Festnetzbereich

Intensiver Wettbewerb führt zu einem niedrigen Preisniveau und zu einer intensiven Verbreitung relevanter Dienste. Eine Marktstruktur mit niedriger Konzentration verspricht intensiveren Wettbewerb als eine konzentriertere Industriestruktur. Wir bilden die Marktkonzentrarion über den Herfindahl-Index ab, der die Verteilung der Marktanteile der Anbieter im Markt abbildet.

Bild 5 zeigt die Ergebnisse des WIK-Wettbewerbsindex. Der Wert Eins des Index bedeutet wieder, dass es intensiven Wettbewerb gibt.

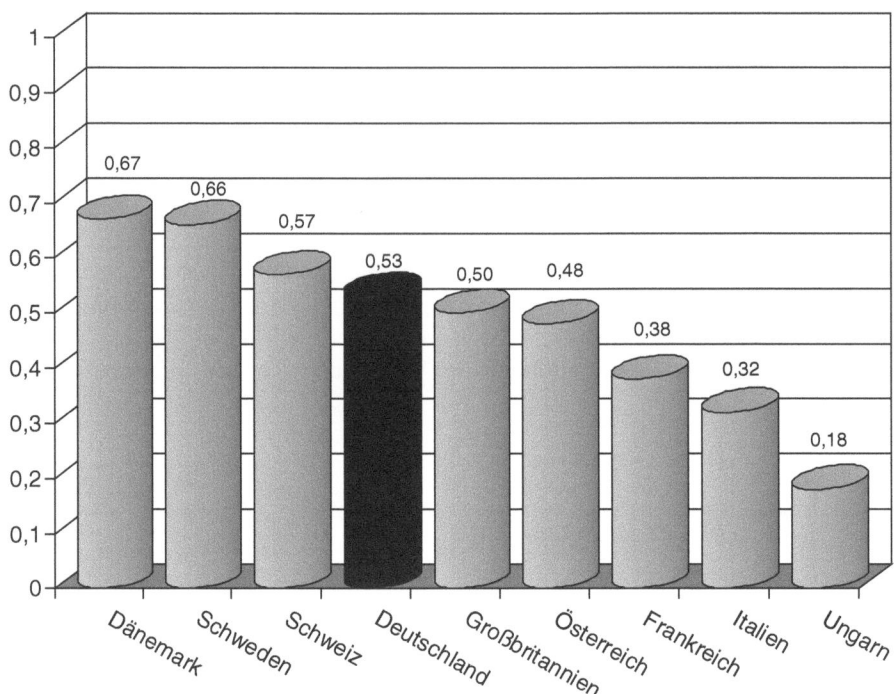

Bild 5: WIK-Wettbewerbsindex für den Festnetzbereich nach Ländern

Die Werte weisen wieder auf erhebliche Unterschiede in der tatsächlichen Wettbewerbsintensität hin. Länder mit vergleichsweise hoher Wettbewerbsintensität sind Dänemark und Schweden. Eine merklich moderatere Wettbewerbsintensität weisen die Schweiz, Deutschland, Großbritannien und Österreich auf. Defizite in der Wettbewerbsintensität weisen Italien und Frankreich auf.

Positiv auf die Wettbewerbsintensität in Deutschland im Index wirken sich das Preisniveau, die hohe Verbreitung von ISDN und ADSL und die relativ hohen Marktanteile von Wettbewerbern bei Verbindungen aus. Schwächen Deutschlands im Wettbewerb zeigen sich in der hohen Marktkonzentration bei lokalen Telekommunikationsdiensten und in der geringen Penetration von Kabelmodems und von Kabeltelefonie.

Den Vergleich der Wettbewerbsintensität differenziert nach den Marktsegmenten Telefondienst und Internet zeigt Bild 6. Für Deutschland zeigt sich eine relative höhere Wettbewerbsintensität beim Internetdienst.

7 Telekommunikationsgesetz und Telekommunikationswettbewerb 87

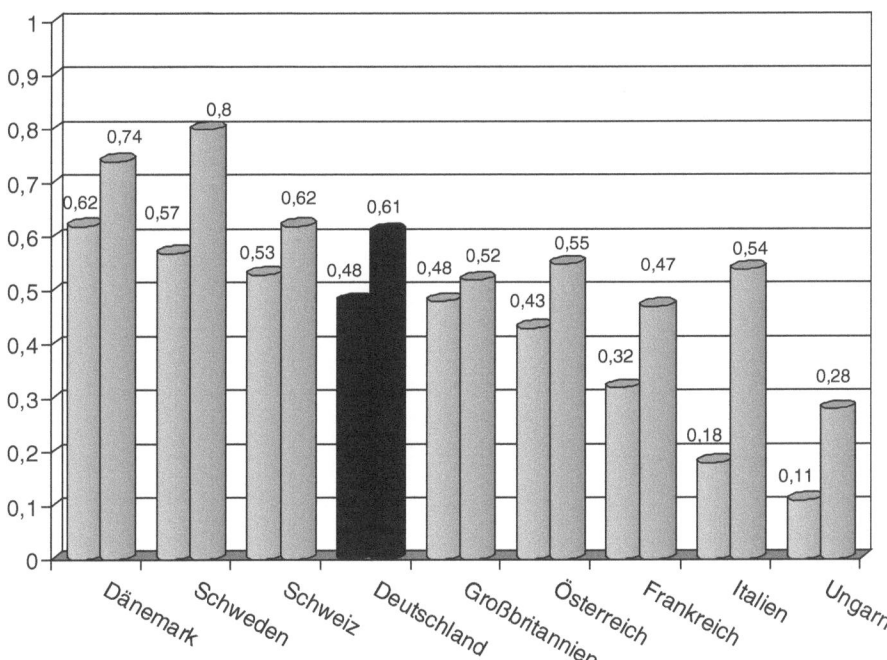

Bild 6: WIK-Wettbewerbsindex nach Marktsegmenten

Der WIK-Wachstumsindex

Mit dem WIK-Wachstumsindex wollen wir die Wachstumsdynamik der Festnetzdienste erfassen. Bild 7 zeigt die Zusammensetzung des Index. Abgebildet werden Dienstenutzung und die Entwicklung des Marktvolumens.

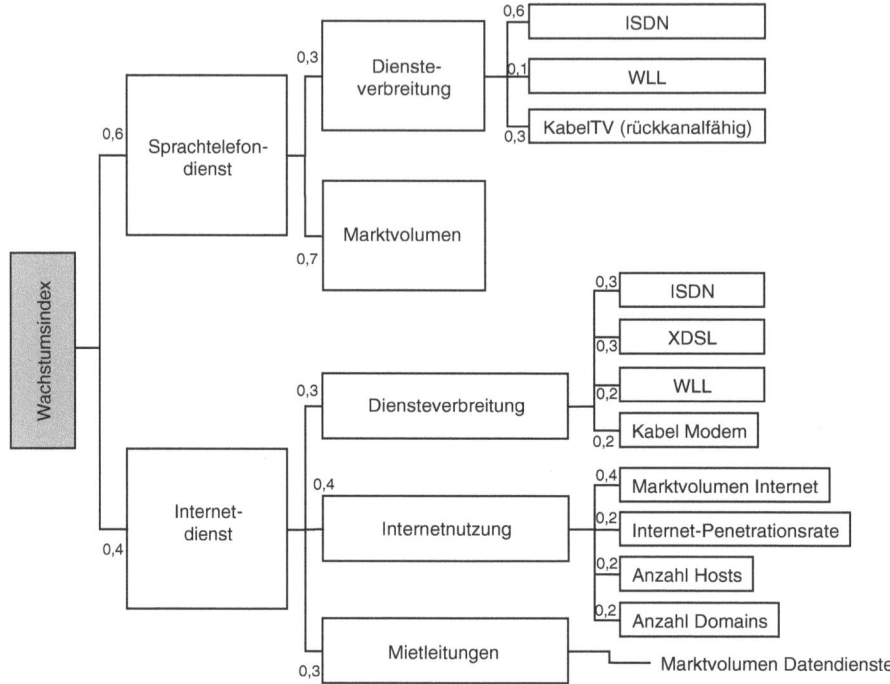

Bild 7: Struktur des WIK-Wachstumsindex für den Festnetzbereich

Der Wert Eins des Index steht für eine Marktsituation hoher positiver Marktwachstumsraten. Bild 8 zeigt die Ergebnisse für die hier betrachteten Länder. Für alle Länder zeigt sich eine eher moderate Wachstumsdynamik.

7 Telekommunikationsgesetz und Telekommunikationswettbewerb 89

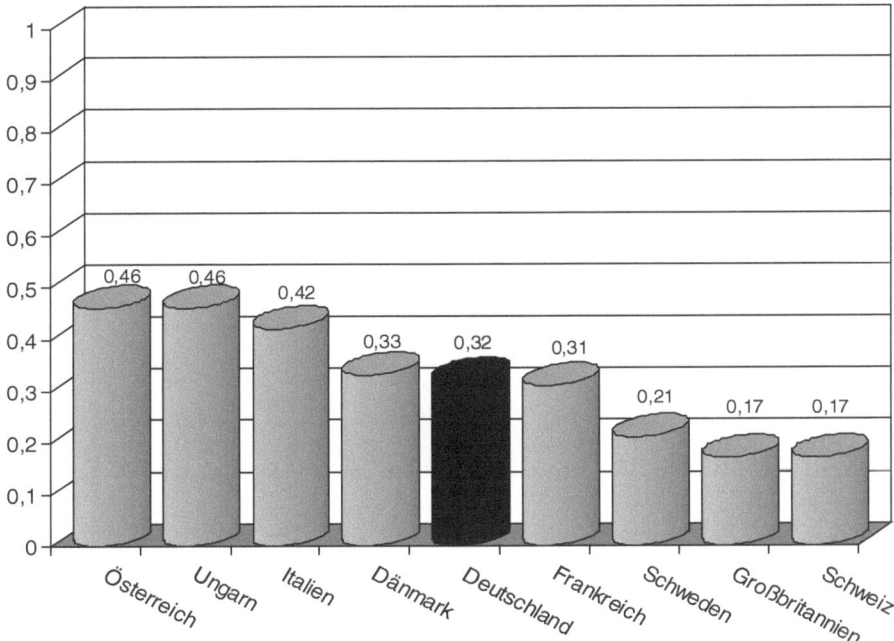

Bild 8: Ergebnisse des WIK-Wachstumsindex für den Festnetzbereich nach Ländern

Deutschland ist eher im Bereich einer mittleren Wachstumsdynamik angesiedelt. Ein differenzierteres Bild liefert die disaggregierte Betrachtung in Bild 9. Deutschland weist in Unterschied zum Telefondienst bei Internetdienstleistungen eine sehr hohe Wachstumsdynamik auf.

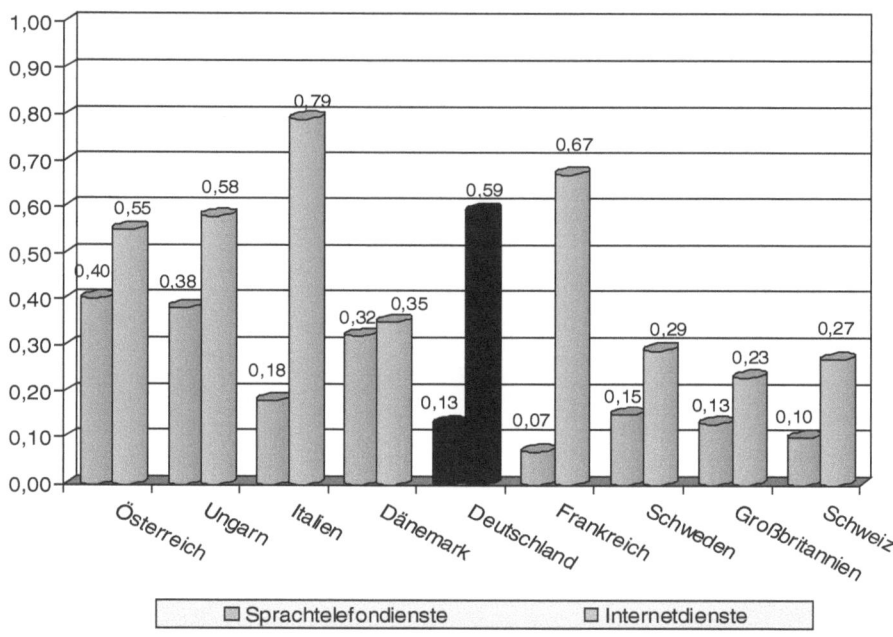

Gesamtbetrachtung

Was zeigt ein internationaler Vergleich auf Basis des hier vorgestellten Messkonzepts? Zunächst hat sich (vor allem im Liberalisierungsindex) gezeigt, dass die regulatorischen Rahmenbedingungen noch nicht soweit harmonisiert und vereinheitlicht sind, als dass internationale Vergleiche keine Unterschiede mehr identifizieren ließen. Die Unterschiede sind noch so groß, dass ein Vergleich Hinweise über die Wirkung von Regulierungsinstrumenten geben kann. Obwohl die regulatorischen Rahmenbedingungen in Deutschland eher wettbewerbsfreundlich sind, zeigt der Best Practice-Vergleich, dass es Länder gibt, die hier schon weiter sind. Dies gilt auch für die Marktperformance, gemessen mit dem Wettbewerbs- und dem Wachstumsindex.

Gerade der Vergleich von Liberalisierungsindex und Wettbewerbsindex liefert einige wichtige Einsichten. Zunächst ist die Korrelation zwischen beiden Indizes nicht immer hoch, was man eigentlich erwarten sollte. Dies mag zum einen an zeitlichen Lags liegen: Regulierungsmaßnahmen benötigen eine gewisse Zeit, um Wirksamkeit zu entfalten und um dann messbare Effekte zu generieren. Dies bilden die Indizes nicht ab. Es mag aber auch daran liegen, dass bestimmte Regulierungsmaßnahmen in ihrer Wirkung auf den Wettbewerb über- oder unterschätzt werden. Ein Beispiel für diesen Zusammenhang ist etwa das Third Party Billing. Dies wurde in Deutschland als ein wesentlicher Faktor für den Wettbewerb angesehen. Wie das Beispiel Schweiz zeigt, kann jedoch die Wettbewerbsintensität hoch sein, ohne dass es Third Party Billing überhaupt gibt.[2] Eine weitere Erklärung der Divergenz beider Indizes mag in strategischem Verhalten von Incumbents begründet sein. Um potentieller Regulierung zu entgehen, mögen Incumbents veranlasst sein, wettbewerbsförderndes Verhalten zu zeigen, ohne dazu explizit regulatorisch verpflichtet zu sein.

WIK-Vergleichsindizes für den Mobilfunkmarkt

Der WIK-Regulierungsindex

Das WIK hat kürzlich die Indexmethodik für den Vergleich auch auf den Mobilfunkmarkt angewendet[3] und für alle EU-Staaten und darüber hinaus Norwegen und die Schweiz einen Regulierungs- und einen Wettbewerbsindex entwickelt. Aktueller Rand dieser Indizes ist jeweils das Frühjahr 2002. Der WIK-Regulierungsindex bewertet den Regulierungsrahmen mit Blick auf den Markt für Endkunden. Der Index bezieht sich auf den 2G- und den 3G-Markt. Komponenten des Regulierungsindex sind der Marktzugang für Anbieter, der Netzzugang und das Vorliegen von Nummernportabilität (siehe Bild 10).

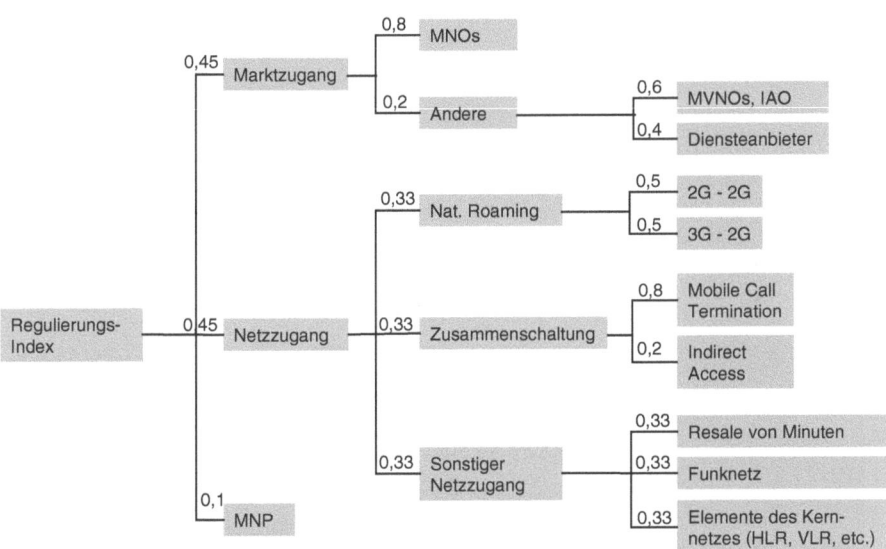

Bild 10: Komponenten und Gewichtungen im WIK-Regulierungsindex für den Mobilfunk

Die Ergebnisse des Vergleichs (siehe Bild 11) zeigen, dass Deutschland zusammen mit Österreich, Dänemark, Niederlande, Norwegen, Schweden und Großbritannien zur Spitzengruppe der Länder zählt, die nahezu alle regulatorischen Voraussetzungen zur Schaffung von funktionsfähigem Wettbewerb im Mobilfunkmarkt geschaffen haben. Nachteilig auf den deutschen Indexwert wirkt sich vor allem das Fehlen von Nummernportabilität aus.

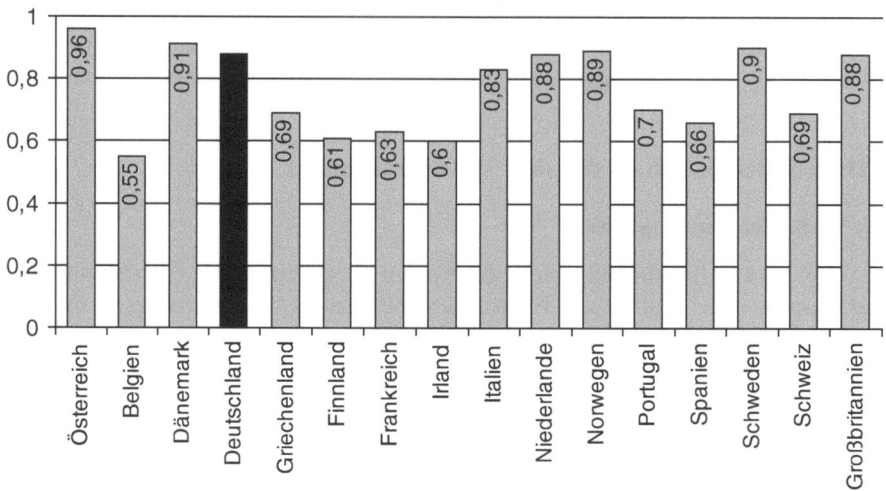

Bild 11: WIK-Regulierungsindex für den Mobilfunk

Der WIK-Wettbewerbsindex

Ebenso wie für die Festnetzmärkte soll der WIK-Wettbewerbsindex für die Mobilfunkmärkte eine Bild der auf den Märkten bestehenden Wettbewerbsintensität geben. Der Index setzt sich aus Marktstruktur und Marktergebniskomponenten zusammen (siehe Bild 12). Die Marktkonzentration wird über den Hirschman-Herfindahl-Index abgebildet. Die Penetrationsrate soll den Stand der Markterschließung erfassen. Die Preise werden über das Preisniveau des Marktführers abgebildet.

WIK-Wettbewerbsindex Mobilfunk	
Einflussgrößen	Gewicht
Marktkonzentration	0,33
Penetrationsrate	0,33
Preise	0,33

Bild 12: Einflussgrößen auf den WIK-Wettbewerbsindex im Mobilfunk

Wie Bild 13 zeigt, nimmt Deutschland einen mittleren Platz beim Wettbewerbsindex ein. Gerade kleinere Länder weisen eine höhere Wettbewerbsintensität auf. Auf das Ergebnis wirkt u.a. ein, dass der Markt in Deutschland konzentrierter ist als in einigen anderen Ländern. Die beiden Marktführer in Deutschland haben relativ hohe Marktanteile. Auch die Penetrationsrate mit Mobilfunk liegt in Deutschland eher im mittleren Bereich. Etwas zu Lasten der Positionierung Deutschlands und verzerrend wirkt sich aus, dass die betrachteten Preisindezes nicht die in Deutschland besonders ausgeprägte Subventionierung der Endgeräte berücksichtigen.

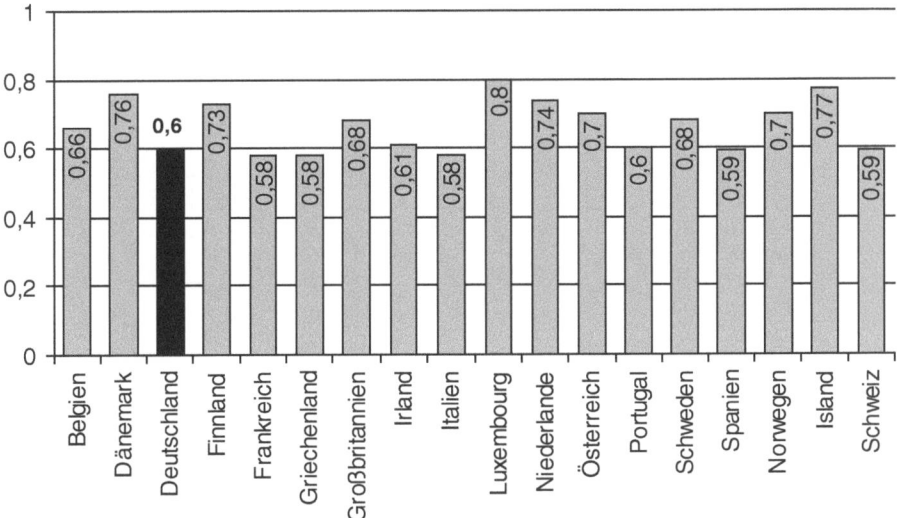

Bild 13: WIK-Wettbewerbsindex Mobilfunk

Gesamtbetrachtung

Auch der Vergleich im Mobilfunkmarkt zeigt, dass es im Einzelnen trotz relativ homogener Regulierungsbedingungen doch auch deutliche Unterschiede im Wettbewerb auf den Märkten gibt. Dass man jedoch auch Vorsicht walten lassen muss bei der Herstellung von Kausalitäten zwischen den betrachteten Parametern, sei an einem Beispiel des Regulierungsrahmens erläutert: In manchen Ländern werden die Terminierungsentgelte reguliert und in anderen nicht. A priori sollte man erwarten, dass die Terminierungsentgelte eher dort niedrig sind, wo sie reguliert sind. Wie Bild 14 zeigt, bestätigt sich dieses Bild nicht durchgängig. So sind etwa die Terminierungsentgelte in Deutschland besonders niedrig, obwohl sie nicht reguliert sind. Dagegen liegen sie in Frankreich, den Niederlanden und Großbritannien trotz Regulierung auf vergleichsweise hohem Niveau.

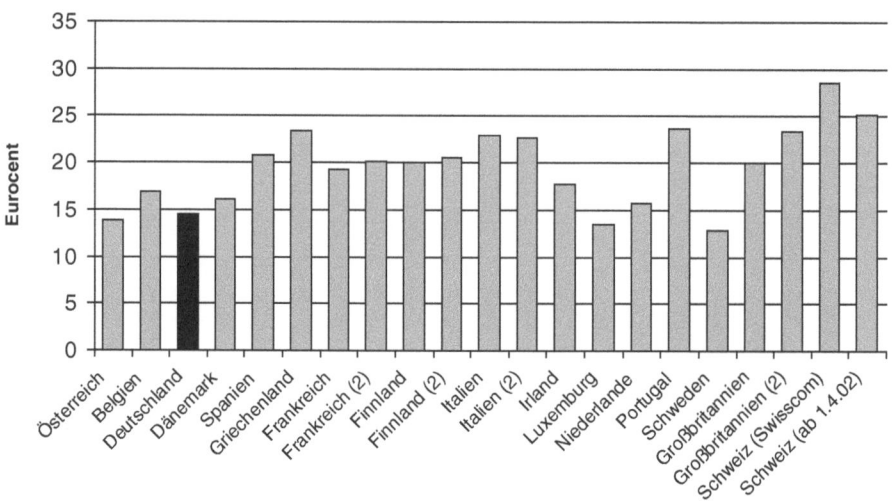

Bild 14: Terminierungsentgelte des führenden Mobilfunknetzbetreibers

Hier scheint sich auch wieder der Einflussfaktor „Strategisches Verhalten" der Incumbents zu zeigen. Potenzielle Regulierung mag einen größeren Einfluss auf die Ergebnisse haben als die tatsächliche Regulierung.

Schwerpunkte der TKG-Novellierung

Ortsnetzwettbewerb

Jeder internationale Vergleich bestätigt, dass die dominanten Festnetzbetreiber überall ihre Positionen im Bereich der lokalen Telekommunikationsdienste, insbesondere im Bereich der Teilnehmeranschlüsse sehr gut verteidigen können. Gute Wettbewerbsmöglichkeiten eröffnet bei Ortsgesprächen die Verbindungsnetzbetreiberauswahl, die es in Deutschland noch nicht gibt. In anderen europäischen Ländern waren Wettbewerber in der Lage, auf dieser Basis Marktanteile von 15–35% zum Teil in relativ kurzer Zeit zu erreichen.

Bemerkenswert sind die Unterschiede in Europa im Bereich des entbündelten Zugangs zur Teilnehmerausschließleitung. Obwohl diese Art des Zugangs nach einer europäischen Richtlinie inzwischen in nahezu allen Ländern eingeführt ist, hat sie bislang nur in Deutschland Marktrelevanz entwickelt. Während es in allen anderen EU-Ländern zusammen nur ca. 100–200.000 entbündelte Anschlussleitungen gibt, sind es allein in Deutschland inzwischen über 700.000 mit weiter deutlichem Zuwachs. Hier sind wir demnach mit weitem Abstand führend in Europa. Gemeinhin wird beklagt, dass dies nur einem Marktanteil von 3,5% entspricht. Dies ist aggregiert betrachtet auch richtig. Wesentlich bessere Einsichten liefert aber die disaggregierte Betrachtung. Inzwischen sind mehr als ein Drittel aller Hauptverteiler im Netz der DTAG durch alternative Carrier angeschlossen. Damit sind über 50% aller Kunden potentiell durch alternative Carrier erreichbar. Bezogen auf den von ihnen faktisch adressierbaren Markt haben alternative Carrier damit einen Marktanteil von ca. 7%.

Aufschlussreich ist auch die Verteilung der Marktanteile nach Anschlussarten. Während alternative Anbieter bei analogen Anschlüssen nur ca. 0,8% Marktanteil erreichen, sind dies bei ISDN-Anschlüssen über 4% und bei Primärmultiplexanschlüssen über 13%. Hier zeigt sich, je mehr eigene Wertschöpfung alternative Anbieter dem Vorleistungsprodukt der DTAG zufügen können, desto wettbewerbsfähiger sind sie. Noch aufschlussreicher sind die Marktanteile lokal verteilt. Während es in einer Vielzahl von Ortsnetzen keine Alternative zur DTAG gibt, haben einzelne Anbieter (meist City- oder Regionalcarrier) Marktanteile von 20% erreicht. Dies zeigt, dass auf der Basis des entbündelten Zugangs solide und stabile Geschäftsmodelle aufbaubar sind. Denn Wirtschaftlichkeitsrechnungen zeigen, dass je nach Struktur von Ortsnetzen Marktanteile von 15–25% erreicht werden müssen, um profitabel arbeiten zu können. Analysen, die zeigen, warum die Anbieter im Bereich lokaler Dienste so unterschiedlich erfolgreich sind, fehlen leider für den deutschen Markt.

Kabelnetze

Die deutsche Kabelindustrie steckt in einer tiefen Krise. Dies zeigte sich etwa daran, dass es der DTAG offensichtlich nach der ablehnenden Entscheidung durch das Bundeskartellamt sehr schwer fällt, neue Käufer für die bei ihr verbliebenen Kabelnetze zu finden. Weiterhin stagnieren die Aufrüstungsinvestitionen in das Kabel in Richtung Interaktivität völlig. Angesichts finanzieller Probleme und wegen Akzeptanzproblemen bei den Kunden liegen die Ausbaupläne der neuen Kabelbetreiber nahezu völlig auf Eis. Das große Potential der Kabelnetze als zweite lokale telekommunikative Infrastruktur entwickelt sich derzeit überhaupt nicht.

Dies ist um so bemerkenswerter und bedauerlicher, als die Kabelnetze auf Sicht die einzige lokale Festnetzalternative zum Netz der DTAG sind. In Großbritannien hat sich dieses Wettbewerbspotential der Kabelnetze eindrucksvoll erwiesen. Die Kabelbetreiber können dort zwar gut 50% der Haushalte an ihr Netz anschließen. Sie haben aber bereits deutlich mehr als 4 Mio. Telefoniekunden. Dies entspricht einem Markanteil von ca. 16%. Bezogen auf den von ihnen faktisch adressierbaren Markt ist dies sogar ein Marktanteil von mehr als 30%. Bemerkenswert ist zudem, dass die Kabelbetreiber deutlich mehr Telefoniekunden als Kabelfernsehkunden haben.

Es bleibt zu hoffen, dass es auch noch in Deutschland gelingen kann, das Potential der Kabelnetze zu entwickeln und zu heben. Dies ist zwar im Engeren keine Frage der TKG-Novellierung, aber eines der vordringlichsten Aufgaben der Telekommunikationspolitik.

Resale

Die Möglichkeit, die Endkundendienste eines Netzbetreibers wiederverkaufen zu können, ist notwendige Voraussetzung für Dienstewettbewerb. Die Diskussion über den Dienstewettbewerb wird in Deutschland meist sehr verzerrt geführt: Viele Betrachter und Marktakteure gehen von einer Dichtonomie von Dienstewettbewerb und infrastrukturbasiertem Wettbewerb aus. Insofern wird dann wirtschaftspolitisch suggeriert, man müsse sich für das eine oder das andere Leitbild des Wettbewerbs entscheiden. Wie ich an anderer Stelle[4] gezeigt habe, trifft dieses Bild nicht zu. Bei geeigneter Gestaltung regulatorischer Rahmenbedingungen stehen beide Formen des Wettbewerbs eher komplementär zueinander und ergänzen sich gut.

Gemessen an den Marktrealitäten hat der Dienstewettbewerb im Vergleich zum infrastrukturbasiertem Wettbewerb im deutschen Telekommunikationsmarkt (bislang) eine eher vernachlässigbare Marktbedeutung im Festnetz gewonnen. Der Marktanteil der Reseller beträgt nur 1,2% am gesamten Festnetzmarkt. Erst in jüngster Zeit interessieren sich auch Netzbetreiber im Rahmen ihrer Angebotsstrategie zur Vervollständigung ihrer Produktpalette im Anschlussbereich für Resale. Resale würde sie in die Lage versetzen, flächendeckend ein vollständiges Produktportfolio anzubieten.

Der Dienstewettbewerb erscheint regulatorisch noch zu wenig abgesichert. Das TKG enthält keinen expliziten Hinweis auf Resale. Dieses Thema sollte im Rahmen der Novellierung aufgenommen werden.

Welchen Stellenwert Resale im Wettbewerbsprozess einnehmen kann, zeigt sich in den USA, wo dieses regulatorische Prinzip eine jahrzehntelange Tradition hat.[5] Auch das OFTEL hat kürzlich für Großbritannien Resale zum neuen Leitprinzip des Wettbewerbs im Anschlussbereich erklärt.

Regulierungsverfahren

Das Resale-Beispiel kann auch als Fallstudie dafür dienen, dass unsere Regulierungsverfahren jedenfalls unter Einbezug ihrer verwaltungsgerichtlichen Überprüfung sehr langwierig sein können, jedenfalls länger dauern als angesichts der gegenwärtigen Markt- und Wettbewerbslage vertretbar wäre.[6] Bild 15 zeigt in abstrakter und stilisierter, aber nicht unrealistischer Form die Abläufe, die eine einzelne Zugangsfrage nehmen kann. Verfahrensverlängernd wirkt sich insbesondere aus, dass die Regulierungsbehörde auf Grund von verwaltungsgerichtlichen Vorgaben nicht mehr im Rahmen einer Regulierungsentscheidung einen Netzzugang anordnen und gleichzeitig über seine Preissetzung entscheiden kann. Nach den dargestellten Abläufen, wenn sie denn von interessierten Parteien so zum Ablauf gebracht werden, wofür es eine Reihe von Fällen gibt, stellt sich letztendlich Rechtsklarheit erst nach drei bis fünf Jahren ein. Die Effekte derartiger Rechtsunsicherheit

7 Telekommunikationsgesetz und Telekommunikationswettbewerb

für die Marktteilnehmer sind am ehesten mit denen einer Zeitbombe denn mit dem Prinzip der Rechtssicherheit beschreibbar. Die gegenwärtige Investitionsschwäche des Telekommunikationssektors hat auch mit diesen Zusammenhängen zu tun. Der Gesetzgeber wäre gut beraten, hier Abhilfe zu schaffen und für kürzere Verfahrensdauer zu sorgen. Dies gilt vor allem vor dem Hintergrund, dass sich die genannten Probleme durch das neue EU-Konsultationsverfahren der europäischen Regulierer untereinander und im Verhältnis zur EU-Kommission noch verschärfen können.

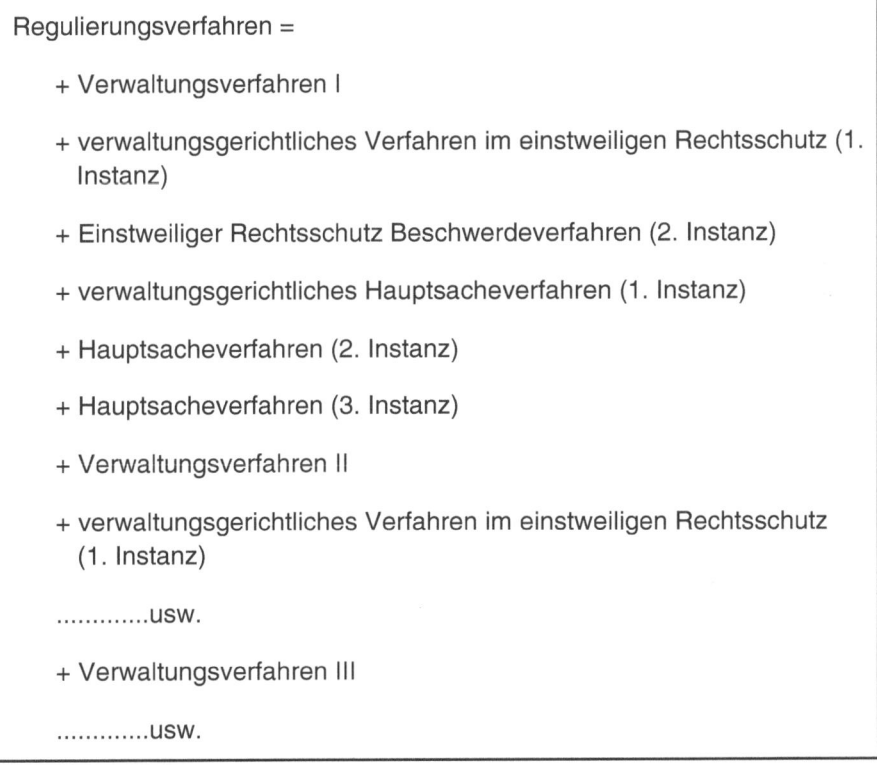

Bild 15: Regulierungsverfahren

Sicherlich kann die Lösung nicht in der Reduzierung des Rechtsschutzes gesucht werden. Jedoch sollten incentive-orientierte Regulierungsregeln entwickelt werden, die den Marktakteuren den Anreiz nehmen, sich strategische Vorteile aus langwierigen Regulierungsverfahren verschaffen zu können. Sicherlich darf in diesem Zusammenhang auch das Thema Deregulierung nicht Tabu sein. Lange Verfahrensdauern schaffen wegen der damit verbundenen Planungsunsicherheit schnell Situationen, in denen die volkswirtschaftlichen Kosten von Regulierung größer werden können als ihr Nutzen. Regulierung sollte sich daher auf die für den Wettbewerb wesentlichen Themen konzentrieren.

Literaturverzeichnis

Elixmann, Dieter, Ulrike Schimmel und Rolf Schwab (2001): Liberalisierung, Wettbewerb und Wachstum auf europäischen TK-Märkten, WIK Diskussionsbeitrag Nr. 227, Bad Honnef, Oktober

Kiesewetter, Wolfgang, Lorenz Nett und Ulrich Stumpf (2002): Regulierung und Wettbewerb auf europäischen Mobilfunkmärkten, WIK Diskussionsbeitrag Nr. 236, Bad Honnef, Juni

Neumann, Karl-Heinz: Resale im deutschen Festnetz, WIK Diskussionsbeitrag Nr. 235, Bad Honnef, Mai

Neumann, Karl-Heinz: Volkswirtschaftliche Bedeutung von Resale, WIK Diskussionsbeitrag Nr. 230, Bad Honnef, Januar

Vogelsang, Ingo: Theorie und Praxis des Resale-Prinzips in der amerikanischen Telekommunikationsregulierung, WIK Diskussionsbeitrag Nr. 231, Bad Honnef, Januar

Anmerkungen

1 Zur Methodik der Indizes im Einzelnen vgl. Elixmann, Schimmel, Schwab (2001).
2 Dieser Zusammenhang ist ausführlich in einer vom WIK kürzlich für das Bundesamt für Kommunikation in der Schweiz erstellten Studie abgeleitet worden. Die Studie ist abrufbar unter www.bakom.ch.
3 Vgl. hierzu im Einzelnen Kiesewetter, Nett, Stumpf (2002).
4 Neumann (2002).
5 Vogelsang (2002).
6 Für den Resale-Fall ist dies dargestellt: Neumann (2002).

8 Das Telekommunikationsgesetz und sein Novellierungsbedarf in der Debatte

8.1 Forum I:
Gegenstände und Instrumente der Regulierung nach dem Telekommunikationsgesetz: Gibt es Veränderungsbedarf?

Moderation:
Prof. Dr. Dres. h.c. Arnold Picot, Universität München

Teilnehmer:
Gerd Eickers, QSC AG
Prof. Jörn Kruse, Universität der Bundeswehr
Dr. Frank Schmidt, Deutsche Telekom AG
Prof. Dr. Ingo Vogelsang, Boston University

Prof. Picot:

Meine Damen und Herren, ich begrüße Sie zu Forum I. Das Forum I widmet sich den Gegenständen und den Instrumenten der Regulierung. Inwieweit weist das TKG in Bezug auf Gegenstand und Instrument der Regulierung Änderungsbedarf auf? Die heute schon mehrfach auch angesprochenen und ebenfalls sehr wichtigen Verfahrensfragen sind Gegenstand des folgenden Forum II.

Ich darf zu diesem Forum ganz herzlich – in alphabetischer Reihenfolge – die vier Teilnehmer begrüßen, die jeweils über eine ganz besondere Expertise in ihrem Bereich verfügen:

Herr Gerd Eickers ist Vorstand der QSC AG und auch Mitgründer dieses Unternehmens. Vorher war er beim VATM sowie u.a. als Geschäftsführer bei Thyssen Informationssysteme tätig. Er hat sich also seit vielen Jahren intensiv mit der Entwicklung der neuen Telekommunikationsmärkte und deren wettbewerbsorientierter Regulierung befasst und trägt heute große unternehmerische Verantwortung in seinem börsennotierten Unternehmen.

Herr Kollege Kruse ist Inhaber des Lehrstuhls für Wirtschaftspolitik an der Universität der Bundeswehr in Hamburg, war vorher Lehrstuhlinhaber in Hohenheim, früher auch Assistent bei Herrn Kanzenbach, ehemaliger Monopolkommissionsvorsitzender, weilte in den Vereinigten Staaten, und hat sich schon seit vielen Jahren mit der Telekommunikation befasst. Unter anderem trug er in Gremien Verantwortung, welche die Vergabe der Mobilfunklizenzen begleitet haben, aber auch auf EU-Ebene hatte er hier verschiedene Funktionen inne.

Herr Dr. Frank Schmidt ist Leiter des Bereichs Regulierungsstrategie bei der Deutschen Telekom AG in Bonn. Bevor er vor ca. 2 Jahren zur Telekom stieß, war er mehrere Jahre Mitarbeiter und Gruppenleiter beim WIK. Er hat an der Universität Dortmund Volkswirtschaftslehre studiert und auch dort promoviert.

Und schließlich – last but not least – begrüße ich Herrn Kollegen Ingo Vogelsang von der Boston University. Herr Vogelsang ist ein international sehr gefragter und angesehener Experte auf dem Gebiet der Telekommunikationsökonomie. Er begleitet diesen Bereich seit vielen Jahren wissenschaftlich, hat in Heidelberg und in Bonn gelehrt, ehe er in die Vereinigten Staaten ging, u.a. an das MIT. Seit etlichen Jahren hat er einen Lehrstuhl an der Boston University. Aus seinen vielen Arbeiten möchte ich nur zwei erwähnen, die kurz vor der Publikation stehen: sein Buch „Die Zukunft der Entgeltregulierung im deutschen Telekommunikationssektor" erscheint in zwei Wochen beim Beck Verlag; das „Handbook of Telecommunications Economics", das er zusammen mit zwei internationalen Kollegen herausgegeben hat, erscheint in diesem Sommer beim Verlag Elsevier.

Wir haben verabredet, dass jeder der Panelteilnehmer in fünf, maximal sieben Minuten, die wichtigsten drei bis vier Änderungs- oder Verbesserungsvorschläge für das TKG zur Diskussion stellt. Ich werde versuchen, diese Regulierung genau einzuhalten. Nach diesen vier Kurzpräsentationen werden wir in die Diskussion auf dem Panel und vor allen Dingen auch mit Ihnen, dem Auditorium, einsteigen. Wir gehen ganz neutral, wie ein Regulierer nun einmal ist, alphabetisch vor, und deswegen Herr Eickers bitte als erster.

Herr Eickers:

Als wir 1996 endlich so weit waren, dass wir das Telekommunikationsgesetz verabschiedet hatten, waren viele von Ihnen in diesem Saal – mir ging es damals genau so – sehr fest davon überzeugt: Wir haben ein sehr gutes Gesetz geschaffen. Wir haben eigentlich alle wesentlichen Voraussetzungen, um Wettbewerb in Deutschland zu schaffen. Wir haben Ex-post- und Ex-ante-Instrumente dort drin, und wir haben vor allem Unbundled Local Loop in dieses Gesetz hinein bekommen. Das hat uns doch alle sehr überzeugt. Es hat auch viele Investoren in das Land gebracht. Heute ist wirklich ein guter Zeitpunkt, um zu reflektieren: Was hat sich bewährt? Welche Instrumente hätte man vielleicht besser nutzen können? Wo muss man sehen, dass man bei einer Reform des TKG vielleicht auch das eine oder andere modifiziert?

Wir sehen heute, dass sich für den Endverbraucher manche Preise in der Telekommunikation deutlich reduziert haben. Wir haben aber auf der anderen Seite eine Situation, wo wir von wirklichem, langfristig angelegten Wettbewerb, der natürlich auch starke Wettbewerber bedingt, weit entfernt sind. Wir müssen uns dann fragen, woran das liegt.

8 Das Telekommunikationsgesetz und sein Novellierungsbedarf in der Debatte

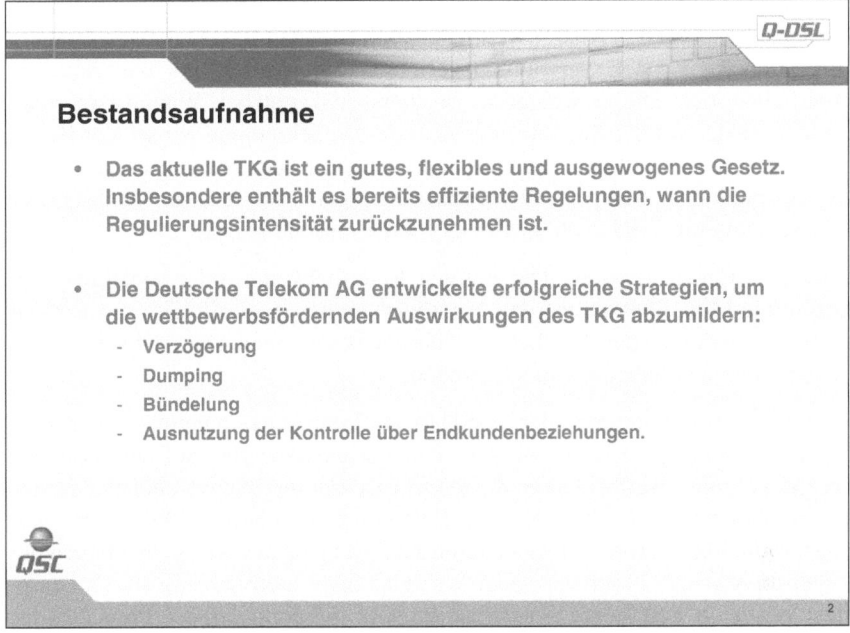

Bild 1

Aus meiner Sicht gibt es da im Wesentlichen in vier Strategien, welche die Telekom genutzt hat, um einfach das, was im Telekommunikationsgesetz vorgesehen war, zu verhindern: starke Wettbewerber entstehen zu lassen (Bild 1). Zum ersten eine Verzögerungstaktik, die darin besteht dass Anfragen zu Leistungen oder die Leistungen selbst nur sehr zögerlich beantwortet und realisiert werden, selbst wenn eindeutige Beschlüsse der RegTP vorliegen.. Zum Zweiten: Dumpingstrategien. Das Dritte: Bündelung von Produkten und das Vierte: Die Ausnutzung der einfach allumfassenden Verfügung über den Teilnehmeranschluss und damit der Kundenbeziehung zu fast allen Bürgern dieses Landes.

Ich möchte das kurz an einigen Beispielen belegen. Ich glaube auch, dass wir da sehr schnell Konsens finden werden. Das soll ja auch kein Vorwurf an die Telekom sein. Jeder andere Incumbent in jedem anderen Land hat sich genau so verhalten. Auch Microsoft nutzt Dumping und Bundling ganz klar als Strategie im amerikanischen Markt. Das ganze ist also keine Erfindung von Telekommunikationsunternehmen. Aber, wir wollen hier in Deutschland Wettbewerb schaffen. Also müssen wir auch etwas dagegen tun, dass jemand mit solchen Instrumenten und solchen Vorgehensweisen es tatsächlich schafft, Wettbewerb zu verhindern.

Beginnen wir mit dem Punkt Verzögerung. Wir fragen als Wettbewerber ein Angebot für eine Leistung bei der Telekom an. Es wird abgelehnt, ein Angebot zu erstellen. Wir kommen gar nicht zur Vertragsverhandlung. Darauf folgt nach entsprechenden Vorermittlungen ein Beschlusskammerverfahren. Das Beschlusskammerverfahren bestätigt den Anspruch. Im Anschluss an den Beschluss werden mehrere Eilverfahren vor den Verwaltungsgerichten durchlaufen, bis wir dann ein Angebot bekommen. Dieses wiederum ist zuerst inakzeptabel. Wir müssen möglicherweise wieder vor die Regulierungsbehörde. Da bekommen wir wieder Recht. Dann sind gerade so weit, dass wir endlich einen mehr oder weniger unterschriftsfähigen Vertrag haben. Mehr als ein Jahr ist vergangen. Jetzt müssen wir das ganze noch implementieren. Und auch da gibt es wieder tausend Dinge.

Es werden Auflagen gemacht. Die nötigen Räumlichkeiten oder sonstigen Vorleistungen wie Mietleitungen werden nur zögerlich bereitgestellt. Wir müssen uns auch darüber wieder bei der Regulierungsbehörde beschweren. Das ist die Situation, wo wie wir sie erlebt haben und noch erleben.

Nun zu Punkt zwei: Dumping oder, wie Herr Dr. Lennertz es nannte, strategisches Pricing. Das ist eine ganz wesentliche Gefahr für Wettbewerber auf der Basis von eigener Infrastruktur. Wettbewerber, die in Infrastruktur investieren, sind hier extrem angreifbar. Nehmen wir als typisches Beispiel Line-Sharing, DSL. Das Vorleistungsprodukt kostet € 4,77. Die absolute Zahl ist nicht so wichtig. Wir haben uns nicht über diese € 4,77 beschwert, auch wenn sie nicht mehr günstig sind im europäischen Vergleich. Seit dieser Woche hat die ART in Frankreich den Preis für Line Sharing auf unter 3 Euro festgelegt, um den Wettbewerb zu stimulieren. Was uns das Leben schwer macht, sind die € 8,61 (netto), welche die Telekom für das Endprodukt DSL nimmt. Wir zahlen € 4,77 gewissermaßen für eine blanke Kupferleitung und ein fertiges Endkundenprodukt ist im Markt für € 8,61. Von dieser Differenz, Herr Kurth sprach von ca. 4 € – müssen wir die Installationsgebühren der Telekom bezahlen, dann sind schon einmal die 4 € der ersten zwei Jahre weg. Dann müssen wir eine Rückstellung bilden, denn sollte der Kunde bei uns kündigen und wieder zur Telekom gehen, müssen wir der Telekom wieder Geld geben. Damit ist das dritte Jahr weg. Dann müssen wir unsere eigene Installation, die Datenübertragungswege, den Kundenservice bezahlen. Wir müssen die eigene Rechnungslegung bezahlen. Wir müssen von diesen 4 € auch noch monatlich eine Rechnung rausschicken. Wir müssen die Aufwände für Marketing und Vertrieb bezahlen. Und – für uns ganz wichtig – wir würden natürlich als neues Unternehmen gerne mit Resellern in den Markt gehen. Dem Reseller muss ich natürlich auch eine Marge lassen. Der muss auch noch etwas daran verdienen können. Da sehen Sie, dass es mit unseren ca. 4 € extrem eng wird. Wir haben das durchgerechnet. Wir kommen auf Break-even auf EBITDA-Basis ungefähr nach zehn Jahren. EBITDA ist eine Kennzahl, welche nicht die Abschreibungen auf Investitionen beinhaltet. Dies bedeutet keinen Pay back für den, der wirklich investiert. Da liegt das Problem. Wenn wir Preis Dumping beim Endkundenprodukt erlauben, dann führt das unzweifelhaft zur Verhinderung von Infrastrukturwettbewerb.

Punkt drei: Bündelung. Herr Stöber hat es schon wunderbar erklärt, wie die Bündelung am Beispiel von XXL funktioniert. Es gibt auch das Produkt ISDN XXL DSL. Da ist das noch wesentlich schöner darzustellen. Ohne dass wir die Möglichkeit haben, das andere Produkt mitzuverkaufen, haben wir als DSL-Anbieter natürlich auch keine Chance. Da sagt man uns: Gut, dann verkauft doch auch Sprache. Das werden wir auch demnächst tun. Diese zusätzliche Markteintrittshürde muss ich jedoch erst einmal nehmen – sowohl von der technischen wie von der vertrieblichen Seite. Als nächstes wird aber im Bündel Mobilfunk drin sein. Sollen wir dann auch noch ein Mobilfunknetz aufbauen? So kann es nicht funktionieren.

Vierter und letzter Punkt: Ausnutzung des de-facto Monopols beim Teilnehmeranschluss. Diese Tatsache wird vor allem bedeutsam bei Fragen von Inkasso und Fakturierung. Wenn ich jedem in Deutschland sowieso eine Rechnung schreibe und jeden „persönlich" kenne, bin ich natürlich extrem attraktiv für Anbieter, die Dienstleistungen haben, die ich abrechnungstechnisch mit meinem Produkt bündeln könnte. „Content" ist das grosse Thema. Wenn wir als QSC zu einem Contentprovider gehen mit unseren paar 10.000 oder 100.000 Anschlüssen, dann sagt der uns: „Das kann nur funktionieren, wenn der Content, den ich bei euch hoste, auch für die TDSL-Kunden erreichbar ist." In dem Fall muss die QSC erklären können, wie sie das abrechnen will. Und hier beginnt exakt das Verkaufsargument der Telekom gegenüber dem Contentprovider. Bei der Telekom bekommst er es bequem und sicher über die Telefonrechnung abgerechnet. Wie soll die QSC einen Contentanbieter finden, um unsere Leistungen zu attraktiven Paketen zu bündeln?

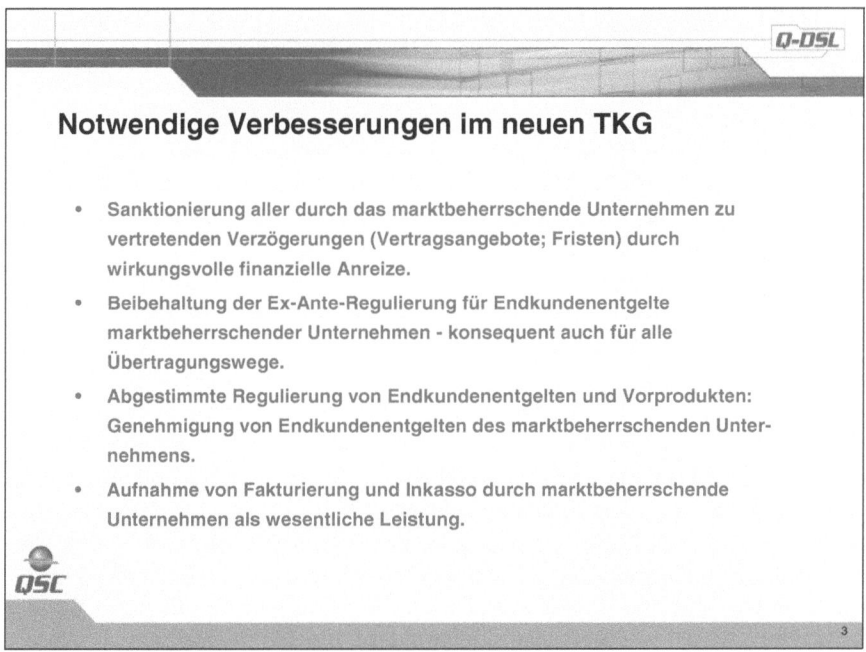

Bild 2

Was kann man nun tun? Gute Lösungen zu finden ist recht einfach (Bild 2).

Fangen wir mit dem ersten Thema „Verzögerung" an:

Die Wettbewerber brauchen sowohl Verfahrensbeschleunigungen bei der RegTP und den Gerichten als auch Sanktionen bei Verzögerungen oder vertragsbrüchigem Verhalten. Sanktionen sind üblich in jedem normalen Geschäftsvertrag, auch zwischen Wettbewerbern der Telekom. Mit der Telekom gibt es sie nicht. Sanktionen nützen jedoch nur, wenn sie stark und spürbar sind.

Dumping:

Was kann man da tun – neben der eigentlich selbstverständlichen Überprüfung von Tarifen durch die RegTP? Ich höre immer wieder, dass Resale eine umfassende Lösung sei. Das ist es leider gerade nicht. Wenn die Telekom eine Dumpingstrategie verfolgt und dies auch den Resellern zur Verfügung stellt, werden Anbieter mit eigener Infrastruktur unmöglich Reseller als Partner finden, die alternative Produkte in den Markt bringen. Den alternativen Infrastrukturen brechen somit noch verstärkt die Kunden weg. Dann wird es auf Dauer – da bin ich mit Herrn Hefekäuser völlig einer Meinung – einen Markt geben mit einer Infrastruktur und einem Infrastrukturbetreiber und mehreren Resellern. Dieser Markt muss nur dauernd entgeltreguliert werden, um den Resellern eine Überlebenschance zu geben. Andere Anbieter, auf die ein Reseller ausweichen könnte, sind ja nicht mehr da. Von den schädlichen Auswirkungen eines Infrastrukturmonopols auf die Innovationsfähigkeit der Produkte möchte ich hier gar nicht reden. Resale ist also nicht die Antwort. Die besten Aussichten, ein positives Marktergebnis zu gewährleisten, hat nur eine konsequente und durchsetzungsstarke Ex-ante Überprüfung der Endkundenentgelte – nicht nur im Sprachtelefondienst – auf Kostenunterschreitung. Es bedeutet keine Internetregulierung oder ähnliches, nur ein Schutz der Inhalte im Internet vor einer unzulässigen und gefährlichen Marktmachtübertragung aus dem Teilnehmeranschluss. Aus unserer Sicht gehört zwingend dazu eine Ex-Ante-Regulierung für die Entgelte aller Angebote von Übertragungswegen durch die Telekom, und dazu gehört auch DSL. Das ist schließlich nichts anderes als eine Verbindung mit einer spezifizierten Bandbreite auf einer Kupferleitung.

Bündelung:

Da ist Resale in der Tat Teil der richtigen Lösung. Wir brauchen Resale dafür, und ich kann daher das, was Herr Neumann zu diesem Thema gesagt hat, nur unterstreichen. Die Resaleverpflichtung hat einen ganz enormen Anteil daran, zu verhindern, dass Produktbündel zusammen gepackt werden, ohne dass der Wettbewerber die Möglichkeit hat, ähnliche Bündel zu schnüren. Wir brauchen Resale daher für alle wesentlichen Angebote eines marktdominierenden Wettbewerbers. Zugleich müssen alle Bestandteile des Produktbündels auch auf anderen Wertschöpfungsstufen zwingend angeboten werden. Geschieht dies nicht, kann der infrastrukturbasierte Wettbewerb weiterhin mit einer Produktbündelung behindert werden.

8 Das Telekommunikationsgesetz und sein Novellierungsbedarf in der Debatte   105

Bestes Beispiel hierfür ist XXL, die Gespräche und Internetzugänge sonntags und an Feiertagen zur Flatrate.

Fakturierung und Inkasso:

Wenn ich erreichen will, dass auch andere Unternehmen in der Lage sein sollen, in eine Netzgröße hinein zu wachsen, die für Contentanbieter interessant ist, dann muss ich folgendes sicherstellen: Die Contentangebote in Netzen der Wettbewerber müssen auch von Nutzern anderer Netze abgerufen und ihnen in Rechnung gestellt werden können., Nun sind dies heute zu 97 % Anschlussinhaber bei der Deutschen Telekom. Wir alle müssen daher einen Weg finden, wie der Content, den ein Wettbewerber auf seinem Netz hostet, abgerechnet werden kann, auch wenn er über den (DSL-)Anschluss eines anderen – möglicherweise marktbeherrschenden – Anbieters abgerufen wird.

Prof. Picot:

Vielen Dank, Herr Eickers. Herr Prof. Kruse wird uns nun seine Vorstellungen bekannt machen.

Prof. Kruse:

Da rechtliche Fragen nicht mein Metier sind, werde ich mich als Ökonom zum „neuen TKG" auf grundsätzliche Statements beschränken. Ich bin gar nicht sicher, ob wir überhaupt ein neues TKG brauchen. Das Problem scheint mir eher die sachgerechte Anwendung zu sein.

Ich habe meine Aussagen in fünf Punkten zusammengefaßt. Da ich hier nur sieben Minuten habe, ist klar, dass ich keine Argumentationen entwickeln kann. Sie haben aber die Gelegenheit, differenziertere Ausführungen in jüngeren Aufsätzen über meine Webseite http://www.unibw-hamburg.de/WWEB/vwl/kruse/forschung/telekom.html abzurufen.

Erster Punkt: Ziele und Prozesse der Liberalisierung. Ich glaube, es ist wichtig, noch einmal zu betonen, warum wir das Ganze eigentlich machen, nämlich für die volkswirtschaftliche Effizienz. Das ist die generelle Zielsetzung. Dafür ist die Entwicklung von einem staatlichen, regulierten Monopol zu normalen wettbewerblichen Marktstrukturen und unternehmerischen Verhaltensweisen grundsätzlich der geeignete Weg.

Wenn man von einem solchen Monopol zu funktionierendem Wettbewerb gelangen will, gibt es typischerweise die Situation, dass man vorübergehend eine Erhöhung der Regulierungsaktivität benötigt. Danach besteht dann im Wesentlichen das Problem, wie man die Regulierung im Zeitablauf wieder reduzieren kann. Die durchgezogene Linie in Bild 1 beinhaltet eine normative Aussage.

In Phase 1 erfolgt etwas, was sonst nicht üblich ist, nämlich, dass das Schönste gleich am Anfang kommt. In der ersten Phase sind mit Ausnahme des Incumbents, der sein Monopol verliert, alle glücklich. Die Wettbewerber machen Umsatz und gewinnen Marktanteile. Die Kunden freuen sich über drastisch sinkende Preise. Die RegTP freut sich, dass es viel zu regulieren gibt. Außerdem wird sie ständig gelobt für die positive Marktentwicklung. Mit anderen Worten: RegTP-Präsident zu sein ist ein Traumjob in dieser ersten Phase der Liberalisierung.

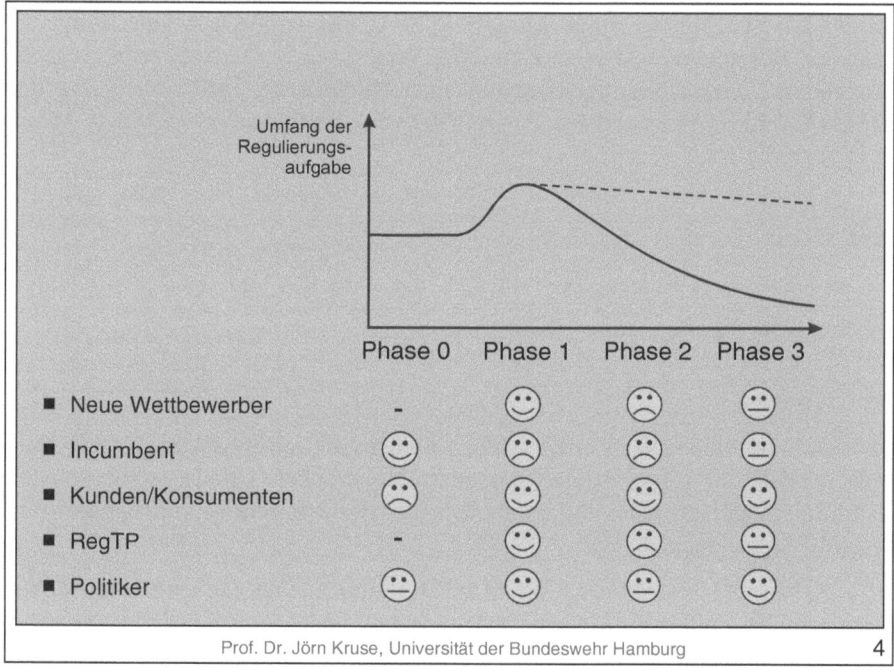

Bild 1

In Phase 2 wird alles sehr viel schwieriger. Der Wettbewerb intensiviert sich, insbesondere für solche Unternehmen, die mit minimalen eigenen Investitionen, d.h. auf der Basis der Infrastruktur anderer, die Dienstepreise nach unten drücken und es nicht schaffen, eine eigene Kundenbasis und/oder eine eigene Marke zu etablieren. Es kommt dann für diese und vielleicht auch noch für ein paar andere zu Pleiten und insgesamt zur Konsolidierung auf dem Markt.

Letzteres ist volkswirtschaftlich ausdrücklich positiv zu werten. Dies ist nämlich in einem solchen Markt die notwendige Voraussetzung dafür, dass es zu nachhaltigem Wettbewerb kommen kann, in dem Margen erwirtschaftet werden können, die die Deckungsbeiträge für die hohen Fixkosten liefern. Wenn dann auch noch Venture-

Capital-Marktprobleme auftreten, wie das zur Zeit der Fall ist, verschärft sich das Problem natürlich. Das erklärt sicherlich einen großen Teil der recht harschen Kritik, die von Wettbewerbern an der Regulierungsbehörde und anderen geäußert wird. Aber es ist eigentlich eine Folge der spezifischen Marktphase und der niedrigen Markteintrittsbarrieren. Die Kunden freuen sich in dieser Phase weiterhin über niedrige Preise, was auch nicht vergessen werden sollte.

Die RegTP müßte jetzt eigentlich die Regulierung abbauen, d.h. auf Kompetenzen verzichten, was nie viel Spaß macht. Viele Entscheidungen sind in dieser Phase zu treffen, die objektiv schwierig sind. Es ist in der Tat so, dass Entscheidungen mit einem hohen prognostischen Gehalt erforderlich sind, die viel Fingerspitzengefühl verlangen. Natürlich können in dieser Phase auch besonders viele Fehler gemacht werden, insbesondere im Vergleich zur ersten Phase. Mit anderen Worten: In dieser Phase macht es vermutlich nicht immer so viel Spaß, RegTP-Präsident zu sein. Der Job ist jetzt viel anspruchsvoller.

Allerdings habe ich auch sehr stark den Eindruck, dass die RegTP nicht den Regulierungsabbau betreibt, wie das die durchgezogene Linie in Bild 1 normativ vorschreibt, sondern sich mehr auf der gestrichelten Linie bewegt, also sehr zögerlich vorgeht. Es wäre im Augenblick ein schrittweiser Regulierungsabbau erforderlich, und da ist politischer Gestaltungswille gefragt. Ich glaube nicht, dass man von der RegTP wirklich erwarten kann, dass sie ihre eigenen Kompetenzen abschafft. Hier geht es in der Tat darum, dass der politische Wille einsetzen muss, um das zu realisieren.

Zweiter Punkt: Jede Ordnungspolitik setzt zunächst eine sorgfältige ökonomische Analyse voraus. Das ist in der Telekommunikation besonders schwierig, weil es sich um einen besonders komplexen, integrierten Sektor handelt, der zunächst einmal eine sorgfältige vertikale Analyse erfordert.

Die einzelnen Felder sind ordnungstheoretisch sehr unterschiedlich zu beurteilen. Einzelne bestehen aus vielen relevanten Märkten. Ich habe dies in der Bild 2 skizziert, wobei man sich im Klaren sein muss, dass dies eine grobe Struktur ist. Innerhalb der verschiedenen Teilbereiche ist weiter zu differenzieren, bevor man zu adäquaten Ergebnissen kommen kann.

Auf der Basis solcher ökonomischer Analysen wäre es nun angeraten und erforderlich, dass die RegTP mittelfristig wirkende Guidelines entwickelt, die eine Planungssicherheit geben. Dies würde die Gerichtsverfahren, die eigentlich immer ineffizient sind, zum Teil vermeiden. Diese Aufgabe bedarf allerdings auch einer ökonomischen Aufrüstung der Regulierungsbehörde. Das heißt, die ökonomische Kompetenz der RegTP müßte gestärkt werden.

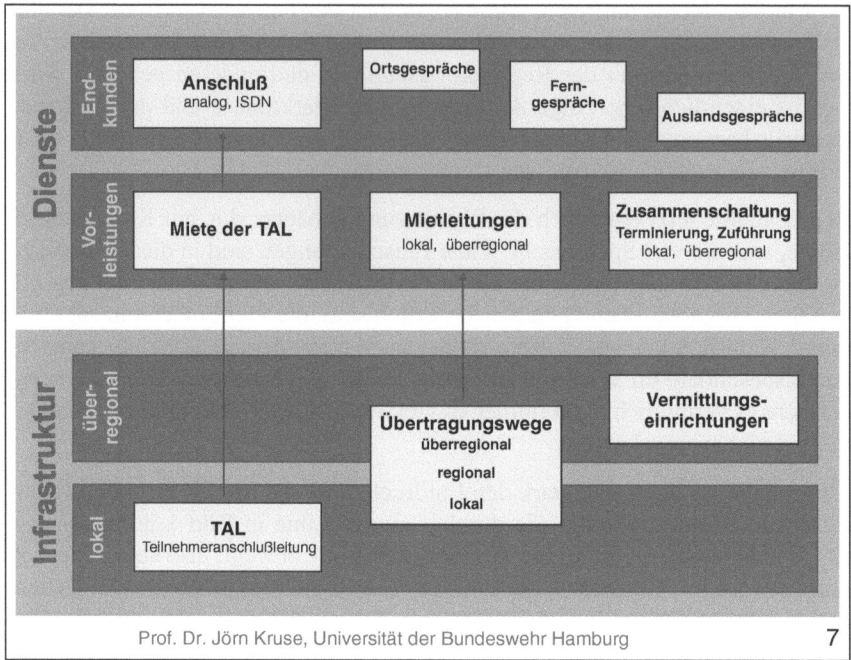

Bild 2

Dritter Punkt: Dienste und Infrastrukturen. Es ist relativ leicht, bei den Diensten Wettbewerb herbeizuführen. Bei Infrastrukturen dauert es länger. Wir haben uns in der Anfangsphase der Liberalisierung auf den Dienstewettbewerb konzentriert. Das erforderte vor allen Dingen niedrige Vorleistungspreise. Wir sind jetzt in einer Phase, wo wir uns eigentlich auf den Weg begeben sollten, Infrastrukturwettbewerb anzuregen und zu intensivieren. Dabei sind niedrige Vorleistungspreise kontraproduktiv, insbesondere dann, wenn die Investierenden damit rechnen müssen, dass die Investitionen später entwertet werden durch das, was ich regulatorischen Opportunismus nennen würde.

Vierter Punkt: Investitionen und Reselling. Das ist im Wesentlichen das, was ich eben schon ausgedrückt habe. Ich will zwei Punkte kurz erwähnen. Mobile Carrier Selection (Verbindungsnetzbetreiberauswahl im Mobilfunk) halte ich für vollständig kontraproduktiv. Dadurch würden die getätigten Investitionen entwertet und die Anreize für zukünftige Investitionen reduziert. Ein solcher Dienstewettbewerb wäre hier volkswirtschaftlich nicht effizient.

Ich persönlich halte auch das Retail-Minus-Modell für keine gute Sache, von wenigen Ausnahmen abgesehen, weil es nämlich erstens eigene Investitionsanreize reduziert und zweitens die Frage, ob es wirklich Retail-Minus-Anbieter geben wird, mehr von deren Lobbyismus und von den Entscheidungen der Politiker und der Regulierungsbehörde abhängt als von der ökonomischen Effizienz.

Letzter Punkt: Wir müssen bei der Regulierung in der Telekommunikation bedenken, dass es nicht nur um diesen Markt geht. Wir diskutieren im Augenblick über die Branche etwas zu eng fokussiert. Wir müssen bedenken, dass gerade die Telekommunikation zahlreiche, darüber hinausgehende Effekte hat. Ich will einmal das Beispiel DSL nennen. Wir sind uns alle darüber einig, dass Breitband-Internetzugang eine ausgesprochen wichtige Angelegenheit für Unternehmen, Kunden, Diensteentwicklungen etc. ist. Auf dem Wege zur Multimedia–, Unterhaltungs- und Informations-Gesellschaft ist jede hohe DSL-Penetration besser als eine geringere.

Wenn man jetzt ganz konkret beklagt, dass die DSL-Preise zu niedrig sind und die Telekom einen zu hohen Marktanteil hat, ist das sehr engräumig, ich würde sagen zu kleinkariert, gedacht. Man muss berücksichtigen, dass zukünftig erst dadurch entsprechende Dienste-und Inhaltemärkte geschaffen werden, die ohne hohe DSL-Verbreitung nicht hätten entstehen können. Dass die am Anfang vielleicht relativ hohen Marktanteile der Telekom später zu Marktbeherrschung oder gar Ineffizienz führen, wäre noch nachzuweisen. Etliche Argumente sind dabei reichlich simpel.

Prof. Picot:

Vielen Dank, Herr Kruse. Wir gehen über zu Herrn Dr. Schmidt von der Deutschen Telekom.

Dr. Schmidt:

Regulierung ist in der Marktwirtschaft die immer wieder aufs Neue zu begründende Ausnahme. Nicht derjenige ist zur Rechtfertigung verpflichtet, der die Rückführung von Regulierung fordert, sondern derjenige, der die Fortführung von Regulierung verlangt. Er hat immer wieder aufs Neue zu beweisen, warum Regulierung im Telekommunikationsmarkt noch notwendig ist. Ich möchte diese an sich selbstverständliche These noch einmal vorausschicken, weil es häufig so scheint, dass man sich an Regulierung im Telekommunikationsmarkt als etwas völlig Selbstverständliches gewöhnt hat: Regulierung ist institutionalisiert und das soll sie auch bleiben (Bild 1).

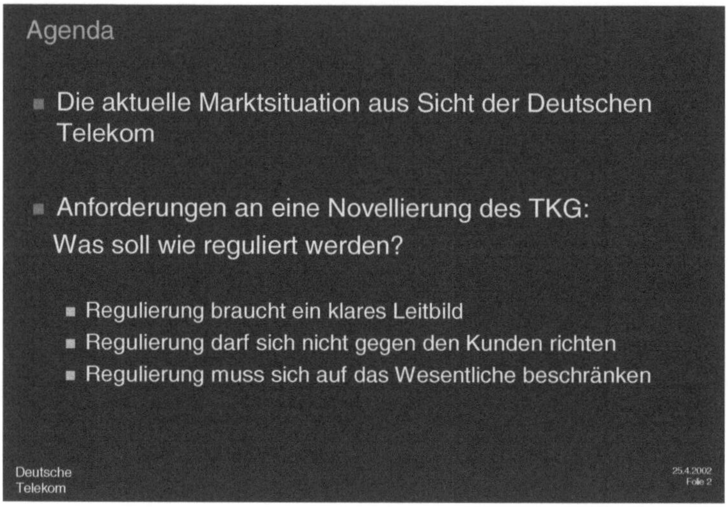
Agenda
Die aktuelle Marktsituation aus Sicht der Deutschen Telekom
Anforderungen an eine Novellierung des TKG:
Was soll wie reguliert werden?
Regulierung braucht ein klares Leitbild
Regulierung darf sich nicht gegen den Kunden richten
Regulierung muss sich auf das Wesentliche beschränken
Deutsche Telekom
25.4.2002
Folie 2

Bild 1

Diskutiert wird allenfalls über das Wie, während die Frage des Ob eigentlich in den Diskussionen sehr stark in den Hintergrund tritt. Die notwendige Frage, was in Zukunft noch reguliert werden sollte, werde ich versuchen – nach einem kurzen Blick auf die Marktsituation – anhand von drei Thesen zu diskutieren:

These 1: Regulierung braucht ein klares Leitbild.
These 2: Regulierung darf sich nicht gegen den Kunden richten.
These 3: Regulierung sollte sich auf das Wesentliche beschränken.

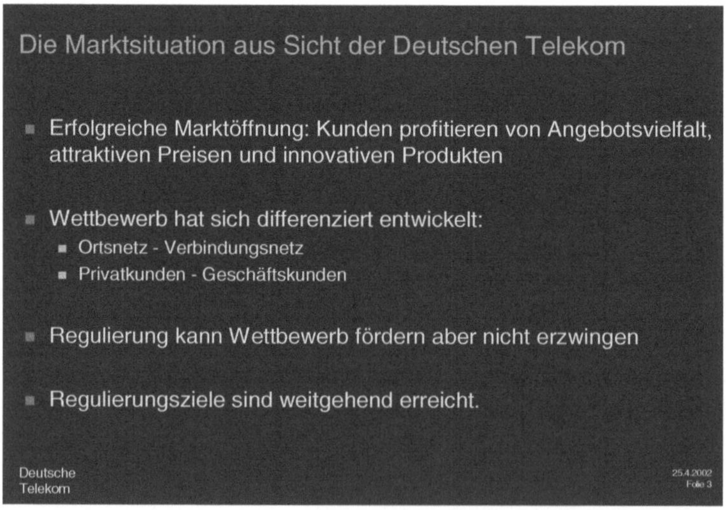
Die Marktsituation aus Sicht der Deutschen Telekom
Erfolgreiche Marktöffnung: Kunden profitieren von Angebotsvielfalt, attraktiven Preisen und innovativen Produkten
Wettbewerb hat sich differenziert entwickelt:
Ortsnetz - Verbindungsnetz
Privatkunden - Geschäftskunden
Regulierung kann Wettbewerb fördern aber nicht erzwingen
Regulierungsziele sind weitgehend erreicht.
Deutsche Telekom
25.4.2002
Folie 3

Bild 2

8 Das Telekommunikationsgesetz und sein Novellierungsbedarf in der Debatte 111

Wenn man auf die Marktsituation schaut, muss man die Analyse dessen, was im Telekommunikationsmarkt eigentlich passiert ist, nicht im Detail wiederholen (Bild 2). Es ist nicht zu leugnen, dass die Marktöffnung erfolgreich war, so dass die Kunden heute in der Tat ein sehr vielfältiges Angebot an Leistungen vorfinden. Die Preise sind attraktiv, und es gibt eine Reihe von Innovationen. Richtig ist aber auch – darauf ist mehrfach hingewiesen worden – dass der Wettbewerb sich außerordentlich differenziert entwickelt hat. Insoweit sind große Unterschiede zwischen der Wettbewerbsentwicklung im Ortsnetz und jener im Verbindungsnetz festzustellen. Investitionen im Ortsnetz brauchen mehr Zeit und basieren daher auf langfristigen Businessplänen. Im Verbindungsnetz konnte der Wettbewerb sich wesentlich schneller entwickeln, da die Investitionen, die getätigt werden mussten, wesentlich niedriger waren. Der Wettbewerb hat von niedrigen Vorleistungspreisen erheblich profitiert.

Das Gleiche gilt für die Bereiche Privatkunden – Geschäftskunden. Geschäftskunden haben heute natürlich in größerem Umfang Wahlmöglichkeiten als Privatkunden. Angesichts der aufgezeigten Entwicklung des Telekommunikationsmarktes seit der Liberalisierung muss man sich jedoch auch darüber im Klaren sein, dass Regulierung den Wettbewerb zwar fördern kann, dass Regulierung aber nicht geeignet ist, Wettbewerb zu erzwingen. Deshalb wird es auf der Landkarte des Telekommunikationsmarktes in Deutschland vermutlich auch in Zukunft weiße Flecken geben; Flecken, auf denen die Telekom zumindest im Festnetz der einzige Anbieter bleibt. Verfehlt wäre es aber, solche Gebiete als Anzeichen dafür zu werten, dass sich der Wettbewerb insgesamt nicht hinreichend entwickelt habe. Das Gegenteil ist der Fall. Da es immer Gebiete geben wird, die schlichtweg nicht lukrativ sind, wird auch die Regulierung dort keinen „Wettbewerb" erzwingen können.

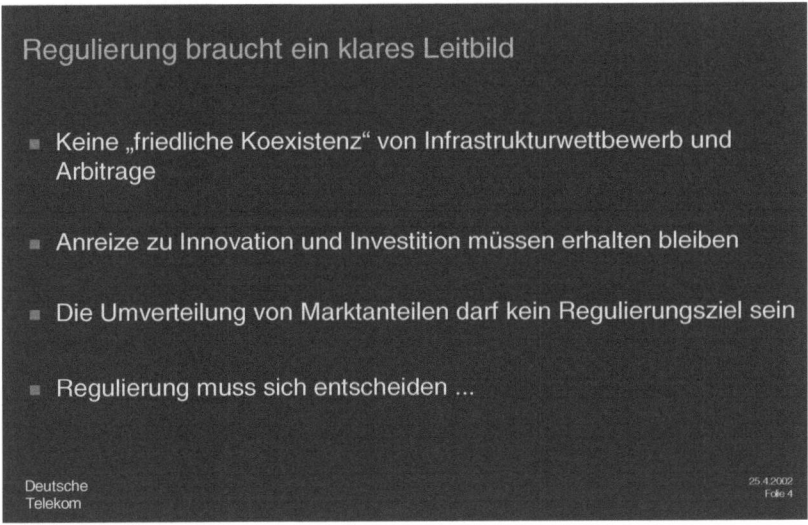

Bild 3

Zunächst einige Worte zur Leitbilddiskussion (Bild 3): Ich vertrete nicht – wie einige meiner Vorredner – die These, dass es eine Harmonie zwischen Infrastrukturwettbewerb auf der einen Seite und Dienstewettbewerb – oder vielleicht auch etwas schärfer formuliert – Arbitragewettbewerb auf der anderen Seite gibt. Man muss sich bewusst sein, dass im Telekommunikationsmarkt viele verschiedene komplexe Geschäftsmodelle miteinander konkurrieren. Trotzdem fokussiert die Diskussion über die Wettbewerbsentwicklung häufig auf die eine Frage: Was muss die Deutsche Telekom noch liefern? Eine verbreitete These ist auch heute noch: was der Telekom schadet, ist gut für den Wettbewerb.

Was bei einem solchen Ansatz zwangsläufig zu wenig beachtet wird, ist die Interaktion zwischen den verschiedenen Geschäftsmodellen am Markt. Um ein Resale-Modell im Markt platzieren zu können, das nicht mit dem Wettbewerb der Netzbetreiber konfligiert, braucht die Regulierungsbehörde außerordentlich komplexe Informationen. Es ist ein Mythos, dass man dies allein mit einer kostenorientierten Regulierung erreichen könne. Heute morgen ist bereits vorgeschlagen worden, dass man im Resale-Bereich doch mit einem sehr einfachen Retail-Minus-Konzept operieren könne. In Anbetracht der Entwicklung von Regulierung in Deutschland kommt diese Forderung einem Offenbarungseid gleich.

Ausgangspunkt des Regulierungskonzepts war vor drei Jahren das Konzept der kostenbasierten Regulierung. Dies hat zu zwei Phänomenen geführt: die Miete für die Teilnehmeranschlussleitung lag zwar in der Tat über dem damaligen Endkundenpreis, jedoch bewegten sich die Zusammenschaltungsentgelte zum Teil dramatisch unter den damaligen Endkundenentgelten der Deutschen Telekom. Hätte man seinerzeit auf einen Retail-Minus-Ansatz gesetzt, hätte dies zwangsläufig zu einer ganz anderen Wettbewerbsentwicklung geführt. Insbesondere wäre der Margenverfall und die Preissenkungen im Verbindungsbereich nicht in dem nun festzustellenden Umfang möglich gewesen.

Nachdem nun im Verbindungsbereich das Geld aufgezehrt ist und die Margen klein geworden sind, sieht man sich nun nur noch mit den Problemen Endkundenpreis und Teilnehmeranschluss konfrontiert. Um auch dort noch scheinbaren Wettbewerb herbei zu führen, besinnt man sich auf das Retail-Minus-Prinzip zurück. Seine Anwendung würde jedoch letztlich zu einer reinen Umverteilung von Marktanteilen führen, die jeden Anreiz zu Innovation und Investition vernichtet. Meine Hypothese lautet daher: Wenn Resale im Deutschen Markt nicht außerordentlich restriktiv eingesetzt, sondern zu einem Geschäftsmodell wird, wird der Infrastrukturwettbewerb sehr schweren Schaden nehmen. Am Ende wird sich die Regulierung der Entscheidung stellen müssen, welches Leitbild, welches Paradigma sie verfolgen will.

8 Das Telekommunikationsgesetz und sein Novellierungsbedarf in der Debatte 113

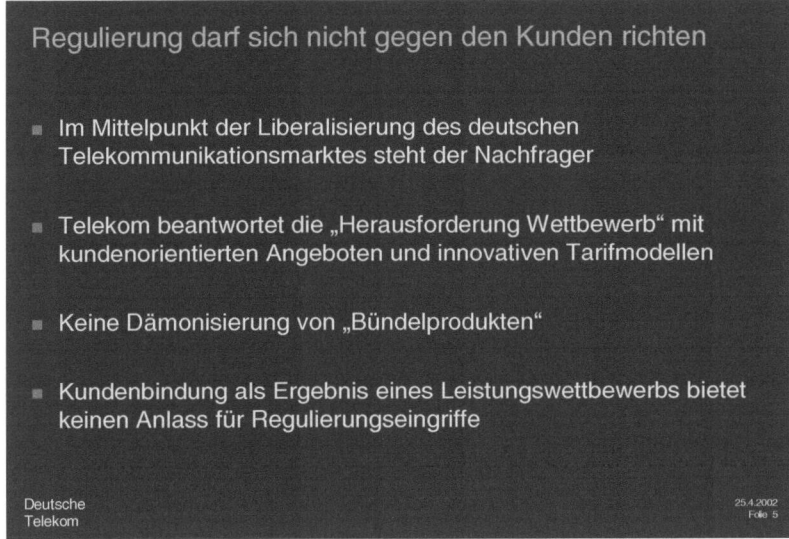

Bild 4

Eine klare Forderung der Telekom lautet, dass sich Regulierung nicht gegen den Kunden richten darf (Bild 4). Ich möchte diesen Punkt nutzen, um auf die mehrfach in der Diskussion angesprochenen Bündelprodukte einzugehen. Wir haben in der Tat im deutschen Markt ein sehr interessantes Phänomen: auf der einen Seite wird von Wettbewerbern beklagt, dass die relativ hohe Miete für die Teilnehmeranschlussleitung im Verhältnis zu dem relativ niedrigen Anschlussentgelt, das die Deutsche Telekom vom Endkunden verlangt, ein Wettbewerbshindernis darstelle.

Was tut die Deutsche Telekom nun seit einigen Jahren? Die Deutsche Telekom setzt auf Soft-Rebalancing. Das heißt, dass sie ihren Kunden Tarifangebote anbietet, die auf der einen Seite ein höheres Anschlussentgelt beinhalten, um auf der anderen Seite aber verringerte Preise für Gesprächsminuten bieten zu können. Zugegebenermaßen ist es Ziel der Telekom auf diese Weise den „sicheren Anteil" an den Einnahmen zu erhöhen und dem Kunden gleichzeitig differenzierte Angebote anzubieten. Der durchschnittliche Preis für einen Teilnehmeranschluss – oder der durchschnittliche vom Kunden entrichtete Preis – liegt auch heute noch über dem aktuellen Preis von Euro 12,65 und bewegt sich zunehmend in Richtung 15, 16 Euro.

Mittlerweile nutzen fast 10 Mio. Kunden der Deutschen Telekom diese Optionstarife. Eine solch erfolgreiche Marktpenetration ruft aber erneut Bedenkenträger auf den Plan. Obgleich die Preis-Kosten-Schere beseitigt ist, misstraut man den Optionstarifen: da bei diesen Angeboten etwas gebündelt wird, und jede Bündelung irgendetwas mit Wettbewerbsbehinderung zu tun hat, muss man dagegen einschreiten. Das Kartellamt schlägt der Regulierungsbehörde vor, diese „Bündelangebote", diese Optionsangebote der Deutschen Telekom rundweg zu verbieten. Ein solch undifferenziertes Vorgehen sollte nicht Maxime einer durchdachten Regulierung sein.

Ich möchte noch einmal darauf hinweisen, dass die Telekom auch im Rahmen ihrer Optionsangebote den liberalsten Anschluss am Markt vertreibt. Der Kunde kann weiterhin Call-by-Call nutzen und auch Preselection ist möglich. Darüber hinaus können auch andere Internetservice-Anbieter erreicht werden. Vielleicht ist das auch einer der wesentlichen Gründe dafür, warum sich viele Kunden weiterhin bewusst für einen Anschluss der Deutschen Telekom entscheiden. Das gleiche Phänomen gilt im Übrigen auch im Bereich DSL. Auch dort wird von Seiten der Deutschen Telekom nicht gebündelt. DSL ist ein Zugangsprodukt, bei dem der Kunde weiterhin die Möglichkeit hat, über dieses Zugangsprodukt andere ISPs zu erreichen, d.h. es gibt keine Bündelung mit T-Online, sondern nur eine Vertriebspartnerschaft. Diese Beispiele widerlegen m.E. eindeutig die Behauptung, dass die Telekom im großen Umfang nicht regulierte Leistungen mit regulierten Leistungen bündele und koppele. Das Gegenteil ist der Fall. Die Optionsangebote der Telekom sind keine Bündelung; sie sind ein Beitrag zu einem differenzierten Angebot und zu einer Erhöhung der Kundenzufriedenheit. Kundenbindung, wenn sie Ergebnis eines solchen Leistungswettbewerbs ist, darf jedenfalls keinen Anlass für Regulierungseingriffe geben.

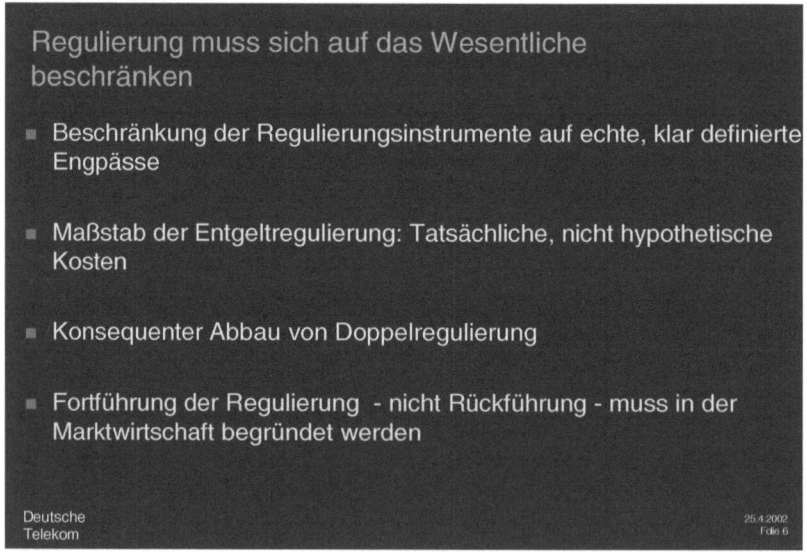

Bild 5

Zu guter Letzt die Forderung: Regulierung sollte sich auf das Wesentliche beschränken (Bild 5). Sie umfasst, dass nur solche Leistungen reguliert werden sollten, die wirklich klar als Engpassfaktor definiert werden können. Die Eingriffsbereiche der Regulierung könnten meiner Ansicht nach durchaus in Form einer konkreten Aufzählung in einem Gesetz oder einer begleitenden Verordnung festgeschrieben werden. Diese Ennumeration wäre dann in gewissen Abständen zu überprüfen, um festzustellen was gegebenenfalls hinzukommen muss, aber auch wo Regulierung entfallen kann.

Maßstab einer Entgeltregulierung müssen dabei stets die tatsächlichen Kosten sein, nicht hypothetische Kosten wie bislang. Die von Prof. Hellwig heute noch einmal zitierte OVG-Entscheidung ist insoweit durchaus eine Entscheidung mit Augenmaß gewesen. Das Problem der derzeitigen Regulierungspraxis ist schließlich, dass der Begriff der Kosten der effizienten Leistungsbereitstellung völlig losgelöst von Produktionsrealitäten zu interpretieren ist und damit immer mehr zu einem hypothetischen Konstrukt geworden ist. In der genannten Entscheidung hat das OVG Münster dieses Problem in bemerkenswert hellsichtiger Weise aufgegriffen und hat dem Regulierer – aber möglicherweise auch dem Gesetzgeber – für die weitere Praxis wichtige Hinweise gegeben.

Anknüpfend an meine Eingangsbemerkung möchte ich an dieser Stelle schließen und nochmals betonen, dass in einer Marktwirtschaft die Fortführung der Regulierung begründet werden muss und nicht etwa ihre Rückführung.

Prof. Picot:

Vielen Dank, Herr Dr. Schmidt. Nun Herr Prof. Vogelsang, die Sicht sozusagen von außen.

Prof. Vogelsang:

Da ich aus den USA komme, lassen Sie mich mit einem amerikanischen Spruch beginnen, dem wahrscheinlich auch viele von Ihnen zustimmen werden: If it ain't broke don't fix it.

> **Institutioneller Rahmen hat sich bewährt.**
>
> **Einige ungelöste Probleme:**
> - **Deregulierungskriterien**
>   - Wegfall der Marktbeherrschung
>   - Funktionsfähigkeit des Wettbewerbs
>   - Tradeoffs bei Marktbeherrschung
>   - Strukturelle Absicherung
>
> - **Vorleistungsregulierung verbesserungsfähig**
>   - Behinderungsmissbrauch
>   - Strukturelle Absicherung des Wettbewerbs
>
> - **Fehlende Zwischenstufen zur Deregulierung**
>   - Abstufungen der Regulierung bei Marktbeherrschung mit Funktionsfähigkeit
>
> **Mehr Vorleistungsregulierung als Preis für weniger Endnutzerregulierung**

Bild 1

Der institutionelle Rahmen hat sich bewährt (Bild 1). Ich möchte deshalb diesen Leitsatz eigentlich auch auf meine eigenen Ausführungen angewendet sehen. Ich werde also einige Vorschläge machen, d.h. aber nicht unbedingt, dass deshalb das Gesetz geändert werden müsste. Der deutsche Gesetzgeber war seinerzeit ausgesprochen deregulierungsoptimistisch und insofern ist nicht nur Herr Hefekäuser enttäuscht, dass bisher keine Deregulierung stattgefunden hat. Nur die Gründe für diese Enttäuschung variieren je nach Standpunkt. Ich bedaure den Mangel an Deregulierung, weil ich nach den anfänglichen Wettbewerbserfolgen von 1998 gehofft hatte, dass der Wettbewerb noch schneller fortschreiten und sich stärker etablieren würde.

Nun sind die Deregulierungskriterien relativ klar, was die Deregulierung durch die RegTP angeht, nämlich der Wegfall der Marktbeherrschung, während für Deregulierung seitens des Gesetzgebers Funktionsfähigkeit des Wettbewerbs gefordert wird. Dazu gehört insbesondere die strukturelle Absicherung des Wettbewerbs. Diese strukturelle Absicherung ist von der Monopolkommission so interpretiert worden, dass es sich um infrastrukturelle Absicherung handeln muss, d.h. es muss genügend alternative Infrastruktur vorhanden sein bevor dereguliert werden kann. Ist es demgegenüber nicht vielleicht auch möglich, auf dem Wege über besser abgesicherte Regulierung eine strukturelle Absicherung zu erreichen? Das ist eine Frage, die ich in den Raum stellen möchte. Dem schließt ein weiterer Leitsatz an, nämlich dass möglicherweise mehr Vorleistungsregulierung benötigt wird, um Deregulierung im Endnutzerbereich zu erreichen.

8 Das Telekommunikationsgesetz und sein Novellierungsbedarf in der Debatte   117

Ich möchte im Folgenden auf zwei potenzielle Gegenstände für Gesetzesänderungen eingehen. Der eine ist die Frage der strukturellen Absicherung durch Regulierung, und zwar durch verbesserte Vorleistungsregulierung. Inwieweit ist solch eine Absicherung möglich? Der zweite ist: Inwieweit sind Zwischenstufen zur Deregulierung dadurch möglich, dass man in bestimmten Bereichen eventuell von der Ex-Ante-Regulierung auf Ex-Post-Regulierung übergeht? Die Frage ist dabei, in welchen Bereichen das geschehen könnte.

Vorschläge zur Vorleistungsregulierung

- **Marktbeherrschung auf dem Markt für die Vorleistung als Auslöskriterium anstatt Monopol für Vorleistung**
- **"Wesentlichkeit" klar definieren**
  - "necessary"-Standard
  - "impair"-Standard
  - Verbundvorteile zwischen Vorleistungen
- **Resale-Regulierung explizit verankern**
- **Price Caps für Vorleistungen**
- **Fokus auf nichtpreisliche Aspekte der Vorleistungsregulierung**
  - Performance-Kontrollen
  - Pönalen/Anreize: Wenn Qualitätskriterien erfüllt, dann...
  [Entgeltgenehmigung, Rückführung anderer Regulierung]

Bild 2

Nun zu den Vorschlägen zur Vorleistungsregulierung (Bild 2). Um die Vorleistungsregulierung besser absichern zu können, muss es klar sein, wann Vorleistungsregulierung stattfindet und dass die Vorleistungsregulierung nicht automatisch zu schnell wegfällt. Heute morgen wurde schon gesagt, dass wir uns daran gewöhnen müssten, dass Bottleneck-Regulierung dort, wo Bottlenecks bestehen bleiben, auch bestehen bleiben muss. Folglich darf dieser Automatismus, der heute im Gesetz angelegt zu sein scheint und die Erwartung bei der Telekom geschürt hat, dass nun in absehbarer Zeit alles dereguliert wird, für bestimmte Tatbestände nicht mehr gelten, damit die anderen Bereiche dereguliert werden können. Insbesondere heißt dies, dass der Begriff der wesentlichen Leistung klar definiert sein muss. Man könnte zum Beispiel abstufen zwischen dem, was man in Amerika als „necessary"- Standard und was man als „impair"-Standard definiert hat. Der „necessary"-Standard sagt, dass der Wettbewerber ohne diese Vorleistung absolut nicht auskommen kann und untergehen würde, wenn er die Vorleistung nicht bekommt. Der „impair"-Standard sagt, dass die Vorleistung für den Wettbewerber wichtig ist, so dass er einen erheblichen finanziellen Nachteil erleidet, wenn er die Vorleistung nicht bekommt, aber seine Überlebensfähigkeit nicht unbedingt davon abhängt.

Aus diesen beiden Standards könnten dann auch unterschiedliche Auslösekriterien für die Vorleistungsregulierung folgen. Bei Zutreffen des „necessary"-Standards könnte Marktbeherrschung auf dem Markt für Vorleistung als Auslösekriterium gelten; d.h. eine Deregulierung würde erst stattfinden, wenn auf dem Vorleistungsmarkt keine Marktbeherrschung mehr besteht, während bei dem „impair"-Standard bereits eine Verdoppelung der Vorleistung, also des Bottlenecks zu einer Deregulierung führen könnte. Dabei muss man allerdings im Auge behalten, dass es zwischen Vorleistungen Verbundvorteile gibt. Die Telekom hat meines Wissens die große Bedeutung von Verbundvorteilen mit anderen Vorleistungen für die anderen Wettbewerber bislang für den Fall nicht akzeptiert, wenn die Wettbewerber nur auf eine dieser Vorleistung als Bottleneck angewiesen sind. Die anderen Vorleistungen könnten die Wettbewerber auch woanders bekommen. Aber wenn sie diese auch von der Telekom kaufen, ist es für Sie sehr viel günstiger, weil sie z.B. schon mit der Telekom Collocation haben und ihr Netz in Hinblick auf die Verbindung mit der Telekom optimiert haben. Hier wäre regulatorische Absicherung für einen längeren Zeitraum wichtig, selbst nachdem die Vorleistung anderweitig beschaffbar ist.

Andere wichtige Punkte zur Verbesserung der Vorleistungsregulierung sind Resale-Regulierung, Price Caps für Vorleistungen und nichtpreisliche Aspekte der Vorleistungen. Ich will hier nicht weiter auf die explizite gesetzliche Verankerung der Resale-Regulierung eingehen.[1] Price Caps für Vorleistungen sind eines meiner Hobbies. Sie werden im deutschen Raum, soweit ich weiß, noch nicht ernsthaft diskutiert. Der Vorteil von Price Caps für Vorleistungen liegt darin, dass nicht die Vorleistungspreise nach 1 ½ Jahren Verhandlung für drei, vier, fünf Jahre festgeschrieben werden bis wieder eine Anpassung nach unten stattfinden kann, sondern dass die Anpassung nach unten automatisch geschieht und dass auch die Vorleistungspreise eine gewisse Flexibilität erhalten. Irgendwann einmal sollte so etwas kommen. Das sollte auch jetzt schon gesetzlich ermöglicht werden.

Ein wichtiger Punkt ist schließlich eine Fokussierung auf die nichtpreislichen Aspekte von Vorleistungen. In dem Zusammenhang ist heute auch wiederholt schon über Performance-Kontrollen und Pönalen und Anreize gesprochen worden. Ich meine, dass man wenn-dann-Kriterien entwickeln sollte. Dies gilt insbesondere, wenn man eine Formel wie beispielsweise die IC + 25 % anlegt, die voraussetzt, dass die Vorleistung genau in derselben Art, Fristigkeit und dergleichen zur Verfügung gestellt wird wie die Telekom sich selbst diese Vorleistung zur Verfügung stellt. Darauf basiert diese IC + 25% Regel und wenn man sie anwendet, muss gewähr-

---

1. Siehe dazu Neumann, Karl-Heinz, „Volkswirtschaftliche Bedeutung von Resale", WIK Diskussionsbeitrag Nr. 230, Januar 2002, und Vogelsang, Ingo, „Theorie und Praxis des Resale-Prinzips in der amerikanischen Telekommunikationsregulierung", WIK Diskussionsbeitrag Nr. 231, Januar 2002.

leistet sein, dass die Vorleistung auch so zur Verfügung gestellt wird. Insofern könnte man dort ein wenn-dann-Kriterium einführen.

Endnutzerregulierung

Fehlende Zwischenstufen zur Deregulierung
- **Ex ante/ex post Regulierung**
  - **Ex ante Regulierung gegen Behinderungsmissbrauch**
  - **Ex post Regulierung gegen Ausbeutungsmissbrauch**
    - Informationsrechte der RegTP
    - Kautelen
    - Pönalen

Bild 3

Nun zu Zwischenstufen der Endnutzerregulierung (Bild 3). Wir haben heute eine ex ante Regulierung. Bei Wegfall der Marktbeherrschung würde ein Sprung von der ex ante Regulierung zur völligen Deregulierung stattfinden. Zwischenstufen sind insofern nicht vorgesehen. Wenn nun die Marktbeherrschung später wieder zurückkehrt ist die Frage, ob es dann wieder zur Regulierung kommen würde, und zwar zur ex ante Regulierung, oder ob dann nur noch Missbrauchsaufsicht angebracht ist. Ich schlage vor, eine Zwischenregelung einzuführen, die es gleichzeitig ermöglichen würde, in gewissem Umfang zu deregulieren wenn noch Marktbeherrschung vorliegt. Ex ante Regulierung sollte dann gegen Behinderungsmissbrauch Anwendung finden, denn dort geht es um die Fristigkeit. Bei Behinderungsmissbrauch ist das Wesentliche, dass die Telekom oder wer immer das regulierte Unternehmen ist, die Regulierungsentscheidung nicht hinauszögern kann. Ex ante Regulierung kann genau solch Hinauszögern verhindern. Im Gegensatz dazu halte ich ex post Regulierung gegen Ausbeutungsmissbrauch deshalb für geeignet, weil man – und das ist sicher durchaus kontrovers – dann möglicherweise einen Schadensersatz oder dergleichen später geltend machen könnte. Hier würde die ex post Regulierung nicht nur auf der Basis geschehen, dass ex nunc die Tarife angepasst werden, sondern dass möglicherweise, wenn Ausbeutungsmissbrauch vorgelegen hat, auch Pönalen anfallen. Gleichzeitig glaube ich, dass für eine ex post Regulierung die RegTP weitergehende Informationsrechte erhalten muss, denn wenn sich die ex post Regulierung auf Ausbeutungsmissbrauch bezieht, dann betrifft das in erster Linie die normalen Kunden. In dem Fall muss man davon ausgehen, dass die Kunden selbst nicht alle Informationen zur Verfügung haben, um zu wissen, ob Ausbeutungsmissbrauch vorliegt oder nicht. Solche Informationen sollte die RegTP selbst sammeln können und dann auch nutzen.

Prof. Picot:

Wir haben jetzt einige konkrete Vorschläge und Hinweise wie auch grundsätzliche Einschätzungen zu Umfang, Gegenständen und Instrumenten der Regulierung und ihres Änderungsbedarfs gehört.

Ich möchte die Diskussion mit einer kurzen Frage beginnen. Herr Vogelsang hat gesagt, wenn etwas nicht kaputt ist, sollte man es auch nicht reparieren. Herr Schmidt: Ist das auch Ihre Sicht, dass das Gesetz eigentlich nicht schadhaft ist, so dass man auch nicht sehr viel daran verändern muss? Wo sind die Mängel, die Ihres Erachtens ein „Fixing" und welches „Fixing" erzwingen oder auch nicht erzwingen?

Dr. Schmidt:

Aus Sicht der Telekom ist ein wesentlicher Kritikpunkt, dass die heute schon viel diskutierte und viel beschworene Deregulierungsautomatik oder Build-in-Flexibility im TKG nur äußerst unzureichend funktioniert hat. Die Hoffnung, die die Deutsche Telekom auf diese Mechanismen gesetzt hat, sind sicherlich in vieler Hinsicht enttäuscht worden. Von daher wäre eine Forderung an die Novellierung des TKG, ein solches Deregulierungsprogramm wesentlich stärker im Gesetz zu verankern. Diese Forderung umfasst auch, dass die Regulierungsbehörde – stärker als bisher – in ihren Entscheidungen darzulegen hat, inwiefern diese Entscheidungen die Nachhaltigkeit des Wettbewerbs fördern und inwieweit sie geeignet sind, Regulierung mittel- bis langfristig abzubauen.

Ein weiteres Problem, was möglicherweise auch in dem nächsten Panel noch diskutiert werden wird, sehen wir in den unbestimmten Rechtsbegriffe des Telekommunikationsgesetzes. Ihre Verwendung hat auf der einen Seite natürlich den Vorteil, dass das Gesetz auch auf neue unerwartete Situationen anwendbar bleibt. Dieser Vorteil ist viel beschworen worden. Auf der anderen Seite bedingen unbestimmte Rechtsbegriffe aber auch, dass sich die Regulierungsbehörde in vielen Bereichen an Grenzbereiche erst herantastet. In diesen Grenzbereichen des Gesetzes wird die Auslegung natürlich kontrovers. Da auch der Zugangsanspruch oder Teilhabeanspruch von § 33 TKG bisher sehr abstrakt gefasst war, ist er natürlich ein Vehikel für die unterschiedlichsten Forderungen von Wettbewerbern. Die Entscheidungspraxis der RegTP hat im Bereich des § 33 TKG sicherlich auch dadurch zu seiner Konkretisierung beigetragen, dass viele dieser Entscheidungen einer verwaltungsgerichtlichen Überprüfung zugeführt wurden. Aus Sicht der Telekom sind diese Verfahren übrigens mit durchaus positiven und erfreulichen Ergebnissen abgeschlossen worden, denn häufig haben sich die Gerichte den Rechtsauffassungen der Telekom

8 Das Telekommunikationsgesetz und sein Novellierungsbedarf in der Debatte

gerade auch im Eilverfahren angeschlossen. Um solche rechtlichen Unsicherheiten auszuschließen, besteht aus meiner Sicht dringender Handlungsbedarf, der zum Ziel haben muss die Frage Zugangsansprüche zu konkretisieren. Ein solcher Ansatz ist aus meiner Sicht erforderlich, um mehr Verfahrenssicherheit und mehr Verfahrensklarheit zu erreichen und um möglicherweise auch die Anzahl der Rechtsstreitigkeiten zu beschränken.

Prof. Picot:

Vielen Dank. Herr Eickers?

Herr Eickers:

Nicht unbedingt dazu, sondern ich wollte noch einmal versuchen, zur Notwendigkeit von beiden Instrumenten, Anti-Dumping und Resale als Instrument gegen Bündelungsstrategien, etwas zu sagen. Ich versuche das vielleicht an einem Beispiel: Stellen wir uns vor, Anfang der 90er Jahre starten D1 und D2. Wir können uns alle noch gut daran erinnern. Zu diesem Zeitpunkt hätte nun beispielhaft die Telekom ein Angebot in den Markt gebracht: Jeder, der einen ISDN-Anschluß XXL nimmt, bekommt gleichzeitig einen Mobilfunkvertrag bei D1 zu einem Preis pro Minute, der 50% der Kosten meines Wettbewerbers D2 ist. Was glauben Sie, wie sich die Marktverhältnisse entwickelt hätten? Dagegen kann ich mit dem Anspruch auf Resale allein nicht angehen, denn selbst wenn D2 den Anspruch gehabt hätte, jetzt XXL auch zu resellen, dann hätte das nicht viel gebracht, weil sie immer noch ihr eigenes Produkt zum halben Selbstkostenpreis in den Markt hätten bringen müssen. Anders herum; wenn ich Antidumping habe und Bündelung nicht mit Resale angehe, dann wäre es so gewesen, dass die Telekom gesagt hätte: Du bekommst bei meinem D1 Angebot den gleichen Minutenpreis wie D2, aber wenn Du mein D1-Angebot nimmst, bekommst Du den ISDN-Anschluß gerade kostendeckend von mir. Dagegen hätte auch D2 keine Strategie gehabt. Nur bei einem Anspruch auf Resale und Regulierung der Resale-Konditionen hätten sie die Möglichkeit gehabt, das ISDN Produkt mit ihrem eigenen Produkt zu bündeln und zu gleichen Konditionen in den Markt zu bringen. Nur mit beiden Instrumenten funktioniert das.

Prof. Kruse:

Es wurde meine Aussage zu DSL bzw. T-DSL kritisiert. Ich will diese noch einmal wiederholen: Ich hatte gesagt, niedrige T-DSL-Preise sind zunächst einmal uneingeschränkt positiv. Zu dieser Aussage stehe ich.

Noch schöner wäre es natürlich unter Wettbewerbsgesichtspunkten, wenn wir außer niedrigen T-DSL-Preisen noch von 10 bis 20 anderen Wettbewerbern ähnliche Angebote hätten und die Marktanteilsstruktur nicht so wäre, wie sie jetzt ist, sondern, sagen wir, 5 bis 10 % für jeden. Aber das wäre eben nur ein Lehrbuchideal.

Meine Kernaussage war im wesentlichen, dass wir den DSL-Markt nicht nur kleinräumig betrachten dürfen. Gerade beim Breitband-Internetzugang steht viel mehr dahinter. Wir wollen Dienste entwickeln. Wir wollen Content liefern können. Wir wollen Dinge entwickeln, die dann sowohl für Businesskunden als auch für Privatkunden neuen Wert schaffen, aber auf der anderen Seite auch ökonomisches Potenzial entwickeln.

Ich sage hier einmal, obwohl ich das normalerweise nicht gern tue, unter dem Gesichtspunkt „Standort Deutschland" und seiner internationalen Wettbewerbsfähigkeit hat das Breitband-Internet eine infrastrukturelle Basisfunktion. Dafür ist zunächst die Frage, ob das DSL-Angebot hoch oder gering konzentriert ist, absolut zweitrangig. Wichtig ist, dass man diese Möglichkeiten schafft. In Hamburg hat Hansenet bei DSL einen relativ hohen Marktanteil. Dass das nicht überall der Fall ist, hat sicher ganz wesentlich mit der unternehmerischen Dynamik und Investitionsbereitschaft zu tun.

Auch bei anderen zukunftsrelevanten Märkten – und da ist es ein bisschen schwieriger – ist es zunächst einmal ökonomisch vorteilhaft, wenn die Preise gering sind. Wenn die Unternehmen ihre Preise niedriger setzen, als sie nach Maßgabe ihrer eigenen, kurzfristigen Kostendeckung sein sollten, dann kann das bestimmte Gründe haben, Penetration Pricing zum Beispiel. Aber es wird stattdessen immer geargwöhnt, sie würden das tun, weil sie Dumping zur Verdrängung von Konkurrenten praktizieren. Dies ist eines der klassischen ökonomischen Missverständnisse.

Dumping ist für Großunternehmen zwar häufig grundsätzlich möglich, aber selten für diese rational, denn Dumping setzt voraus, dass es später auch eine Möglichkeit gibt, dieses Geld wieder zurückzuverdienen. Das ist aber in den meisten Märkten, über die wir hier reden, nicht möglich, besonders nicht bei Dienstemärkten. Bei bestimmten Infrastrukturen sieht das eventuell anders aus. Bei Infrastrukturen, bei denen wir versunkene Investitionen haben etc, würde ich mich sehr viel vorsichtiger äußern. Aber auch da müßte man im Detail belegen, dass in dem konkreten Fall Dumping zu befürchten ist. Dieser Beweis muss im Einzelfall geführt werden. Ganz generell würde ich sagen, dass Dumping für die meisten Märkte eher eine Legende ist.

Prof. Picot:

Noch eine Bemerkung von Herrn Schmidt. Dann haben noch ein paar Wortmeldungen, die ich dann gern sammeln würde, weil unsere Zeit voranschreitet.

Dr. Schmidt:

Ich möchte noch zwei oder drei Anmerkungen zu den Thesen von Herrn Nolte machen. Zum einen möchte ich der Behauptung entgegentreten, dass im Bereich der Anschlussentgelte eine Preis-Kosten-Schere besteht. Ich habe gerade schon ausgeführt, das unsere Bemühungen, um diese angebliche Preis-Kosten-Schere zu verringern, wie Anschlussaufwertung, Erhöhung der ISDN-Penetration und insbesondere Soft-Rebalancing-Optionsangebote, Maßnahmen sind, für die wir im nächsten Schritt wieder kritisiert werden. Wie ich bereits vorhin ausführte darf das Verhältnis zwischen TAL-Preis und Anschlussentgelt nicht losgelöst betrachtet werden von dem Verhältnis der Verbindungsentgelte im Endkundenbereich und den Zusammenschaltungsentgelten. In diesem Bereich haben insbesondere die City Carrier eine durchaus auskömmliche Marge, die Sie zur Mischkalkulation nutzen können.

Ein zweiter Punkt betrifft Ihre Ausführungen zu TDSL: Es trifft nicht zu, dass die Regulierungsbehörde hier Dumping festgestellt hat. Das wird in dieser Diskussion mit einer solchen Sicherheit behauptet, als sei es in die Beschlüsse hinein gemeißelt. Was die Regulierungsbehörde nach eingehender Kostenprüfung festgestellt hat, ist, dass die Stückkosten in der Anfangsphase über den Preisen gelegen haben. Dies wurde von der Deutschen Telekom im Übrigen nie bestritten. Da die Regulierungsbehörde in diesem Verfahren – wie in den anderen Vorleistungsverfahren auch – einen zukunftsgerichteten Maßstab angewendet hat, berücksichtigte sie u.a. Effizienzfortschritte und Skalenerträge. Dies musste sie zu der Feststellung einer Preis-Kosten-Differenz führen. Aber diese Feststellung bedeutet nicht, dass der Telekom ein Dumping-Vorwurf gemacht werden kann, denn an dieser Stelle liegt kein Behinderungsmissbrauch vor.

Prof. Picot:

Jetzt die Wortmeldung hinten und dann Herr Kollege Hellwig.

Herr Püstow:

Guten Tag, ich heisse Moritz Püstow und bin wissenschaftlicher Mitarbeiter bei der Rechtsanwaltskanzlei Linklaters, Oppenhoff und Rädler. Herr Schmid hat vorhin gesagt, dass es nicht Aufgabe der Regulierungsbehörde sein könne, Bündelungsangebote zu verbieten. Wenn er damit sagen möchte, dass es nicht Aufgabe der Regulierungsbehörde sein könne, kartellrechtliche Maßstäbe zu berücksichtigen, muss dem entschieden widersprochen werden. Denn in der Entgeltregelung bilden natürlich nicht nur die Kosten der effizienten Leistungsbereitstellungen den Prüfungsmaßstab, sondern auch die Grundsätze des Kartellrechts, also des EG-Vertrages und des GWB.

Deren Beachtung ist von elementarer Bedeutung. Schließlich ist es möglich, dass Entgelte zwar kostendeckend sind, aber sehr wohl wettbewerbsbehindernd. Das zeigen insbesondere die Optionstarife der DTAG, wobei diese teilweise, z.B. im Fall des Tarifs aktiv plus XXL, noch nicht einmal kostendeckend sind. Die Monopolkommission hat festgestellt, dass der Wettbewerb auf der Verbindungsnetzebene aufgrund der Optionstarife stagniert. Durch diese Optionstarife werden nämlich Leistungen wie Nahgespräche, die faktisch nur im Monopol angeboten werden, durch eine attraktive Tarifgestaltung mit im Wettbewerb stehenden Leistungen, also Ferngesprächen, verknüpft. Kunden, die zu attraktiven Nahgesprächskonditionen telefonieren möchten, müssen einen Optionstarif wählen, der dann auch gleichzeitig attraktive Konditionen für Ferngespräche bietet.

In Frankreich haben sowohl die Wettbewerbsbehörde als auch die Regulierungsbehörde festgestellt, dass entsprechende Optionstarife der France Télécom einen Fall der verbotenen Marktmachtverlagerung darstellen. Konsequenterweise wurden entsprechende Optionstarife der France Télécom wiederholt verboten. France Télécom muss deshalb getrennte Optionstarife für Nah- und Ferngespräche anbieten. Insofern möchte ich daran appellieren, dass die Grundsätze des Kartellrechts auch in der deutschen Entgeltregulierung stärkere Beachtung finden.

Prof. Picot:

Vielen Dank. Ich darf überleiten an Herrn Prof. Hellwig.

Prof. Hellwig:

Ich möchte drei Bemerkungen machen:

Mein erster Punkt bezieht sich auf die Aussage von Herrn Schmidt, das einzige Ziel der Regulierung sei es, Wettbewerb herzustellen. Diese Aussage setzt voraus, dass tatsächlich in allen Bereichen Wettbewerb hergestellt werden kann. Für den Local Loop ist jedoch zu vermuten, dass wir es mit einem natürlichen Monopol zu tun haben, bei dem Wettbewerb grundsätzlich nicht herzustellen ist. Wenn das der Fall ist, stellt sich auch das Problem der Verhinderung eines Missbrauchs dieses Monopols. Ein solcher Missbrauch kann die Form eines Verdrängungsmissbrauchs, eines Behinderungsmissbrauchs oder auch eines in Form eines Ausbeutungsmissbrauchs annehmen. In der Vergangenheit hat man diese Missbrauchsproblematik verdrängt, weil man davon ausgegangen ist, dass ein Staatsunternehmen keinen Missbrauch betreibt. Jetzt haben wir aber eine private Aktiengesellschaft. Diese private Aktiengesellschaft hat das natürliche Monopol vom Staat übernommen, und wir können die Missbrauchsproblematik nicht mehr ohne weiteres verdrängen. Ein angemessener Umgang mit diesem Problem im Local Loop kann Regulierung erfordern. Mit anderen Worten: Die in den Äußerungen von Herrn Schmidt und Herrn Hefekäuser vorgenommene Einschränkung des Regulierungszwecks auf die Herstellung von Wettbewerb ist dem Sachverhalt nicht angemessen.

Mein zweiter Punkt betrifft die Argumentation von Herrn Kruse zur T-DSL-Entscheidung der RegTP. Wenn wir dieser Art der Argumentation Raum geben, so hat das schwerwiegende Folgen für den Umgang mit Kartellrecht und Telekommunikationsrecht. Für die Institutionen der Wettbewerbspolitik, insbesondere das Bundeskartellamt, ist von großer Bedeutung, dass Wettbewerbspolitik nicht als Ausfluss allgemeiner Politik erscheint, sondern als Anwendung von Rechtsnormen. Hätten wir nicht diese Ausgestaltung der Wettbewerbspolitik als Anwendung von Recht, so ließe sich z.b. die Unabhängigkeit des Bundeskartellamts in Einzelfallentscheidungen staatsrechtlich kaum legitimieren. Zu diesem Verständnis von Wettbewerbspolitik als Anwendung von Rechtsnormen gehört dann die Tradition, dass da, wo das Gesetz von einem „sachlich gerechtfertigten" Einwand gegen z.B. die Vermutung eines Missbrauchstatbestands spricht, die betreffende sachliche Rechtfertigung dem Bereich des Wettbewerbsrechts selbst zu entnehmen ist und nicht aus irgendwelchen allgemeinpolitischen Erwägungen. Ansonsten würde der Gesetzesbegriff der sachlichen Rechtfertigung die allgemeine Politik durch die Hintertür wieder hereinbringen. Die in der Begründung der Regulierungsbehörde genannte und jetzt von Herrn Kruse wieder aufgegriffene Notwendigkeit einer Durchdringung Deutschlands mit billigen Internetanschlüssen betrifft aber ein allgemeinpolitisches Anliegen, dessen Rechtfertigung nicht in der Gesetzesnorm selbst zu finden ist. Für die Durchsetzung solche Anliegen wäre die allgemeine Politik zuständig, nicht aber eine vor allem der unabhängigen Rechtsanwendung verpflichtete Behörde. Die hier vorgenommene Verwischung der Grenzen von Wettbewerbspolitik und allgemeiner Politik schafft erhebliche Probleme für die Legitimationsbasis von Regulierungs- und Wettbewerbsbehörden in der Anwendung von Telekommunikationsrecht und Wettbewerbsrecht.

Mein dritter Punkt betrifft die Unterscheidung zwischen Verdrängungsmissbrauch und Ausbeutungsmissbrauch in den Ausführungen von Herrn Vogelsang, aber auch in den rechtlichen Rahmenbedingungen. In dem rechtlichen Rahmen, den wir jetzt haben, wird sowohl beim Verdrängungsmissbrauch als auch beim Ausbeutungsmissbrauch konzeptionell von einer Vollkostenkalkulation ausgegangen, d.h. Fixkosten und Gemeinkosten werden voll zugerechnet nach einem wie auch immer gearteten Schlüssel. Anderseits soll die Price-Cap-Regulierung dem Umstand Rechnung tragen, dass es für die Zuordnung von Fixkosten und Gemeinkosten keine *a priori* ideale Regel gibt und dass es möglicherweise besser ist, diese Zuordnung den betroffenen Unternehmen selbst zu überlassen. Insofern besteht zwischen dem dem Price-Cap-Ansatz und den Regeln für die Einzelpreisprüfung ein innerer Widerspruch: Wenn wir entsprechend den derzeit geltenden Vorschriften dem Verdrängungsmissbrauch durch Einzelpreisprüfungen begegnen wollen, so darf kein Einzelpreis *unter* den sich aus der Vollkostenkalkulation ergebenden Stückkosten der effizienten Leistungsbereitstellung liegen. Wenn zur Verhinderung von Ausbeutungsmissbrauch gleichzeitig die Erlöse insgesamt nicht über den Kosten der effizienten Leistungsbereitstellung liegen dürfen, so folgt für die Einzelpreise unmittelbar, dass sie auch *nicht über* den sich aus der Vollkostenkalkulation ergebenden Stückkosten der effizienten Leistungsbereitstellung liegen dürfen. Die im Price-Cap-Ansatz intendierte Flexibilität bei der Zurechnung von Fixkosten und Gemeinkosten ist dann hinfällig. Der hierin liegende Widerspruch sollte durch eine Änderung der Rechtsnormen entweder auf der Ebene der Verordnung oder auf der Ebene der Gesetzgebung ausgeräumt werden.

Prof. Picot:

Vielen Dank. Hier ist noch eine Wortmeldung.

Herr Hildesheim:

Um noch einmal auf die Diskussion mit Herrn Schmidt zurückzukommen. Wenn ich mir vorstelle, wir haben die Marktöffnung erreicht, und es ist alles liberal. Wir brauchen keine Regulierung mehr. Wie geht es dann jetzt weiter? Würden wir dann noch Infrastruktur-wettbewerb im Local Loop kriegen, vielleicht im ländlichen Bereich? Würde die Telekom nicht ganz einfach die Verträge, die heute existieren, aufkündigen. Und neue zu verhandeln fünf Jahre dauern? Wo wird das denn hinführen?

Prof. Picot:

Danke sehr. Ich darf jetzt die Panelteilnehmer um ein kurzes abrundendes Schlußwort bitten, denn wir sind in der Zeit schon stark überschritten und auf die Punkte natürlich bitten einzugehen, die hier genannt wurde. Herr Schmidt, Sie waren zu Beginn angesprochen.

Dr. Schmidt:

Ich möchte noch einmal auf die Frage zurück kommen: Was bedeutet eigentlich Deregulierung? Die Forderung nach einer Deregulierung ist natürlich bisher sehr zugespitzt formuliert worden. Sie bedeutet nicht, dass alle Bereiche aus der Regulierung herausfallen sollen, über die wir heute diskutiert haben. Wir gehen nicht davon aus, dass beispielsweise der Zugang zur Teilnehmeranschlussleitung morgen aus der Regulierung herausgenommen wird. Aber natürlich muss die Frage gestellt werden, wie viel man noch an sektorspezifischer Regulierung braucht. Was kann man abbauen und wo reichen vielleicht die allgemeinen Maßstäbe des Wettbewerbsrechts? Herr Prof. Hellwig hat Recht, wenn er davon ausgeht, dass einige Märkte bzw. Marktsegmente sich als natürliches Monopol entpuppen werden. Insoweit muss eine Antwort auf die Frage gefunden werden, wie mit diesen Bereichen umzugehen ist.

Ebenso verschließen wir uns keinesfalls dem Ansatz, dass der Konsument, in diesen Bereichen vor Ausbeutung geschützt werden muss. Das sind aber Prinzipien des allgemeinen Wettbewerbsrechts, die hier zur Anwendung kommen müssen und keine sektorspezifischen Regelungen.

Ebenso möchte ich nicht ausschließen, dass möglicherweise auch mittelfristig eine Universaldienstverpflichtung sinnvoll sein kann. Dennoch darf man sich nicht einer Überprüfung verschließen, ob tatsächlich noch das gesamte, sehr detaillierte Instrumentarium der Regulierung erforderlich ist. Insbesondere – und das möchte ich an dieser Stelle nochmals betonen – bedarf es keiner Resale-Verpflichtung. Auch die Ex-Ante-Genehmigungspflicht von Entgelten müsste einer Überprüfung zugeführt

8 Das Telekommunikationsgesetz und sein Novellierungsbedarf in der Debatte   127

werden. Das sind aus Sicht der Deutschen Telekom die Bereiche, die angesprochen sind, wenn von Deregulierung die Rede ist.

Die Forderung nach Deregulierung heißt nicht, dass grundsätzliche Regeln beseitigt werden sollen, wie etwa die Verpflichtung zur Portierung von Rufnummern oder auch Preselection. Erforderlich ist aber, dass die sektorspezifische Regulierung konsequent zurückgeführt wird, als ein Phänomen des Übergangs zugunsten einer allgemeinen Missbrauchsaufsicht nach dem Wettbewerbsrecht.

Prof. Picot:

Herr Kruse, Sie waren auch angesprochen.

Prof. Kruse:

Ich kenne überhaupt niemanden, der dafür plädiert, die Regulierung in der Telekommunikation generell abzuschaffen. Es gibt Bereiche, in denen wir die Regulierung unabdingbar brauchen, und die öffentliche Diskussion ist auch nicht geprägt von der Forderung, dass man die Regulierung pauschal abschaffen sollte.

Wenn ich die letzten 10 Jahre Revue passieren lasse, bin ich häufig auf Veranstaltungen gewesen, wo gesagt wurde: Die Regulierung brauchen wir nicht mehr lange, weil die Telekom im Ortsnetzbereich bald kein Monopol mehr hat. Bald haben wir DECT und dann ist das Problem gelöst. Später waren die Zauberworte WLL, Powerline und TV-Kabelnetze. Das sind alles gestorbene Illusionen.

Heute sind wir in der Situation, dass wir ein Anschluss-Monopol haben, und zwar auf der Basis der klassischen zweiadrigen Kupferkabel, also einer ganz alten Investition. Und das heißt, dass wir dieses Monopol weiterhin regulieren müssen. Ich kenne wirklich niemanden, der das abstreitet.

Im Übrigen ist es so, und da komme ich auf die erste Bemerkung von Herrn Hellwig, dass die Regulierung eigentlich nicht primär dazu da ist, um Wettbewerb zu schaffen. Regulierung ist dazu da, in einem Bereich, wo kein Wettbewerb vorhanden ist und die Markteintrittsbarrieren hoch sind, annähernd effiziente Ergebnisse herbeizuführen, nämlich Preise in der Nähe der Kosten. In der Telekommunikation haben Sie allerdings trotzdem Recht, weil aufgrund der Komplexität des Telekomsektors mit verschiedenen Stufen, die unterschiedliche ordnungstheoretische Charakteristika haben, das Schaffen von Wettbewerb auf einzelnen Märkten – ganz konkret Fern- und Auslandsgesprächsmärkten – adäquate Preise bei Vorleistungen voraussetzt.

Zu Ihrer zweiten Bemerkung. Ich will das gern in zwei Stufen charakterisieren. Zunächst einmal betrachten wir es beschränkt auf die wettbewerbspolitische Problematik. Dabei ist es eine Frage, ob die T-DSL Preise zu niedrig sind. Ist es vielleicht Dumping gegenüber den Wettbewerbern, die sich darüber beklagen? Es wäre die Frage zu stellen, ob dies für die Telekom eigentlich Sinn macht? Kann diese später die Preise so anheben, dass sie entsprechende Verdrängungskosten amortisieren kann? Ich bestreite das.

Aber angenommen, dass die Bedenkenträger damit Recht hätten. Dann wäre immer noch fraglich, ob es volkswirtschaftlich ineffizient wäre.

Im nächsten Punkt verlasse ich dieses wettbewerbspolitische Gedankengebäude und damit ist Ihre Kritik zutreffend. Das Argument, das ich in Punkt fünf meines Eingangsstatements gebracht habe, ist nicht mehr im engen Rahmen der Wettbewerbspolitik zu betrachten, sondern geht darüber hinaus. Es ist durchaus eine Aufgabe der Politik, bei bestimmten wichtigen Feldern – und Internetzugang ist sicherlich ein ganz wichtiges Feld – darüber hinaus zu denken und zu fragen, ob es insgesamt positive oder negative Wirkungen für die Volkswirtschaft hat. In diesem Kontext, den Sie zutreffend als nicht wettbewerbsspezifisch charakterisieren, halte ich die DSL-Entwicklung für uneingeschränkt positiv.

Prof. Picot:

Vielen Dank. Herr Eickers bitte.

Herr Eickers:

Ich glaube, im TKG sind alle wesentlichen Instrumente vorgesehen. Auch das Instrument der Rückführung der Regulierung ist im TKG vorgesehen. Ich kann mich da Herrn Prof. Vogelsang nur anschließen. Ich würde mich freuen, wenn es endlich greifen würde, weil wir dann irgendwo auch im Festnetz Wettbewerb hätten. Dass Dumping volkswirtschaftlich sinnvoll sein kann, fällt mir schwer vorzustellen. Wenn ich auch eine sehr schnelle Durchdringung mit Breitbanddiensten als positiv empfände, dann will und muss doch immer noch der, der dies aus sicherlich nicht karitativen Zwecken macht, auch irgendwann sein Geld zurück verdienen können. In dem Fall ist doch die Strategie offensichtlich: Eine quasi-Monopolstellung im Access-Bereich soll etabliert werden. Dann kann man über Zutrittsgebühren und Exklusivverträge für Inhalteanbieter an den Inhalten verdienen, weil man sie als einziger transportieren kann. Es kann jedoch nicht im Sinn unserer Volkswirtschaft sein, dass wir quasi die Vielfalt der Contentanbieter und der Medienanbieter von vornherein von einem Teil ihrer eigenen Wertschöpfung abschneiden. Ich glaube, alle anderen Dinge sind bereits diskutiert worden.

Prof. Picot:

Herr Vogelsang. Sie runden das Ganze ab.

Prof. Vogelsang:

Ich wollte eigentlich nur eine ganz kurze Schlussbemerkung machen. Ich schließe an die Anfangsbemerkung der Diskussion von Herrn Schmidt an, der über die Wirkung des Deregulationsautomatismus enttäuscht war. Ich bin insofern nicht enttäuscht darüber, als ich im Augenblick keinen Bereich sehe, der noch reguliert wird aber unbedingt dereguliert werden müsste. Ich glaube, dass in allen Bereichen, die noch reguliert werden, Marktbeherrschung vorliegt bzw. der Wettbewerb noch nicht hinreichend abgesichert ist. Wir sollten deshalb darauf hinsteuern, dass der Wettbewerb abgesichert wird bzw. Marktmachtpositionen abgebaut werden.

Prof. Picot:

Meine Damen und Herren, unser Panel hat interessante Punkte aufgeworfen. Als Resümee des Podiums lässt sich festhalten, dass es keinen gravierenden Veränderungsbedarf im Bereich der Gegenstände und der Instrumente der Regulierung gibt, wohl aber Hinweise zur Präzisierung und besseren Operationalisierung, zum Teil auch bestimmte strategische Hinweise, die man in der TKG-Reform, möglicherweise aber auch in der Ausführung und Handhabung des TKG berücksichtigen müßte. Den Vorschlägen, die zum Teil sehr konkret gemacht worden sind, ist kaum widersprochen worden. Die Positionen, die allgemein bezogen worden sind, sind diskutiert worden. In diesem Bereich zeichnen sich also auf der Grundlage dieser Diskussion keine revolutionären Änderungen ab. Ob das dann auch bei den Verfahrensfragen so sein wird, werden wir im nächsten Forum sehen.

8.2 Forum II:
Verfahrensfragen der Regulierung nach dem Telekommunikationsgesetz: Besteht Novellierungsbedarf?

Moderation:
Prof. Dr. Ludwig Gramlich, Technische Universität Chemnitz

Teilnehmer:
Dr. Joachim Arntz,
Präsident des Verwaltungsgerichtes Köln
Thomas Eilers, EWE TEL GmbH, Oldenburg
Andreas Krautscheid, Deutsche Telekom AG, Bonn
Prof. Dr. Joachim Scherer, Baker &McKenzie, Frankfurt
Achim Zerres, Regulierungsbehörde für Telekommunikation und Post, Bonn

Prof. Gramlich:

Es ist durchaus kein Beweis für die mangelnde Qualität dieser Veranstaltung, wenn wir bei diesem Workshop mit der Zeit im Verzug sind. Insofern muss zumindest eines feststehen, nämlich ein relativ pünktlicher und würdiger Abschluß dieser Veranstaltung, zumal Sie im Laufe des heutigen Tages hoffentlich alle gesehen haben, dass Verfahrensfragen sehr wichtig sind. Sie sind häufig schon angesprochen und insofern insgesamt sicher gebührend behandelt worden. Ich möchte Ihnen jetzt kurz erläutern, wie wir uns diese Diskussion gedacht haben. Es liegt ihr eine gewisse Struktur zugrunde. Es sollen zu Beginn zwei auf dem Markt tätige Akteure ihre verfahrensrechtlichen Perspektiven erläutern. Das wird zuerst Herr Eilers und dann Herr Krautscheid sein. Dann wird die andere Seite, die staatliche Seite, zu Wort kommen, zunächst Herr Zerres von der Regulierungsbehörde und dann Herr Dr. Arntz vom Verwaltungsgericht Köln. Und gewissermaßen über allem schwebt dann am Schluß Kollege Scherer als der wissenschaftliche Höhepunkt. Wir hoffen alle, dass das auch so klappen wird. Damit Sie nicht lange auf die Folter gespannt werden, bitte ich Herrn Eilers, das Wort zu nehmen.

Herr Eilers:

Mein Name ist Tomas Eilers. Ich bin Geschäftsführer der EWE TEL in Oldenburg. – EWE TEL: Wer ist das überhaupt? EWE TEL ist ein Regio-Carrier im Nordwesten

8 Das Telekommunikationsgesetz und sein Novellierungsbedarf in der Debatte   131

Deutschlands. Wir haben seit Anfang 1998 umfangreiche Erfahrungen mit Regulierungsverfahren unter gerichtlicher Überprüfung dieser Verfahren sammeln können. Bevor ich von diesen sowohl guten als auch schlechten Erfahrungen berichte, erlauben Sie mir ein paar Worte zum Geschäftsmodell Regio-Carrier (Bild 1).

Bild 1

Im Vordergrund der Debatte um Wettbewerb, Regulierung und TKG-Novelle stehen häufig die bundesweiten Diensteanbieter und City-Carrier. Regio-Carrier sind hingegen in ausgedehnten Gebieten mit häufig geringer Bevölkerungsdichte tätig. Im Regierungsbezirk Weser-Ems leben beispielsweise nur 75 Einwohner auf einem Quadratkilometer. Das erinnert an die heute vielfach angesprochene Oma im Bayerischen Wald.

EWE TEL bietet den Einwohnern im nördlichen Niedersachsen ein vollständiges Sortiment von TK Dienstleistungen an. Bis auf den Mobilfunk werden alle Produkte in eigener Verantwortung entwickelt und vertrieben. Im Hintergrund stehen mehr als 500 Mitarbeiter und ein leistungsfähiges TK Netz. Wir haben den Wettbewerb mit der Deutschen Telekom um Qualität, Kundenservice, innovative Produkte und günstige Preise aufgenommen- zum Vorteil aller Privat- und Geschäftskunden in der Region, denn der Wettbewerb brachte moderne Technik, auch der Deutschen Telekom, in die vermeintlich strukturschwache Region.

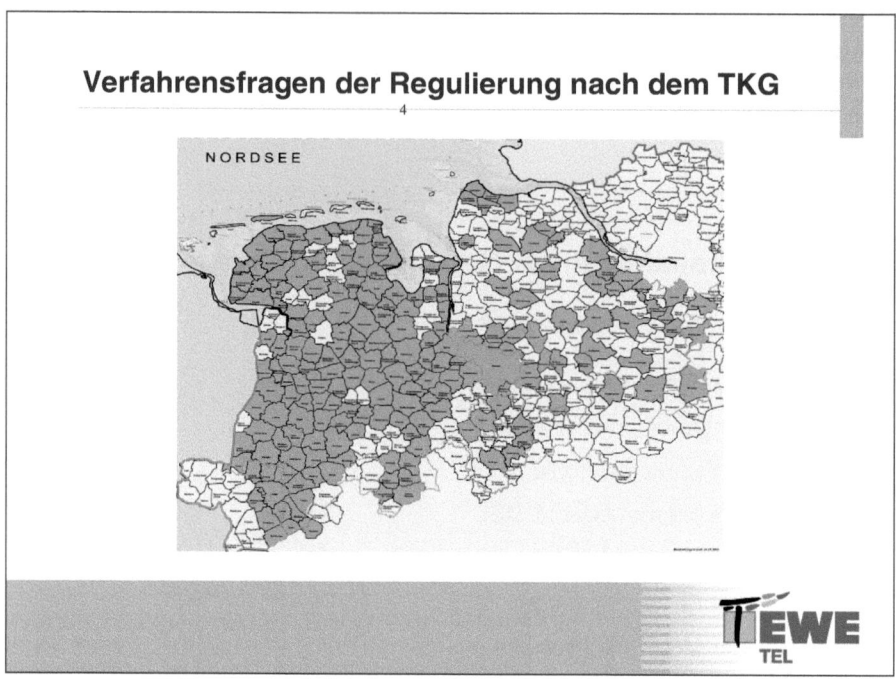

Bild 2

Auf der Graphik sehen Sie das Gebiet, in dem EWE TEL den Direktanschluß vermarktet (Bild 2). Dazu gehören ca. 200 erschlossene Ortsnetze. Wir verfügen insgesamt über ca. 22.000 km Kupfer- und Lichtwellenleiternetze. Am Beispiel der Regio-Carrier wird deutlich, dass neue Marktteilnehmer viel Geduld und guten Willen aufbringen, um den Wettbewerb, wie schon in § 1 TKG gefordert, in die Fläche zu tragen. Von den Omas aus dem Bayerischen Wald, sprich: Analogkunden, betreuen wir übrigens ca. 35.000, ca. 35 % unserer Kunden.

Guter Wille allein genügt aber nicht. Die Rahmenbedingungen für diese infrastrukturbasierte Form des Wettbewerbs müssen stimmen. Schwerwiegende Systemfehler wie die Preis-Kosten-Schere bei laufenden und einmaligen Entgelten für die Teilnehmeranschlussleitung und die fehlende Abstimmung zwischen Interconnection-Entgelten und Carrier Selection im Ortsnetz verhindern, dass die Teilnehmernetzbetreiber in angemessener Zeit die Gewinnzone erreichen können. Die Systemfehler verhindern dies und nicht ein schlechtes Management der Wettbewerbsunternehmen oder ein zurückhaltender Kapitalmarkt, auch wenn die Diskussion über die Ursachen der aktuellen wirtschaftlichen Situation des Wettbewerbs im Ortsnetz der Frage ähnelt: Was war erst, die Henne oder das Ei?

8 Das Telekommunikationsgesetz und sein Novellierungsbedarf in der Debatte

Verfahrensfragen der Regulierung nach dem TKG

Wo funktionieren die Verfahren gut?

- Ansprechbarkeit der Beschlusskammern
- Akteneinsicht in Bezug auf den Ablauf
- öffentliche mündliche Verhandlungen

Bild 3

Zu den positiven Erfahrungen gehört es, dass die Beschlusskammermitglieder jederzeit erreichbar sind (Bild 3). Grundsätzlich gut geregelt sind die Bekanntmachung der Verfahren im Internet und Amtsblatt, die Gewährung von Akteneinsicht durch zeitnahe Versendung von Kopien sowie schnelle Entscheidungen über Beiladungsanträge. Hier wäre es allerdings zu begrüßen, wenn die Beteiligung der Wettbewerber und der Öffentlichkeit in offenen Diskussionsprozessen weiter ausgebaut würde. Ferner könnte den Verbänden ein eigenes Klagerecht eingeräumt werden.

Die Regulierungsbehörde vertritt bekanntlich die Auffassung, dass die Verfahrenseinleitung in ihrem Ermessen steht (Bild 4). Einige wichtige Verfahren wurden so mit deutlicher Verzögerung eröffnet, so z.B. das Verfahren zur Anwendung der Entgeltregulierung auf geschlossene Benutzergruppen „TDN Baden-Württemberg". EWE TEL hat das Unterlaufen der regulierten Preise schon 1999 bei der Regulierungsbehörde bemängelt. Erst in 2001 eröffnete die Regulierungsbehörde das Verfahren nach Androhung einer Untätigkeitsklage seitens der Tesion. Daraufhin hat die Regulierungsbehörde tatsächlich einen Mangel festgestellt. In dem schnellen Markt der Telekommunikation ist aber eine rasche Auseinandersetzung der Behörde mit einem möglichen Missbrauchsfall unverzichtbar. In Zukunft muss den Unternehmen die Möglichkeit gegeben werden, die Einleitung eines Verfahrens zu erzwingen.

Verfahrensfragen der Regulierung nach dem TKG

Wo besteht Verbesserungsbedarf?

- RegTP sieht Ermessensentscheidung über die Eröffnung von Missbrauchsverfahren
    - Bsp. TDN Baden-Württemberg
    - Forderung: Pflicht zur Einleitung

- Fristen zur Entscheidung in Missbrauchsverfahren fehlen
    - aktuelles Bsp. TAL-Vertrag

Bild 4

Damit verbunden ist die Forderung, dass die Verfahren innerhalb einer bestimmten Frist entschieden werden müssen. Das aktuelle Beispiele des langwierigen Verfahrens um Missbrauchstatbestände im TAL-Vertrag zeigt, dass solche Fristen erforderlich sind. Seit Anfang 2001 gelten EU-Vorgaben zu wirksamen Sanktionen bei Schlechtleistung gegenüber dem Wettbewerber. Bis heute gibt es allerdings keine Lösung.

8 Das Telekommunikationsgesetz und sein Novellierungsbedarf in der Debatte 135

Verfahrensfragen der Regulierung nach dem TKG

Wo besteht Verbesserungsbedarf?

- Transparenz der Beschlusskammerverfahren fehlt
  - in Missbrauchsverfahren
  - in Entgeltverfahren
    - Bsp. Klage gegen TAL-Entgelte - kein effektiver Rechtsschutz gegeben

Bild 5

Leidvolle Erfahrungen hat EWE TEL auch mit der Transparenz der Beschlusskammerverfahren machen müssen (Bild 5). In den wichtigen Verfahren, mit denen die Entgelte für die TAL-Nutzung festgelegt wurden, war der überwiegende Teil der Verfahrensunterlagen für die Wettbewerber nicht einsehbar. Die Deutsche Telekom hat sich auf Betriebs- und Geschäftsgeheimnisse berufen. Sämtliche und nicht etwa nur sensible oder wichtige Daten und Prozessabläufe waren geschwärzt. Der Streit um die Einsicht in wichtige Kostenunterlagen führte dazu, dass unser Rechtsstreit über diese Entgeltentscheidung bis heute nicht abgeschlossen werden konnte. Er läuft seit 1999. Die angegriffenen Entscheidungen selbst wurden mittlerweile sogar durch neue Entscheidungen ersetzt. Vom Ausgang des Streits aber hängen die Geschäftsmodelle der Teilnehmernetzbetreiber maßgeblich ab. Im Konflikt zwischen Geheimhaltungsinteresse und Akteneinsichtsrecht ist eine klare Vorgabe zu treffen.

> **Verfahrensfragen der Regulierung nach dem TKG**
>
> Wo besteht Verbesserungsbedarf?
>
> - fehlende Sanktionierung von Entscheidungen
>
> - Entscheidungen auf Probe
>   - z.B. DSL-Entgelte probeweise unterhalb der Kosten toleriert

Bild 6

Schließlich hat sich gezeigt, dass es oftmals an einer wirksamen Sanktionierung der Regulierungsentscheidung fehlt (Bild 6). Die Deutsche Telekom kam Entscheidungen bisweilen nur zögerlich nach. Hier sind Sanktionen erforderlich, die sich an den wirtschaftlichen Vorteilen einer Verzögerung orientieren. Im Juni 2000 wurden z.B. verbindliche Fristen für die TAL-Bereitstellung beschlossen, von der Telekom aber erst nach ca. ½ Jahr umgesetzt.

Mit Sorge betrachtet EWE TEL die immer häufigeren Entscheidungen auf Probe. Die Beschlusskammer 3 entschied im Frühjahr 2001, gegen die T-DSL-Preise nicht einzuschreiten. Das haben wir heute schon vielfach gehört. Für einen Versuchszeitraum sollten diese Entgelte toleriert werden. Der so geschaffene Vorsprung kann von den Wettbewerbern kaum eingeholt werden. Die Wettbewerber mussten bei den Preisen unter Kosten, das wurde auch heute nicht bestritten, mitziehen, um keine Bestandskunden im Festnetzbereich zu verlieren. Dabei haben wir erhebliche Verluste verbucht. Nachdem die Deutsche Telekom über mehr als ein Jahr diese Preise unter den Kosten gewähren konnte, hat sie sie leicht anheben müssen. Mittlerweile hat sie den Markt für dieses Produkt aber fast vollständig besetzt.

8 Das Telekommunikationsgesetz und sein Novellierungsbedarf in der Debatte 137

Verfahrensfragen der Regulierung nach dem TKG

Wo besteht Verbesserungsbedarf?

- schwache Ausgestaltung der Einbeziehung des Bundeskartellamtes
  - z.B. im Verfahren um die TAL-Einmalentgelte (Entscheidung vom 11.04.2002)

Bild 7

Das Telekommunikationsgesetz sieht vor, dass die Regulierungsbehörde dem Bundeskartellamt Gelegenheit zur Stellungnahme gibt (Bild 7). Es muss bezweifelt werden, ob sie dieser Verpflichtung in ausreichendem Maße nachkommt. In der wichtigen Entscheidung für die Einmalentgelte hat sie dem Bundeskartellamt am 9.4.2002 ihren Beschlussentwurf vorgelegt. Die Entscheidungsfrist lief am 11.04.2002 ab. So hat das Bundeskartellamt noch am selben Tag seine Stellungnahme abgeben müssen. Die dabei geäußerten wichtigen Einwände gegen die Entscheidung können bis zur Veröffentlichung des Regulierungsbeschlusses 2 Tage später kaum noch ausreichend berücksichtigt worden sein.

Das Beispiel verdeutlicht, dass die Einbeziehung des Bundeskartellamts klarer ausgestaltet werden sollte.

Wahrscheinlich habe ich meine zugeteilte Redezeit jetzt schon deutlich überschritten. Aber Regelverstöße sind in unserer Branche leider noch überall möglich. Außerdem drohen mir keine direkten Sanktionen.

Prof. Gramlich:

Vielen Dank, Herr Eilers. Ich kann jetzt gewissermaßen nach dem David dem Goliath das Wort erteilen, und der wird natürlich jetzt einiges klar stellen wollen.

Herr Krautscheid:

Ich möchte mich mit der Frage der Verfahrensverkürzung und mit der Menge der Verfahren beschäftigen. Ich will auch versuchen, einige Dinge, die heute schon angesprochen wurden, zu kommentieren und eigene Vorschläge machen. Vielleicht kurz zu meiner Person. Andreas Krautscheid ist mein Name. Ich interessiere mich aus einem eher rechtspolitischen, verfahrensrechtlichen Aspekt für die Fragestellung des heutigen Nachmittags. Das rührt her aus meiner Zeit als Mitglied des Deutschen Bundestages. Ich habe im Anschluss an diese Phase als Kommunikationschef bei einem großen britischen Konzern gearbeitet und habe die Freude, seit einigen Wochen für die Deutsche Telekom in der Funktion als Leiter der politischen Kommunikation tätig zu sein.

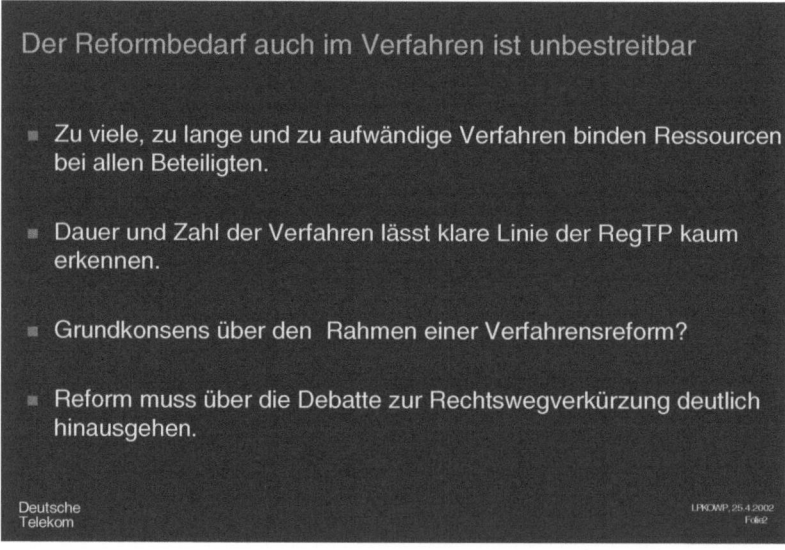

Bild 1

Bei der Frage um Verfahrensverkürzung und Verfahrensbeschleunigung verengt sich die öffentliche Wahrnehmung aus meinem Eindruck heraus sehr häufig, sehr schnell und, wie ich finde, zu schlicht auf die Frage der Verkürzung des Rechtswegs (Bild 1). Die Begründung hierfür ist durchaus vielgestaltig. Mir ist aufgefallen: Herr Prof. Scherer hat zum Beispiel in der ganz aktuellen Ausgabe der MMR den Ruf nach Verkürzung des Rechtswegs u.a. mit seiner Sorge vor einer nicht sehr effizienten Umsetzung der Richtlinien durch die EU-Kommission begründet. Eine andere sehr häufig verwandte Begründung, quasi der schon etwas angestaubte Klassiker aus dem Schatzkästchen des VATM, will die Verkürzung des Rechtsweges mit einem angeblichen Missbrauch der Verfahren durch die Telekom rechtfertigen. Ich bin allerdings der Meinung, dass dies als Legitimation nicht taugt. So ist der Anteil der tatsächlich beklagten Entscheidungen im Verhältnis zu denen, wo eine Klage möglich wäre, insgesamt rückläufig. Die Telekom konzentriert sich zunehmend auf strategisch bedeutsame Verfahren und greift häufig fehlerhafte Bescheidungen nur in Teilen an. Außerdem ist die Bemerkung sicherlich gestattet, dass die Zahl der Klagen zudem einfach dadurch verringert werden könnte, dass die Regulierungsbehörde gegen sie ergangene Urteile sofort in die Praxis umsetzt statt an ihrer falschen Auffassung festzuhalten und so die Telekom zu zwingen, in identischer Sache gegen den nächsten, natürlich genau so fehlerhaften Bescheid erneut zu klagen. Missbräuchlich wären diese Verfahren nur, wenn sie nicht wirklich der Suche um Rechtsschutz dienten, sondern allein einer taktischen Verzögerung. Hier sprechen zum einen die nackten Zahlen eine klare Sprache. Es ist schon darauf hingewiesen worden, dass gerade bei den bedeutsamen Eilverfahren die Zahl der von der Telekom gewonnenen Klagen außerordentlich hoch und überdurchschnittlich ist. Das zeigt, dass diese Klagen jedenfalls nicht missbräuchlich, sondern völlig zu Recht erhoben worden sind.

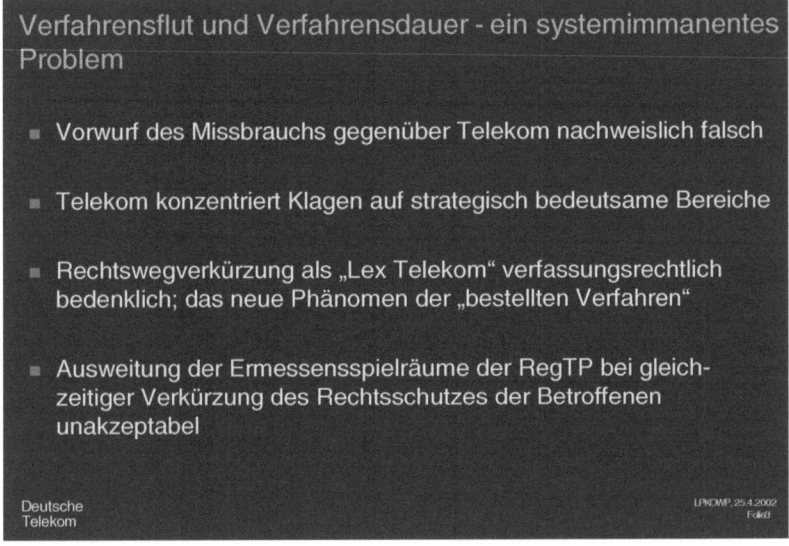

Bild 2

Im Übrigen wird das Jammern über die steigende Verfahrensflut auch dann unglaubwürdig, wenn zukünftig in Mode kommen sollte, was mehrfach in letzter Zeit geschehen ist (Bild 2): Dass nämlich die RegTP von sich aus Wettbewerber unverhohlen auffordert, doch einmal einen Antrag zu stellen oder gegen einen Bescheid vorzugehen. Eine solche „Bestellung von Verfahren" mag Regulierungsbehörde und Anwälte besser auslasten. Sie entlarvt aber das Lamento über zu viele Verfahren als Krokodilstränen. Abgesehen davon, dass die Verkürzung des Rechtsschutzes mit der offenkundigen Zielsetzung auf ein einziges Unternehmen, quasi eine „Lex Telekom", mir verfassungsrechtlich sehr bedenklich erscheint, wird bei der TKG-Novelle ein weiterer, wie ich finde auch in puncto Rechtsschutz sehr problematischer Aspekt deutlich. Es ist offensichtlich ein Trend, und so ist er auch in den neuen Eckpunkten des BMWi verstärkt enthalten, offene Fragen zur Diskussion und weiteren Behandlung an die Regulierungsbehörde zu delegieren, anstatt selbst verläßliche Festlegungen zu treffen. Und Sie mögen verstehen, dass wir vor den Erfahrungen, z.B. mit dem Thema Carrier Selection im Ortsnetz, relativ argwöhnisch sind, wenn wir im BMWi eine Körperhaltung beobachten dürfen, die sich so beschreiben ließe: Richtung Brüssel -Hände hoch, Richtung RegTP – Hände in die Tasche.

Wir werden mit dieser Verfahrensweise eher zum Gegenteil des von allen Gewollten kommen. Es wird keine Beschleunigung geben, sondern wir werden in Zukunft länger und mehr diskutieren müssen. Ich greife ein Beispiel von heute morgen auf. Auch das, finde ich, stimmt uns für die Frage, wie wir Verfahren verkürzen können, wenig optimistisch: Wenn nämlich Herr Tacke zu unserer Freude auf jeder Veranstaltung das Loblied auf den infrastrukturbedingten Wettbewerb singt und dann gleichzeitig die Signale aus der zuständigen Behörde kommen, man sei doch sehr überrascht, dass der Gesetzgeber so etwas jetzt in das Gesetz hinein geschrieben habe und man wisse gar nicht, wie man damit umgehen solle. Hier müssen wir zu anderen Verfahrensweisen kommen. Ich halte es auch für rechtspolitisch abenteuerlich, auf der einen Seite – dieser Trend ist auch in den neuen EU-Richtlinien deutlich zu spüren –, den Ermessens- und Gestaltungsspielraum der Regulierungsbehörde auszuweiten und auf der anderen Seite den Rechtsschutz des hauptbetroffenen Unternehmens verkürzen zu wollen; eine rechtspolitische Diskussion, auf die wir uns sicherlich einstellen müssen.

Ich halte die Debatte um Rechtswegverkürzung letztlich für eine Scheindebatte. Das Herumdoktern am Rechtsweg ist eher ein Holz- denn ein Ausweg, denn die Menge und Länge der Verfahren rührt eben nicht aus dem Verhalten der Deutschen Telekom her. Sie ist nach meiner Auffassung systemimmanent. Die Art und Weise, wie wir Verfahren vor der Regulierungsbehörde betreiben, ist verfahrensökonomisch unsinnig und muss zu einer großen Zahl von Klagen führen. Jeder von uns kennt genügend absurde Beispiele. Wenn etwa allein für einen einzelnen Vertrag mehrere 100 Seiten Dokumente zur Regulierungsbehörde gekarrt werden, dann von einem Wettbewerber Änderungswünsche in kleinsten Details zu einer kompletten Überprüfung führen, sich dann vielleicht Eilverfahren und Hauptsacheverfahren über Monate hinweg anschließen und wenn dann in fast identischer Sache parallele Verfahren mit 30, 40 oder mehr Carriern durchgezogen werden müssen, dann steht die prozessökonomische Sinnhaftigkeit solcher Verfahrenswege zu Recht in Frage. Eine einheitliche klare Linie ist kaum erkennbar. Und solche Verfahren wie bei weltbewegenden Fragen wie der nach der korrekten Lage des letzten Kabelschachtes auf öffentlichem Grund, sind weder im Sinne der Unternehmen noch der Steuerzahler und Kunden, die dieses Vergnügen letztlich bezahlen müssen.

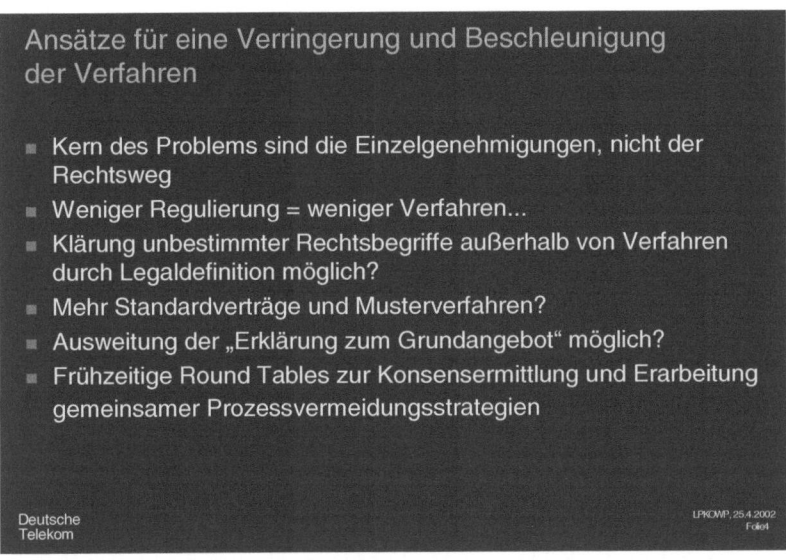

Bild 3

Welche Möglichkeiten haben wir denn in der Diskussion der nächsten Monate, um uns da eventuell aufeinander zu zu bewegen (Bild 3)? Ich will einige Punkte ganz bewusst als Frage aufwerfen. Den ersten Punkt kann ich Ihnen nach der Diskussion des heutigen Tages nicht ersparen. Die nachhaltigste und einfachste Möglichkeit zur Verfahrensreduzierung ist ohne Zweifel die generelle Reduzierung von Regulierung. Es gilt die Binsenweisheit: Wo weniger reguliert wird, gibt es auch weniger Verfahren. Im zweiten Punkt bin ich sehr nah bei der Idee, die Herr Kurth heute morgen präsentiert hat. Frage: Ist der Verordnungsgeber bereit, mehr Rechtssicherheit durch einen neuen, verlässlichen Katalog über die verbleibenden Gegenstände der Regulierung, etwa im Vorleistungsbereich zu schaffen? Herr Kurth hat dargestellt, dass man versuchen müsste, Dinge vor die Klammer zu ziehen und dort zu erledigen. Obwohl mir klar ist, dass unsere innovationsfreudige Branche im Zweifel immer schnell sein wird als der Verordnungsgeber, ist die Klärung von unbestimmten Rechtsbegriffen mittels Verfahren und Prozessen sicherlich der ineffizienteste und der langwierigste Weg. Drittens: Am Beispiel des angeblich so segensreichen Linesharing-Verfahrens zeigt sich, dass Aufwand und Nutzen in ein besseres Verhältnis gebracht werden müssen. Lässt sich das aufgrund der Preisvorstellung der Regulierungsbehörde vielleicht gar nicht mehr vorhandene Bedürfnis des Marktes wirklich nur nach einem langwierigen Verfahren und nach einer drastischen Preisabsenkung ermitteln? War das ein solches Verfahren wert? Wenn man dann hinterher hört: Hauptsache der Preis ist im Keller, und wir haben ein Mal darüber geredet, dann ist das Vorsichtsregulierung, die nicht im Sinne des Gesetzgebers ist. Viertens ist die Frage, ob wir uns nicht verstärkt um mehr Muster- und Standardverträge, auch um Musterverfahren bemühen, deren Inhalte von möglichst vielen Wettbewerbern akzeptiert werden. Standardverträge, die die Einzelgenehmigungsverfahren reduzieren und bei denen verbleibende Streitigkeiten der allgemeinen Missbrauchsaufsicht unterfallen können. Fünftens gehört in diesem Zusammenhang die Erklärung zum Grundangebot. Hat die RegTP Ideen und Strategien, um dieses Institut vielleicht häufiger einzusetzen? Sechstens: Sehen die Beteiligten und insbesondere die Regulierungsbehörde die Chance, durch frühzeitig angesetzte Round Tables einen Konsensrahmen früh zu ermitteln und so künftig verstärkt gemeinsame Klagevermeidungsstrategien zu entwickeln?

Das sind alles nur einige wenige Teilaspekte der Diskussion, und ich bin sehr gespannt darauf, ob diese Verfahrensfragen, die wir offensichtlich alle für wichtig halten, wenn es dann in die heiße Phase der öffentlichen Diskussion geht, noch die Rolle spielen, die sie spielen sollten. Wir, die Telekom, werden uns an dieser Debatte sicherlich konstruktiv und mit eigenen Vorschlägen gerne beteiligen.

Prof. Gramlich:

Wie es nötig war, haben die beiden am Markt tätigen Akteure die meiste Zeit in Anspruch genommen. Der Staat kann sehr viel knapper und präziser antworten. Herr Zerres hat das Wort.

Herr Zerres:

(Der Beitrag ist unter Zif. 8.2.1 abgedruckt)

Prof. Gramlich:

Herr Zerres, vielen Dank für diese Vielzahl von Facetten des Themas, die Sie angesprochen haben. Ich glaube, es kommen noch weitere Facetten dazu. Bitte, Herr Arntz.

Dr. Arntz:

(Der Beitrag ist unter Zif. 8.2.2 abgedruckt))

Prof. Gramlich:

Vielen Dank, Herrn Arntz, für Ihre klaren und präzisen Anregungen bzw. Vorschläge. Herr Scherer wird jetzt zu einigen europarechtlichen Aspekten sprechen, die das Ganze überlagern und bisher noch nicht behandelt worden sind.

Prof. Scherer:

Bei der Frage nach dem Novellierungsbedarf für das TKG, auch und gerade bei den Verfahrensfragen, die im Mittelpunkt dieser Paneldiskussion stehen, ist aus der Sicht des Europarechts zu differenzieren: Klar ist, dass die gemeinschaftsrechtlichen Richtlinien in nationales Recht umgesetzt werden müssen, und zwar innerhalb von 15 Monaten. Der europäische Gesetzgeber hat allerdings bewußt das Regelungsinstrument der Richtlinie gewählt, das dem nationalen Gesetzgeber zwar die gesetzgeberischen Ziele vorgibt, ihm aber die Wahl der Mittel, die Ausgestaltung im Einzelnen überlässt.

Das EU-Richtlinienpaket adressiert zum einen Regelungsgegenstände, für die das TKG nach Maßgabe der gemeinschaftsrechtlichen Vorgaben novelliert werden muss. Zum anderen finden sich aber in den Richtlinien auch eine Vielzahl von Vorgaben, für die das Gemeinschaftsrecht dem nationalen Gesetzgeber unterschiedliche Gestaltungsoptionen eröffnet. Von diesen beiden gemeinschaftsrechtlich geprägten Entscheidungssituationen zu unterscheiden ist das weite Feld des wünschenswerten Novellierungsbedarfs. Hier haben die Vorträge des heutigen Vormittags und auch einige Beiträge der Paneldiskussion des heutigen Nachmittags verdeutlicht, dass die Palette der Änderungswünsche und der Begehrlichkeiten außerordentlich bunt ist. Herr Hellwig hat heute morgen zu Recht vor gesetzgeberischem Aktivismus gewarnt. Ich möchte in der gebotenen Kürze versuchen, am Beispiel von drei verfahrensbezogenen Regelungskomplexen die unterschiedlichen Arten dieses Novellierungsbedarfs zu illustrieren – eines Novellierungsbedarfs, der im Spannungsverhältnis steht zwischen dem gesetzgeberischen Ziel einer Flexibilisierung der Regulierung einerseits und einer Harmonisierung der Regulierung auf europäischer Ebene andererseits.

Erster Regelungskomplex: Der nationale Gesetzgeber muss einen neuen Regulierungsansatz schaffen.

Der Regulierungsansatz des TKG wird von der abstrakt – generellen gesetzlichen Festlegung von ex ante-Verpflichtungen umgestellt werden müssen auf einen sehr viel flexibleren, verfahrensgeprägten Ansatz einer konkret-individuellen Regulierung von Unternehmen mit beträchtlicher Marktmacht, den sog. SMP-Unternehmen. Die Bestimmung der beträchtlichen Marktmacht eines Unternehmens obliegt bekanntlich nach dem neuen Gemeinschaftsrecht nicht länger allein den nationalen Regulierungsbehörden, sondern sie erfolgt in einem komplexen, mehrstufigen und entscheidend von der Kommission gesteuerten bzw. kontrolliertem Verfahren. Die Entscheidung darüber, welche ex ante-Verpflichtungen dem SMP-Unternehmen aufzuerlegen sind, wird nicht länger wie bislang abstrakt-generell in gemeinschaftsrechtlichen Richtlinien und im TKG getroffen, sondern sie muss konkret-individuell oder auch abstrakt-individuell für jeden relevanten Markt und/oder für jedes auf dem relevanten Markt tätige SMP-Unternehmen getroffen werden. Hier besteht Umsetzungsbedarf. Der Gesetzgeber muss neue Verfahrensstrukturen schaffen. Er muss auch neue inhaltliche Vorgaben für den Regulierer in das Gesetz aufnehmen, unter anderem wird ein relativ langer und bunter Katalog von Regulierungszielen, die in der Rahmenrichtlinie vorgegeben werden, in der einen oder anderen Form in das Gesetz übernommen werden.

Zweiter Regelungskomplex: Schaffung neuer Regulierungsverfahren.

Das Marktdefinitionsverfahren, das in den Richtlinien vorgesehen ist, beginnt mit einer Empfehlung der Europäischen Kommission und setzt sich dann auf nationaler Ebene fort, wobei die nationalen Regulierungsbehörden unter, wie es in der Richtlinie heißt, „weitestgehender" Berücksichtigung der Kommissionsempfehlungen die relevanten Märkte festzulegen haben. Diese etwas ungewöhnliche Formulierung vermag zwar nichts daran zu ändern, dass Leitlinien und Empfehlungen der Kommission keine rechtliche Bindungswirkung haben, immerhin schafft aber das Gemeinschaftsrecht damit einen Begründungsdruck, der zusätzlich noch verfahrensrechtlich verstärkt wird. Wenn der nationale Regulierer Märkte zu definieren beabsichtigt, die von denen der Kommissionsempfehlung abweichen, dann muss die Regulierungsbehörde zuvor im Rahmen eines Anhörungsverfahrens allen interessierten Parteien Gelegenheit zur Stellungnahme geben und zusätzlich ein Konsultationsverfahren durchführen. Ist die Kommission der Meinung, dass das, was der nationale Regulierer vorschlägt, rechtlich zweifelhaft ist, kann sie ein Vetorecht ausüben. Damit hat es die nationale Regulierungsbehörde zu einem gewissen Grad in der Hand, durch geeignete Vorabstimmung mit der Kommission zu verhindern, dass es zu der mit der Ausübung des Vetorechts verbundenen Verfahrensverzögerung kommt; der Kommission kommt damit auch auf der Ebene der informellen Verfahrensabläufe eine bedeutsame, entscheidungssteuernde Funktion zu. An das Marktdefinitionsverfahren schließt sich ein von der nationalen Regulierungsbehörde durchzuführendes Marktanalyseverfahren an. Auch hier müssen die nationalen Regulierer Kommissionsleitlinien weitestgehend berücksichtigen. Beide Verfahren, Marktdefinition und Marktanalyse bedürfen der verfahrensrechtlichen Umsetzung im Telekommunikationsgesetz, wobei unter den verfahrensrechtlichen Vorgaben des Gemeinschaftsrechts insbesondere das Erfordernis der Durchführung eines Anhörungsverfahrens hervorzuheben ist: Nach der Richtlinie muss die nationale Regulierungsbehörde interessierten Parteien innerhalb einer angemessenen Frist Gelegenheit zur Stellungnahme zu ihrer Marktanalyse geben, und sie muss dieses Anhörungsverfahren öffentlich durchführen. Zur näheren Ausgestaltung des Anhörungsverfahrens und zu der Frage, ob den interessierten Parteien nicht nur die Möglichkeit zur Anhörung, sondern auch die Möglichkeit zu gerichtlichem Rechtsschutz einzuräumen ist, schweigt die Richtlinie. Der Gesetzgeber hat insofern unterschiedliche Gestaltungsoptionen.

Umzusetzen sind auch – und das wird wahrscheinlich das Herzstück des künftigen Telekommunikationsgesetzes sein – die Regeln zur Auferlegung oder Nichtauferlegung von ex ante-Verpflichtungen. Hier wird der Gesetzgeber nicht nur über das Verfahren, sondern auch über das zugrunde zu legende Regelungsinstrument zu befinden haben; geeignet – weil mit der notwendigen Flexibilität ausgestattet – erscheint das Instrument des Verwaltungsakts bzw. Allgemeinverfügung.

Dritter Regelungskomplex: Vorgaben und Gestaltungsoptionen für den gerichtlichen Rechtsschutz.

Für die Ausgestaltung des Rechtschutzes gegen Regulierungsentscheidungen im Allgemeinen und des Rechtschutzes gegen die Entscheidung, über das Ob und Wie der Auferlegung von ex ante-Verpflichtungen im Besonderen enthalten die gemeinschaftsrechtlichen Richtlinien nur sehr allgemein gehaltene Vorgaben, die dem nationalen Gesetzgeber einen relativ breiten, allerdings durch das Grundgesetz (Art. 19 Abs. 4) umhegten Gestaltungsspielraum eröffnen. Die Mitgliedstaaten, das verlangt die Richtlinie, haben dafür zu sorgen, dass es auf nationaler Ebene wirksame Verfahren gibt, nach denen jeder Nutzer oder Anbieter elektronischer Kommunikationsgesetze, der von einer Entscheidung des nationalen Regulierers betroffen ist, einen Rechtsbehelf einlegen kann. Diese Stelle kann, wie es in der Richtlinie ausdrücklich heißt, auch ein Gericht sein, so dass es bei der Rechtswegzuweisung zu den Verwaltungsgerichten aus der Sicht des Gemeinschaftsrechts bleiben kann. Zu den Gestaltungspotenzialen, die dem Gesetzgeber hier sowohl gemeinschaftsrechtlich als auch nach nationalem Verfassungsrecht offen stehen, dürfte insbesondere bei der Entscheidung über die Auferlegung von ex ante-Verpflichtungen die Verkürzung des verwaltungsgerichtlichen Instanzenzugs gehören. Herr Arntz hat aus der Sicht der verwaltungsgerichtlichen Praxis gerade für eine solche Verkürzung des Instanzenzugs plädiert. Es dürfte nur sehr schwer vorstellbar sein, dass über einen Zeitraum von 5, 8 oder 10 Jahren streitbefangen ist, ob und inwieweit ein Unternehmen der SMP-Regulierung unterliegt. Zumindest für diese Grundsatzentscheidung der Regulierung müsste ein sehr rasches und klar strukturiertes verwaltungsgerichtliches Verfahren im künftigen Gesetz vorgesehen werden.

Zur Lösung des weiteren, in anderen Beiträgen dieser Veranstaltung angesprochenen Problems, dass die in § 80 Abs. 2 TKG vorgesehene aufschiebende Wirkung von Klagen gegen Entscheidungen der Regulierungsbehörde in der Praxis durch sogenannte Zwischenverfügungen des Gerichtsvorsitzenden in aller Regel ausgesetzt wird, werden subtilere verwaltungsprozessrechtliche Mechanismen – bis hin zur Vorgabe von Entscheidungsfristen – zu diskutieren sein, da die faktische Umkehrung des Regel-Ausnahmeverhältnisses von sofortiger Vollziehbarkeit und Aussetzung der Vollziehung weder dem Willen des Gesetzgebers noch dem des Richtliniengebers entspricht. Zu erwägen ist schließlich auch, gerichtlichen Rechtsschutz nicht schon gegen die Marktdefinitions- und Marktanalyseentscheidungen, sondern erst gegen die abschließende Entscheidung über das Ob und Wie der ex ante-Regulierung zu eröffnen. Auch unter der Geltung der Rechtsschutzgarantie des Art. 19 GG ist anerkannt, dass aus einer Verfahrensstufung, und wir haben es hier mit gestuften Verfahren zu tun, nicht etwa der Zwang folgt, bereits die erste sich abzeichnende Entscheidung für jeden von Folgeentscheidungen möglicherweise Betroffenen voll umfänglich gerichtlich angreifbar zu machen. Vielmehr ist es ausreichend, ein Stufensystem der Betroffenheit zu schaffen, was auch auf der Grundlage der gemeinschaftsrechtlichen Vorgaben ohne weiteres möglich wäre.

Ich komme zum Schluss. Das Wehklagen über die duale Regulierungsstruktur, über die Verzahnung von europäischer und nationaler Regulierung, und die damit verbundenen höchst komplexen und potenziell sehr langwierigen Regulierungsverfahren, ist wenig zielführend. Es ist ebenso wenig zielführend wie die Forderung, dass nur die echten bottlenecks reguliert werden dürfen. Was Gegenstand der Regulierung ist, welches die zu regulierenden „bottlenecks" – insbesondere beim Zugang zu elektronischen Kommunikationsnetzen und Diensten – sind und wie die Regulierungsferfahren strukturiert sein müssen, ergibt sich aus den Richtlinien. Sie sind jetzt geltendes Recht und müssen von den Mitgliedstaaten umgesetzt werden. Das EU-Richtlinienpaket gibt aber dem Gesetzgeber auch Chancen, einige durch undeutliche Gesetzesformulierungen bedingte oder durch die Rechtsprechung geschaffene Unsicherheiten – zu denen Herr Zerres und Herr Arntz einiges gesagt haben – über Umfang und Grenzen einzelner Regulierungsbefugnisse, über die Beurteilungsspielräume des Regulierers sowie über die Kontrolldichte der Gerichte durch behutsame, klarstellende Gesetzesänderungen zu beseitigen. Darüber hinaus bietet die gemeinschaftsrechtlich gebotene Novellierung des TKG auch die Chance, zugleich auch die erforderlichen Konsequenzen aus den Regulierungsverfahren der vergangenen vier Jahre zu ziehen. Sie bietet drittens die Chance, die Regulierungsverfahren insgesamt effizienter zu gestalten und zu rascheren Entscheidungen zu führen.

Prof. Gramlich:

Meine Damen und Herren, angesichts der fortgeschrittenen Zeit schlage ich vor, nachdem Herr Scherer so ein schönes Schlusswort geliefert hat, dass ich Sie lediglich bitte, die ganzen Erwägungen, die hier in einer Stunde dargestellt worden sind, auf sich einwirken zu lassen und auf eine Diskussion zu verzichten. Sie haben gesehen, dass zwar kein gesetzgeberischer Aktivismus gefragt ist, aber der Teufel wird im Detail stecken, wie das so häufig der Fall ist.

8.2.1 Diskussionsbeitrag beim Forum II: Verfahrensfragen der Regulierung nach dem Telekommunikationsgesetz Besteht Novellierungsbedarf?

Achim Zerres
Regulierungsbehörde für Telekommunikation und Post, Bonn

A Verwaltungsverfahren

I. Das allgemeine Verwaltungsverfahren der RegTP wirft zwar eine Vielzahl von Fragen, teilweise auch Unzulänglichkeiten auf. Im Wesentlichen sind dies aber entweder keine speziellen Fragen, sondern solche, die allgemein bei allen Arten von behördlichen Verfahren auftreten (*beispielsweise das mitunter sehr langwierige Verfahren zur Erarbeitung der sog. vorläufigen Zuteilungsregeln für Rufnummern*), oder es handelt sich im Kern um materielle Fragen. *Als Beispiel mag (neben den Verfahren der Frequenzplanung und der Strukturierung des Nummernraumes) das Stichtagsverfahren bei der Vergabe von Rufnummern dienen, das einen erheblichen Verwaltungsaufwand mit sich bringt, wohinter sich im Kern aber materielle Fragen beispielsweise des Namensrechts verbergen.*

II. Das **Verfahren der Beschlußkammern** der RegTP weist eine Reihe von allgemeinen Aspekten auf, die quasi vor die Klammer gezogen werden können. Auf Besonderheiten der einzelnen Verfahrensarten gehe ich später ein.

1. Grundsätzlich bewährt hat sich die **Gerichtsförmigkeit** des Verfahrens. Sie schafft einen gleichbleibenden Rahmen, der den Ablauf des Verfahrens für alle Beteiligten kalkulierbar macht. Gleichzeitig wird die angestrebte Unabhängigkeit der Beschlußkammern und der Behörde in der Praxis nicht durch politische Absichtserklärungen, sondern gerade durch die Gerichtsförmigkeit des Verfahrens gestärkt. Wenn die Entscheidung auf Grund der mündlichen Verhandlung ergehen und von den daran Mitwirkenden getroffen werden muß und wenn dabei drei gleichberechtigte Mitglieder der Beschlußkammer zu entscheiden haben, dann sind damit gewisse Grenzen der Einflußnahme gezogen. Selbstverständlich gibt es auch im Beschlußkammerverfahren Verbesserungsmöglichkeiten in Detailfragen, z.B. könnten der Zwang zur mündlichen Verhandlung etwas gelockert werden, oder eine Möglichkeit geschaffen werden, Verfahrensfragen oder einfach gelagerte Fälle durch eine Art Berichterstatter entscheiden zu lassen. All dies betrifft aber nichts Grundsätzliches.

Grundsätzliche Fragen ergeben sich aber im Zusammenhang mit dem **Amtsermittlungsgrundsatz** und den in § 31 TKG konzentrierten **Ermittlungsbefugnissen**. So ist eine leichte Tendenz zur Bequemlichkeit zu beobachten, d.h. im Vertrauen auf die

Amtsermittlungspflichten wirken auch diejenigen, die eine bestimmte Entscheidung der Behörde begehren, nicht immer im wünschenswerten Umfang an der Beibringung der Tatsachengrundlagen mit. Hier könnte man über die Einführung von Präklusionsfristen für verspätetes Vorbringen nachdenken, auch wenn das systematisch nicht ganz zur Amtsermittlung paßt. Vor allem aber greifen die Ermittlungsbefugnisse der Behörde zu spät. Da die Rechtsprechung Auskunftsverlangen zunächst nur im Rahmen eingeleiteter Entgeltregulierungsverfahren zuließ (VG Köln B.v. 21.1.98 ArchivPT 98, 395; OVG NW B.v. 2.4.98 MMR 98, 493; großzügiger jetzt OVG NW B.v. 17.9.01, 13 B 1204 /01) und gegen förmliche Auskunftsverlangen in aller Regel einstweiliger Rechtsschutz beantragt wird (vgl. VG Köln B.v. 27.8.01, 1 L 1801 /01 und VG Köln B.v. 10.9.01, 1 L 1844 /01), führen derartige Verwaltungsakte meist nicht zu Erkenntnissen, die in dem anhängigen Entgeltregulierungsverfahren noch vernünftig gewürdigt werden könnten. Daher sollte klargestellt werden, daß § 31 TKG auch schon vor Eröffnung konkreter Beschlußkammerverfahren anwendbar ist, und eine Klärung des Verhältnisses zu §§ 72 und 76 TKG erfolgen.

Damit ist ein weiteres grundsätzliches Problem der Beschlußkammerverfahrens in den Blick gerückt: Die Ambivalenz der strikten **Fristenbindung**. Diese hat sicherlich der Stringenz der behördlichen Verfahrensführung gutgetan und die Konzentration auf's Wesentliche gefördert sowie die innerbehördlichen Verfahrensabläufe gestrafft. Deswegen sollte man sie auch grundsätzlich beibehalten, so anstrengend sie auch insbesondere für die Mitglieder der Beschlußkammer sein mag. Andererseits führt der Zwang, nach einer bestimmten Zeit entscheiden zu müssen, dazu, daß nicht regelmäßig aber häufig auf einer Erkenntnisgrundlage entschieden werden *muß*, die zumindest subjektiv noch nicht ausreichend ist. Beispiel sind Entscheidungen über Entgeltgenehmigungsanträge, bei denen die benötigten Kostenunterlagen noch nicht vorliegen oder mit den erforderlichen Nachbesserungen erst kurz vor Ende der Entscheidungsfrist vorliegen. (*Die materielle Lösung des Problems [Antragsablehnung] ist keine, da sie sich letztlich gegen denjenigen kehrt, der die Leistungen für die die Entgelte genehmigt werden sollen, nachfragen will. Außerdem versagt diese Lösung bei der ex post Kontrolle völlig.*) Auf die Spitze getrieben könnte man behaupten, die knappen und derzeit nicht verlängerbaren Fristen, nützen nicht demjenigen, der eine schnelle Entscheidung benötigt, sondern demjenigen, der sie verhindern möchte, weil er die Behörde durch gezielte Informationsverweigerung zwingen kann, entweder sich gegen ein Eingreifen zu entscheiden oder auf beschränkter Tatsachengrundlage zu entscheiden und damit ein erhebliches Prozeßrisiko einzugehen. Durch zusätzliche Abstimmungsverfahren auf europäischer Ebene würden diese Probleme jedenfalls nicht gemildert.

Das Stichwort Prozeßrisiko führt zu einer weiteren Verfahrensfrage, nämlich der **Implementierung**, verstanden als Durchsetzbarkeit von Beschlußkammerentscheidungen. Um Mißverständnissen vorzubeugen: Das Problem ist nicht das eher alberne Zwangsgeld von höchstens 2000 DM nach § 11 Abs. 3 VwVG. Zumindest bei der Deutschen Telekom AG ist nämlich festzuhalten, daß sie vollziehbaren Beschlüssen, wenn sie denn endlich vollziehbar sind, dann auch nachkommt; eine

Vollstreckung ist bislang noch nicht erforderlich geworden (*was nicht heißt, daß man § 11 Abs. 3 VwVG nicht auf einen aktuell vernünftigen Wert anheben sollte*). Das Problem liegt eher in der Zeit, die ungeachtet des § 80 Abs. 2 TKG vergeht, bis ein Beschluß endlich vollziehbar ist. (*Dazu ist unter dem Stichwort vorläufiger Rechtsschutz noch näheres auszuführen*) sowie in den beschränkten Befugnissen auf Rechtsfolgenseite, die den Beschlußkammern in den einzelnen Verfahrensarten zur Verfügung stehen.

2. Ein typisches Beispiel für Implementierungsschwierigkeiten in **speziellen Beschlußkammerverfahren** sind die beschränkten Möglichkeiten der Behörde im Rahmen der **ex post Regulierung**. Für eine vernünftige Implementierung würde man sich hier neben der Beanstandung und Untersagung auch positive Gestaltungsmöglichkeiten der Behörde wünschen. Daran fehlt es insbesondere, wenn die nachträgliche Entgeltregulierung zu Zahlungspflichten Dritter führt (Beispiel: Kabeleinspeiseentgelte). Nicht bewährt hat sich auch die Zweistufigkeit des Verfahrens, die häufig zu unnötigen Verzögerungen führt. Strukturell ist das Verfahren nach § 30 Abs. 2 TKG derzeit so ausgestaltet, daß wenig Bereitschaft der Betroffenen besteht, das Verfahren zu fördern. Hier könnte die Möglichkeit rückwirkender Beanstandungen zumindest dem objektiv bestehenden Verzögerungsinteresse entgegenwirken.

Im Rahmen der **ex ante Regulierung** stellt sich wie auch bei der nachträglichen Entgeltregulierung die Frage, ob die vorgesehenen Fristen ausreichend sind, insbesondere vor dem Hintergrund von sehr häufig, um nicht zu sagen regelmäßig unzureichenden Kostenunterlagen. Es ist nicht ganz auszuschließen, daß der Gesetzgeber hier von einer etwas idealistischen Vorstellung über die Mitwirkungsbereitschaft von Wettbewerbsunternehmen (*was nicht nur das für das marktbeherrschende Unternehmen, sondern auch für dessen Wettbewerber gilt*) und die Erkenntnismöglichkeiten der Beschlußkammern ausging. Im Rahmen der Genehmigungsverfahren nach § 39 TKG gibt es darüber hinaus ein Spannungsverhältnis zwischen dem gesetzlich vorgesehen Vorrang verhandelter Entgelte, der sich in dem sog. Einzelvertragsprinzip niederschlägt, und dem Bedürfnis aller Beteiligten nach Formen von Standardtarifen. Für die Behörde ist die vorherige Verhandlungspflicht wichtig, weil dadurch zumindest mal eine gewisse Basis hinsichtlich des Leistungszuschnitts geschaffen wird, an dem dann die Entgeltregulierung ansetzt.

Im Rahmen der **Zusammenschaltungsverfahren** ist insbesondere auf die nach der derzeitigen Rechtsprechung (VG Köln U.v. 30.8.01 CR 02, 114; OVG NW B.v. 3.5.01, MMR 01, 548) ausgeschlossene Möglichkeit der Entgeltregelung hinzuweisen. Diese Rechtsprechung führt zu einer Zweistufigkeit, die letztlich nur demjenigen nützt, der an einer Verzögerungsstrategie Interesse hat. Jenseits der Entgelte und der eigentliche Zusammenschaltungsfragen wird das Zusammenschaltungsverfahren teilweise auch zu einer Art AGB-Kontrolle einzelner strittiger Vertragsklauseln genutzt, wozu es ursprünglich wohl nicht gedacht war. Auch hier ist ein Hinweis auf die Fristen nötig: Diese können bei der Klärung technischer Fragen von Zusammenschaltungen äußerst knapp sein.

Keine Fristenprobleme in diesem Sinne weist das **Mißbrauchsuntersagungsverfahren** nach § 33 TKG auf. Dafür ist hier gleich in doppeltem Sinne eine umständliche Zweistufigkeit zu beklagen: Die unmittelbar aus § 33 zu erkennende vorherige Beanstandungspflicht hat sich ebenso wie bei § 30 Abs. 4 nicht bewährt. Aber auch bei § 33 fehlt es an einer Regelungsmöglichkeit für die Entgeltfrage, was sich bei der Implementierung als faktische Drei- oder Vierstufigkeit auswirkt. An das zweistufigen Anordnungsverfahren schließt sich dann nämlich noch ein Entgeltregulierungsverfahren und gegebenenfalls ein Zwischenstreit über die Genehmigungspflichtigkeit an (allseits bekanntes Beispiel sind die Resale-Entscheidungen der BK2 und 3, dazu VG Köln B.v. 15.12.99, 1 L 2522 /99; anschl. OVG NW B.v. 24.8.00, K&R 00, 566; sowie VG Köln B.v. 9.7.01, CR 01, 599 und OVG NW B.v.1.10.01 CR 02, 29), bevor schließlich die begehrte Leistung bezogen werden kann. Mitunter sind auch die Mißbrauchsvorwürfe der Wettbewerber zu pauschal gehalten, um ein Eingreifen zu ermöglichen. Dort wo die Angaben konkret genug sind, handelt es sich dann häufig um Geschäftsgeheimnisse, die nicht öffentlich erörtert werden können.

B Gerichtsverfahren

I. Bereits mehrfach angedeutet wurden die Probleme, die sich im Rahmen des **vorläufigen Rechtsschutz**es nach § 80 Abs. 5 VwGO ergeben haben.

1. Häufig wird die Dauer der einstweiligen Rechtsschutzverfahren beklagt. (*Sie liegt bei den erstinstanzlichen Eilverfahren immer so etwa um die 3 Monate mit leicht steigender Tendenz, wogegen die Dauer der Beschwerdeverfahren stark schwankt und zwischen Jahresdurchschnittswerten von 2 Monaten in 2001 und fast 5 Monaten in 2000 pendelt. Die sich daraus ergebende <u>durchschnittliche</u> Gesamtdauer der Eilverfahren von knapp 6 Monaten ist in jedem Fall zu lang*) Problematisch ist aber nicht die reine Dauer, sondern daß es den Antragstellern (regelmäßig der DTAG) in aller Regel gelingt durch sog. Zwischenverfügungen des Vorsitzenden oder Drohungen mit derselben einen Vollzugsverzicht für die Dauer des Eilverfahrens zu erreichen. Damit steht die sofortige Vollziehbarkeit von Entscheidungen der RegTP nach § 80 Abs. 2 TKG nur auf dem Papier. Realität ist für die Dauer des Eilverfahrens die **aufschiebende Wirkung** von Klagen. Die Reaktionsmöglichkeiten reichen hier von achselzuckender Hinnahme unter Verweis auf Art. 19 Abs. 4 GG bis zur Forderung der Abschaffung einer Gerichtsinstanz im Eilverfahren. Letzteres kann allenfalls mit der parallelen Abschaffung der gleichen Instanz im Hauptsacheverfahren Sinn machen, da die Hauptsacheentscheidungen derjenigen Instanz, die keine Zuständigkeiten im Eilverfahren mehr hätte, stark bis völlig entwertet würden. Ob allerdings die Abschaffung von Gerichtsinstanzen stets das vernünftigste Mittel zur Verfahrensbeschleunigung sind, erscheint wegen der damit häufig verbundenen Qualitätseinbußen zweifelhaft. Erlaubt sei der Hinweis, daß man nicht nur Verwaltungsbehörden, sondern auch Gerichten Fristen vorgeben kann, binnen derer sie zu entscheiden haben.

2. Nahezu umgekehrt ist die Situation im Verfahren der **einstweiligen Anordnung** nach § 123 VwGO, die in der Regel von Wettbewerbern angestrengt werden. Hier ist einstweiliger Rechtsschutz praktisch kaum zu erreichen. Denn meist kommt die begehrte Entscheidung einer Vorwegnahme der Hauptsache gleich, und derartige Entscheidungen erlassen die Gerichte in der Regel nur bei Existenzgefährdung oder schweren irreparablen Nachteilen und bei offenkundigem Anspruch auf das begehrte Verhalten. Existenzgefährdung liegt selten vor und ebenso selten läßt sich bei den nur summarischen Erkenntnismöglichkeiten des Eilverfahrens ein offenkundiger Anspruch glaubhaft machen. Deshalb hat bislang erst in einem einzigen Fall ein Leistungsantrag nach § 123 VwGO Erfolg gehabt (und dabei handelte es sich um einen echten Sonderfall, Antrag von Mannesmann auf Fortführung des TAL-Entgeltgenehmigungsverfahrens VG Köln B.v. 22.1.99, MMR 99, 161). Für die Behörde ist diese Situation natürlich relativ bequem ...

II. Im **Hauptsacheverfahren** geht es der RegTP nicht anders als anderen Prozeßbeteiligten, die unter der im Vergleich zu anderen Gerichtszweigen längeren **Verfahrensdauer** leiden. Zu einem besonderen Problem wird das im Telekommunikationsbereich durch die schiere Zahl der Verfahren (von 1998 bis heute wurden etwa 560 Verfahren telekommunikationsrechtlicher Art entschieden oder auf sonstige Art erledigt, derzeit noch anhängig sind weitere 330 Verfahren), die daraus resultiert, daß nahezu jede Entscheidung der Behörde von einigem Gewicht von mindestens einer Seite beklagt wird. Vor allem aber führt diese Praxis zusammen mit der Rechtsprechung bezüglich der Verpflichtung der Behörde zur **rückwirkenden** Erteilung von **Entgeltgenehmigungen** für Jahre zurückliegende Zeiträume (erstmals VG Köln U.v.9.11.00 CR 01, 523, bestätigt in B.v. 4.10.01, MMR 01, 838; ebenso OVG NW B.v. 14.12.01, 13 B 1362 /01) zu einer nachhaltigen Verunsicherung des Marktes. Patentrezepte für eine allseits zufriedenstellende Lösung des Interessenkonfliktes zwischen den Anforderungen des Marktes an Planungssicherheit und dem Anspruch auf effektiven Rechtsschutz sind hier keine bekannt.

Letzteres gilt auch für das Problem der Behandlung der **Geschäftsgeheimnisse** im gerichtlichen Verfahren. Trotz einem Dutzend einander zum guten Teil widersprechender Entscheidungen der zuständigen Gerichte zu diesem Fragenkomplex, trotz der vom BVerfG erzwungenen Änderung des § 99 VwGO und trotz der begrüßenswerten Zuständigkeitsübertragung für Entscheidungen nach § 99 Abs. 1 Satz 2 VwGO auf die RegTP sind die Fragen nach den anzulegenden Maßstäben, wann von einem Überwiegen der Geheimhaltungsinteressen auszugehen ist und wann die Interessen an effektivem Rechtsschutz und rechtlichem Gehör überwiegen, nach wie vor nicht geklärt. Ob insoweit das in camera Verfahren der Königsweg ist, muß bezweifelt werden. Auch die Folgen einer Geheimhaltung entscheidungserheblicher Unterlagen, also die Folgen der Unerweislichkeit bestimmter Tatsachen, mithin die Beweislast im gerichtlichen Verfahren ist nach wie vor ungeklärt (erste Hinweise enthalten Entscheidungen des VG Köln U.v. 10.5.01, 1 K 9222 /97 u. U.v. 21.2.02, 1 K 8523 /99).

Schließlich sind im gerichtlichen Verfahren auch die Fragen nach der **Kontrolldichte** und dem **Kontrollumfang** noch nicht geklärt. Insofern zeichnen sich einmal mehr divergierende Ansätze von VG und OVG ab. Während das VG einem Beurteilungsspielraum nicht abgeneigt scheint (VG Köln B.v. 24.1.02, 1 L 2574 /01) und auch nur eine eingeschränkte Verpflichtung zur Herbeiführung der Spruchreife zu sehen scheint (VG Köln U.v.21.2.02, 1 K 5694 /98), scheint das OVG eher so etwas wie einen Antragsspielraum des die Genehmigung beantragenden Unternehmens annehmen zu wollen (OVG NW B.v.3.5.01, 13 B 69 /01).

Als **Fazit** läßt sich festhalten: Nicht nur das EU-Richtlinienpaket, sondern auch die Praxis des geltenden Rechts belegt Novellierungsbedarf. Die EU-Vorgaben sollten dabei sorgfältig daraufhin geprüft werden, inwieweit sie bereits Lösungen für die aus dem bestehenden Verfahrensrecht resultierenden Probleme weisen.

8.2.2 Diskussionsbeitrag beim Forum II: Verfahrensfragen der Regulierung nach dem Telekommunikationsgesetz Besteht Novellierungsbedarf?

Joachim Arntz
Verwaltungsgericht Köln

Ich möchte Ihnen nachfolgend in der vom Veranstalter vorgegebenen Kürze fünf Vorschläge vorstellen, die Verfahrensfragen im Umfeld des Telekommunikationsgesetzes betreffen.

Mein **1. Vorschlag betrifft § 24 TKG**:

Für die Entgeltregulierung fehlt es bislang an klaren, praktikablen Kriterien. Der diffuse „Maßstab" des § 24 Abs. 1 Satz 1 TKG, wonach Entgelte sich an den Kosten der effizienten Leistungsbereitstellung zu orientieren haben, bereitet der Praxis erhebliche rechtliche Anwendungsschwierigkeiten. Unsicherheiten bestehen z. B. bei der Kostenrechnung, der Kostenzurechnung, beim Gemeinkostenzuschlag, beim Effizienzbegriff und beim Begriff der Orientierung. Was die Bestimmungen der Telekommunikations-Entgeltregulierungsverordnung (TEntgV) dazu an Erläuterungen bieten, ist ebenfalls wenig präzise (vgl. etwa den Begriff des angemessenen Zuschlags für leistungsmengenneutrale Gemeinkosten, § 3 Abs. 2 TEntgV).

Um damit praktisch vorprogrammierte „langwierige Streitigkeiten über die Preisbildung zwischen neuen Marktteilnehmern und gemeldeten Betreibern zu vermeiden", hat die Kommission etwa für den Bereich der Entbündelung der Teilnehmeranschlussleitung den nationalen Regulierungsbehörden schon 1999 empfohlen, „die Preisbildungsmethodik und die entsprechenden Parameter zur Errechnung der Preise vorzugeben". Dies ist bis heute nicht geschehen.

Langwierige Streitigkeiten und Planungsunsicherheit infolge fehlender Vorhersehbarkeit der Preisgestaltung erschweren den Wettbewerb und stehen damit in direktem Gegensatz zu einem der beiden Hauptziele der Regulierung.

Mein 1. Vorschlag daher:

> Der Normgeber sollte die bereits in Teilbereichen (z. B. Entbündelung der Teilnehmeranschlussleitung) ergangenen Empfehlungen der Kommission, die Preisbildungsmethodik und Parameter zur Errechnung der Preise vorzugeben, für den gesamten Bereich der Entgeltregulierung umsetzen und alsbald eindeutige, detaillierte und praktikable Regelungen für die Preisbildung treffen.

Mein 2. Vorschlag betrifft § 27 Abs. 3 TKG.

Diese Vorschrift enthält das für die Entgeltgenehmigung maßgebliche materielle Prüfungsprogramm. Anders als § 24 Abs. 2 Nr. 1 und Abs. 2 Nr. 2 und 3 TKG wird § 24 Abs. 1 TKG nicht ausdrücklich erwähnt. Dies sollte zur Klarstellung korrigiert werden. Denn § 24 Abs. 1 TKG normiert den für die Entgeltregulierung zentralen Maßstab der Orientierung an den Kosten der effizienten Leistungsbereitstellung. Auch der Verordnungsgeber hat diesen Maßstab – und nicht etwa den des § 24 Abs. 2 TKG – in den Ausführungsbestimmungen des § 3 Abs. 1 und 2 TEntgV vorgegeben. Es dürfte vieles dafür sprechen, dass die Genehmigung auch („erst recht") zu versagen ist, wenn sich das Entgelt nicht an den Kosten der effizienten Leistungsbereitstellung orientiert, es sich also insoweit um einen <u>eigenen</u> Versagungsgrund neben den Missbrauchstatbeständen des § 24 Abs. 2 TKG handelt (so ausdrücklich VG Köln, Urteil v. 21.02. 2002 – 1 K 5694/98 –, n.v.). Für diese Auslegung dürfte im Übrigen auch bereits der derzeitige Wortlaut des § 27 Abs. 3 sprechen, da ein Entgelt, das sich nicht an den Kosten der effizienten Leistungsbereitstellung orientiert, „mit diesem Gesetz"... „nicht in Einklang" steht.

Auch nach dem einschlägigen Gemeinschaftsrecht sind Tarife grundsätzlich an den Kosten zu orientieren (vgl. schon Anhang II, Ziffer 4 der Richtlinie 90/387/EWG des Rates vom 28.06.1990 zur Verwirklichung des Binnenmarktes für Telekommunikationsdienste durch Einführung eines offenen Netzzugangs (Abl.EG Nr.L 192 S. 1), auf die Richtlinie 98/10/EG des Europäischen Parlaments und des Rates vom 26. 2.1998, (ABl. EG Nr. L 101 S. 24) Bezug nimmt.

Mein 2. Vorschlag lautet deshalb:

> In den Text des § 27 Abs. 3 TKG sollte ausdrücklich auch § 24 Abs. 1 TKG aufgenommen werden.

Mein 3. Vorschlag betrifft §§ 39, 37 TKG.

Nach der Rechtsprechung des VG Köln (z. B. Urteil v. 30.8.2001 – 1 K 8253/00 -) und des OVG NRW (B. v. 3.5.2001 – 13 B 69/01 -), für die der Wortlaut und die Systematik des Gesetzes sprechen, ist es nicht zulässig, die Entgelte für Zusammenschaltungen schon in der Zusammenschaltungsanordnung festzusetzen. Verwaltungspraktische, aber auch Wettbewerbsgesichtspunkte dürften hingegen dafür sprechen, die Entgeltfrage – wenn nötig – bereits hier zu regeln. Um dies zu ermöglichen, muss einerseits § 39 TKG geändert werden, um dem nach derzeitiger Rechtslage nahezu zwingenden lex-specialis-Einwand zu begegnen. Zum anderen muss in den Text des § 37 TKG eine – bislang dort fehlende – Regelung über die formellen und materiellen Anforderungen an die Entgeltanordnung aufgenommen werden. Um klarzustellen, dass im Rahmen von Zusammenschaltungsanordnungen die Entgeltregulierung nicht von der Antragstellung durch den jeweiligen Marktbeherrscher abhängt, sollte die derzeit in § 39 TKG enthaltene Verweisung auf § 28 TKG nicht übernommen werden.

Mein 3. Vorschlag lautet deshalb:

> In § 39 TKG sollte die 2. Alternative – „und für die Durchführung einer angeordneten Zusammenschaltung nach § 37" gestrichen werden. Stattdessen sollte in § 37 TKG – etwa in Abs. 2 – als weiterer Satz eingefügt werden: „Für Entgelte, welche die Durchführung der Zusammenschaltung betreffen, gelten die §§ 24, 25 Abs. 1 und 3, die §§ 27, 29, 30 Abs. 1 und 3 bis 6 und § 31 entsprechend.

Der 4. Vorschlag betrifft die Fristenregelung des § 28 Abs. 2 TKG.

Die bisherige verwaltungsgerichtliche Erfahrung zeigt, dass die Regulierungsbehörde nicht selten durch die 10-Wochen-Frist des § 28 Abs. 2 TKG zu stark eingeengt ist. So kann die gemäß § 3 Abs. 1 TEntgV erforderliche Prüfung der vom Marktbeherrscher vorgelegten Kostennachweise wegen der oft fehlenden Aussagekraft dieser Unterlagen nicht immer innerhalb dieser Frist abgeschlossen werden. Es besteht dann die Gefahr, dass die Regulierungsbehörde – nur um die Frist einzuhalten – die Kostenprüfung abbricht und auf einfache Genehmigungstatbestände ausweicht, welche dann auf erhebliche verwaltungsgerichtliche Bedenken stoßen müssen.

Mein 4. Vorschlag lautet deshalb:

> Die Fristenregelung des § 28 Abs. 2 TKG sollte abgemildert und als bloße Sollbestimmung gefasst werden.

Der 5. und letzte Vorschlag betrifft das gerichtliche Verfahren und hier den Instanzenzug.

Angesichts der erheblichen Rechtsanwendungsschwierigkeiten, die nicht nur mit der Entgeltregulierung (§§ 24 bis 28 und 39 TKG) sondern auch mit der besonderen Mißbrauchsaufsicht (§ 33 TKG), der Gewährung von Netzzugang (§ 35 TKG) und der Netzzusammenschaltung (§ 37 TKG) verbunden sind, besteht ein dringendes Bedürfnis, dass die entsprechenden Rechtsfragen schneller der Klärung durch das Bundesverwaltungsgericht zugeführt werden. Der Weg der Sprungrevision, der etwa bei den Lizenzgebühren für eine rasche abschließende Klärung durch das Bundesverwaltungsgericht gesorgt hat, steht in den genannten Sachgebieten zumeist nicht zur Verfügung, da hierfür die Zustimmung aller Beteiligten erforderlich ist. Da die 1. Instanz über den besseren Überblick und den größeren Erfahrungsschatz verfügt, sollte es – wie beim Vermögensgesetz oder beim Wehrpflichtgesetz – bei der Zuständigkeit der Eingangsinstanz verbleiben.

Nach Ablauf eines Zeitraums von 5 Jahren dürften die meisten grundlegenden Rechtsfragen durch das Bundesverwaltungsgericht geklärt sein, so dass dann wieder zum herkömmlichen dreizügigen Rechtsweg zurückgekehrt werden könnte.

Mein 5. Vorschlag lautet deshalb:

Der Gesetzgeber sollte erwägen, in Rechtsstreitigkeiten aus dem dritten und vierten Teil des Telekommunikationsgesetzes (Entgeltregulierung sowie offener Netzzugang und Zusammenschaltung) für einen begrenzten Zeitraum – vorerst etwa für 5 Jahre – die Berufungsinstanz zu streichen.

9 Schlusswort

Prof. Dr. Dres. h.c. Arnold Picot
Universität München

Ein reichhaltiger Tag voller Ideen und Anregungen liegt hinter uns. Wir haben gesehen: Das Telekommunikationsgesetz wird verändert, muss verändert werden. In welchem Umfang und mit welchen Schwerpunkten es verändert wird, war heute Gegenstand der Diskussion. Ich danke allen, die daran in qualifizierter Form als Redner, Diskutanten, Vorbereitende und Teilnehmer mitgewirkt haben. Ich möchte jetzt nicht so mutig sein, konkret zu prognostizieren, was mit dem Telekommunikationsgesetz geschehen wird. Denn nach den heutigen Diskussionen ist das nicht eindeutig. Vielleicht kann man aber grob sagen: Im Bereich der eben diskutierten Verfahrensfragen scheinen viele sehr ernsthafte Überlegungen unterwegs zu sein aufgrund der Erfahrungen und Erkenntnisse auf allen Seiten, auch im Verbund der EU-Regelung, aber auch vor dem Hintergrund der deutschen TKG-Praxis und der deutschen verwaltungsrechtlichen Praxis. Zu welchen Veränderungen im Detail das führt, ist schwer vorher zu sagen. Aber ich vermute, dass wohl viele der verfahrensbezogenen Vorschläge in den Gesetzgebungsprozess eingehen werden.

Was die Gegenstände und Instrumente der Regulierung betrifft, scheint mir eine Bemerkung von heute Vormittag typisch zu sein und vielleicht eine zutreffende Einschätzung abgeben zu können, nämlich dass es in dem Bereich mehr um eine Optimierung oder auch ein Fine-Tuning gehen wird und nicht so sehr um einen fundamentalen oder tiefgreifenden Umbau des TKG. Das ist aber nur eine Grobeinschätzung, die ich aus meinem Eindruck des heutigen Tages wiedergeben möchte. Wir werden in den nächsten Monaten bis zum Jahresende hin sehen, wie sich dieser Gesetzgebungsprozess vor und nach der Bundestagswahl entwickelt.

Ich freue mich sehr, dass wir heute mit dem Münchner Kreis in Berlin zu Gast sein konnten und dass wir ein hochrangiges Diskussionsforum hatten, welches in neutraler und unabhängiger Weise allen Beteiligten eine Plattform bereit stellte und damit denjenigen, die an diesem wichtigen Gesetzgebungswerk beteiligt sind, die Möglichkeit geboten hat, in möglichst präziser und konkreter Weise die Meinungsbildung voranzutreiben und den Novellierungsprozess im besten Sinne für die Sache, für die wir alle uns engagieren, zu unterstützen. Ich gehe davon aus, dass wir die Dokumentation dieser Tagung sehr zügig erstellen und weiter verbreiten, damit die Konferenzergebnisse auch wirklich erwogen werden können von den verschiedenen mit der Gesetzgebung befassten Stellen.

Ich schließe die Konferenz, wünsche Ihnen einen guten Heimweg und darf Sie noch herzlich zu einem kleinen Empfang draußen im Foyer einladen, wo wir in kleinem Kreise weiter diskutieren und den Tag ausklingen lassen können. Vielen Dank und Auf Wiedersehen im Münchner Kreis!

Anhang

Liste der Autoren und Diskussionsleiter / List of Authors and Chairmen

Dr. Joachim Arntz

Präsident des
Verwaltungsgerichts Köln
Appellhofplatz
50667 Köln

Prof. Dr.-Ing. Jörg Eberspächer

Technische Universität München
Lehrstuhl für Kommunikationsnetze
Arcisstr. 21
80290 München

Gerd Eickers

QSC AG
Chief Operating Officer
Mathias-Brüggen-Str. 55
50829 Köln

Dipl.-Ing. Tomas Eilers

Geschäftsführer
EWE TEL GmbH
Cloppenburger Str. 310
26133 Oldenburg

Prof. Dr. Ludwig Gramlich

Technische Universität Chemnitz
Fakultät für
Wirtschaftswissenschaften
09107 Chemnitz

Hans-Willi Hefekäuser

Deutsche Telekom AG
Leiter des Zentralbereichs
Ordnungs- u. Wettbewerbspolitik
Friedrich-Ebert-Allee 140
53113 Bonn

Prof. Dr. Martin Hellwig

Universität Mannheim
Lehrstuhl für VWL
Schloss Universität Mannheim
68131 Mannheim

Andreas Krautscheid

Deutsche Telekom AG
Leiter Grundsätze,
Politische Kommunikation
Friedrich-Ebert-Allee 140
53113 Bonn

Prof. Dr. Jörn Kruse

Universität der Bundeswehr
Institut für Wirtschaftspolitik
Holstenhofweg 85
22043 Hamburg

Matthias Kurth

Präsident der Regulierungsbehörde
für Telekommunikation und Post
Tulpenfeld 4
53113 Bonn

Dr.-Ing. Horst Lennertz
CTO
KPN Mobile N.V. c/o
E-Plus Mobilfunk GmbH&Co.KG
E-Plus-Platz 1
40468 Düsseldorf

Dr. Karl-Heinz Neumann
Direktor
WIK GmbH
Rathausplatz 2-4
53604 Bad Honnef

Prof. Dr. Dres. h.c. Arnold Picot
Universität München
Department für Betriebswirtschaft
Ludwigstr. 28
80539 München

Prof. Dr. Joachim Scherer
Rechtsanwalt
Baker & McKenzie
Bethmannstr. 50-54
60311 Frankfurt a.M.

Dr. Frank Schmidt
Deutsche Telekom AG
Leiter Regulierungsstrategie
Friedrich-Ebert-Allee 140
53113 Bonn

Harald Stöber
Vorstandsvorsitzender
Arcor AG & Co.
Kölner Str. 5
65760 Eschborn

Dr. Alfred Tacke
Staatssekretär im
Bundesministerium für
Wirtschaft und Technologie
Scharnhorststr. 34-37
10115 Berlin

Prof. Ingo Vogelsang
Boston University
Department of Economics
270 Bay State Road
USA-Boston, Massachussetts 02215

Peter M. Wagner
Vorsitzender des Vorstandes
debitel AG
Schelmenwasenstr. 37-39
70545 Stuttgart

Achim Zerres
Regulierungsbehörde für
Telekommunikation und Post
Tulpenfeld 4
53113 Bonn

**Programmausschuss /
Program Committee**

Dipl.-Ing. Dietrich Arbenz

Siemens AG
ICN EN SP
Hofmannstr. 51
81359 München

Prof. Dr.-Ing. Jörg Eberspächer

Technische Universität München
Lehrstuhl für Kommunikationsnetze
Arcisstraße 21
80290 München

Ulrike Gisy

Vodafone D2 GmbH
Am Seestern 1
40547 Düsseldorf

Prof. Dr. Ludwig Gramlich

Technische Universität Chemnitz
Fakultät für Wirtschaftswissenschaften
09107 Chemnitz

Hans-Willi Hefekäuser

Deutsche Telekom AG
Leiter des Zentralbereichs
Ordnungs- u. Wettbewerbspolitik
Friedrich-Ebert-Allee 140
53113 Bonn

Ernst Mannherz

Bundesministerium für Wirtschaft
und Technologie
UAbtL VII A
53107 Bonn

Dr. Karl-Heinz Neumann

Direktor
WIK GmbH
Rathausplatz 2-4
53604 Bad Honnef

Prof. Dr. Dres. h.c. Arnold Picot

Universität München
Department für Betriebswirtschaft
Ludwigstr. 28
80539 München

Dr. Jörg Sander

Vice President
Regulierungsbehörde für
Telekommunikation und Post
Tulpenfeld 4
53113 Bonn

Peter Wagner

Vorsitzender des Vorstandes
debitel AG
Schelmenwasenstr. 37-39
70545 Stuttgart

Prof. Dr. Dres. h.c. Eberhard Witte

Universität München
Institut für Organisation
Ludwigstr. 28
80539 München

Druck: Strauss GmbH, Mörlenbach
Verarbeitung: Schäffer, Grünstadt

MIX
Papier aus verantwortungsvollen Quellen
Paper from responsible sources
FSC® C105338

If you have any concerns about our products,
you can contact us on
ProductSafety@springernature.com

In case Publisher is established outside the EU,
the EU authorized representative is:
**Springer Nature Customer Service Center GmbH
Europaplatz 3, 69115 Heidelberg, Germany**

Printed by Libri Plureos GmbH
in Hamburg, Germany